同济博士论丛
TONGJI Dissertation Series

总主编 伍江 副总主编 雷星晖

薛奕曦 尤建新 著

我国电动汽车产业发展制约要因识别与商业模式创新

Identifying Critical Factors Affecting China EV Industry and Business Model Innovation

同济大学出版社
TONGJI UNIVERSITY PRESS

内 容 提 要

本书以我国电动企业产业发展历程、电动企业产业政策、电动汽车产业市场规模的现状与发展目标为切入点，对我国电动汽车产业整体发展概况进行了分析。综合运用 MLP 和 SNM 转型分析工具，对我国电动汽车产业场景层产生的推理和社会—技术域层产生的阻力进行深入分析，并以我国电动汽车示范运营发展实践为基础，对我国电动汽车产业创新发展进行评估。基于汽车产业的社会—技术布局框架，全面分析我国电动汽车产业化的影响因素，从而得出推动我国电动汽车产业化最关键影响因素——商业模式的创新发展。

本书可供电动汽车相关科研工作者、政府相关人员以及高校专业师生参考阅读。

图书在版编目(CIP)数据

我国电动汽车产业发展制约要因识别与商业模式创新 / 薛奕曦，尤建新著. —上海：同济大学出版社，2017.8

(同济博士论丛 / 伍江总主编)

ISBN 978-7-5608-7043-4

Ⅰ. ①我… Ⅱ. ①薛… Ⅲ. ①电动汽车—汽车工业—研究—中国 Ⅳ. ①F426.471

中国版本图书馆 CIP 数据核字(2017)第 103964 号

我国电动汽车产业发展制约要因识别与商业模式创新

薛奕曦 尤建新 著

出 品 人 华春荣 责任编辑 谢惠云 蒋卓文 助理编辑 朱 滢

责任校对 徐春莲 封面设计 陈益平

出版发行 同济大学出版社 www.tongjipress.com.cn

(地址：上海市四平路 1239 号 邮编：200092 电话：021-65985622)

经 销 全国各地新华书店

排版制作 南京展望文化发展有限公司

印 刷 浙江广育爱多印务有限公司

开 本 787 mm×1092 mm 1/16

印 张 13

字 数 260 000

版 次 2017 年 8 月第 1 版 2017 年 8 月第 1 次印刷

书 号 ISBN 978-7-5608-7043-4

定 价 63.00 元

“同济博士论丛”编写领导小组

组　　长：杨贤金　钟志华

副 组 长：伍　江　江　波

成　　员：方守恩　蔡达峰　马锦明　姜富明　吴志强
徐建平　吕培明　顾祥林　雷星晖

办公室成员：李　兰　华春荣　段存广　姚建中

“同济博士论丛”编辑委员会

总 序

在同济大学110周年华诞之际，喜闻“同济博士论丛”将正式出版发行，倍感欣慰。记得在100周年校庆时，我曾以《百年同济，大学对社会的承诺》为题作了演讲，如今看到付梓的“同济博士论丛”，我想这就是大学对社会承诺的一种体现。这110部学术著作不仅包含了同济大学近10年100多位优秀博士研究生的学术科研成果，也展现了同济大学围绕国家战略开展学科建设、发展自我特色，向建设世界一流大学的目标迈出的坚实步伐。

坐落于东海之滨的同济大学，历经110年历史风云，承古续今、汇聚东西，秉持“与祖国同行、以科教济世”的理念，发扬自强不息、追求卓越的精神，在复兴中华的征程中同舟共济、砥砺前行，谱写了一幅幅辉煌壮美的篇章。创校至今，同济大学培养了数十万工作在祖国各条战线上的人才，包括人们常提到的贝时璋、李国豪、裘法祖、吴孟超等一批著名教授。正是这些专家学者培养了一代又一代的博士研究生，薪火相传，将同济大学的科学研究和学科建设一步步推向高峰。

大学有其社会责任，她的社会责任就是融入国家的创新体系之中，成为国家创新战略的实践者。党的十八大以来，以习近平同志为核心的党中央高度重视科技创新，对实施创新驱动发展战略作出一系列重大决策部署。党的十八届五中全会把创新发展作为五大发展理念之首，强调创新是引领发展的第一动力，要求充分发挥科技创新在全面创新中的引领作用。要把创新驱动发展作为国家的优先战略，以科技创新为核心带动全面创新，以体制机制改革激发创新活力，以高效率的创新体系支撑高水平的创新型国家建设。作为人才培养和科技创新的重要平台，大学是国家创新体系的重要组成部分。同济大学理当围绕国家战略目标的实现，作出更大的贡献。

大学的根本任务是培养人才，同济大学走出了一条特色鲜明的道路。无论是本科教育、研究生教育，还是这些年摸索总结出的导师制、人才培养特区，“卓越人才培养”的做法取得了很好的成绩。聚焦创新驱动转型发展战略，同济大学推进科研管理体系改革和重大科研基地平台建设。以贯穿人才培养全过程的一流创新创业教育助力创新驱动发展战略，实现创新创业教育的全覆盖，培养具有一流创新力、组织力和行动力的卓越人才。“同济博士论丛”的出版不仅是对同济大学人才培养成果的集中展示，更将进一步推动同济大学围绕国家战略开展学科建设、发展自我特色、明确大学定位、培养创新人才。

面对新形势、新任务、新挑战，我们必须增强忧患意识，扎根中国大地，朝着建设世界一流大学的目标，深化改革，勠力前行！

万　钢

2017 年 5 月

论丛前言

承古续今，汇聚东西，百年同济秉持“与祖国同行、以科教济世”的理念，注重人才培养、科学研究、社会服务、文化传承创新和国际合作交流，自强不息，追求卓越。特别是近20年来，同济大学坚持把论文写在祖国的大地上，各学科都培养了一大批博士优秀人才，发表了数以千计的学术研究论文。这些论文不但反映了同济大学培养人才能力和学术研究的水平，而且也促进了学科的发展和国家的建设。多年来，我一直希望能有机会将我们同济大学的优秀博士论文集中整理，分类出版，让更多的读者获得分享。值此同济大学110周年校庆之际，在学校的支持下，“同济博士论丛”得以顺利出版。

“同济博士论丛”的出版组织工作启动于2016年9月，计划在同济大学110周年校庆之际出版110部同济大学的优秀博士论文。我们在数千篇博士论文中，聚焦于2005—2016年十多年间的优秀博士学位论文430余篇，经各院系征询，导师和博士积极响应并同意，遴选出近170篇，涵盖了同济的大部分学科：土木工程、城乡规划学(含建筑、风景园林)、海洋科学、交通运输工程、车辆工程、环境科学与工程、数学、材料工程、测绘科学与工程、机械工程、计算机科学与技术、医学、工程管理、哲学等。作为“同济博士论丛”出版工程的开端，在校庆之际首批集中出版110余部，其余也将陆续出版。

博士学位论文是反映博士研究生培养质量的重要方面。同济大学一直将立德树人作为根本任务，把培养高素质人才摆在首位，认真探索全面提高博士研究生质量的有效途径和机制。因此，“同济博士论丛”的出版集中展示同济大学博士研究生培养与科研成果，体现对同济大学学术文化的传承。

"同济博士论丛"作为重要的科研文献资源，系统、全面、具体地反映了同济大学各学科专业前沿领域的科研成果和发展状况。它的出版是扩大传播同济科研成果和学术影响力的重要途径。博士论文的研究对象中不少是"国家自然科学基金"等科研基金资助的项目，具有明确的创新性和学术性，具有极高的学术价值，对我国的经济、文化、社会发展具有一定的理论和实践指导意义。

"同济博士论丛"的出版，将会调动同济广大科研人员的积极性，促进多学科学术交流、加速人才的发掘和人才的成长，有助于提高同济在国内外的竞争力，为实现同济大学扎根中国大地，建设世界一流大学的目标愿景做好基础性工作。

虽然同济已经发展成为一所特色鲜明、具有国际影响力的综合性、研究型大学，但与世界一流大学之间仍然存在着一定差距。"同济博士论丛"所反映的学术水平需要不断提高，同时在很短的时间内编辑出版110余部著作，必然存在一些不足之处，恳请广大学者，特别是有关专家提出批评，为提高同济人才培养质量和同济的学科建设提供宝贵意见。

最后感谢研究生院、出版社以及各院系的协作与支持。希望"同济博士论丛"能持续出版，并借助新媒体以电子书、知识库等多种方式呈现，以期成为展现同济学术成果、服务社会的一个可持续的出版品牌。为继续扎根中国大地，培育卓越英才，建设世界一流大学服务。

伍　江

2017年5月

前 言

当前，世界主要国家都在推动汽车产业的转型发展，电动汽车被普遍认为是未来汽车产业转型发展的主要方向，加快电动汽车的推广应用可以有效缓解能源和环境压力。在政府的大力推动下，中国电动汽车产业已取得积极进展，但整体产业化进程依然缓慢，市场扩散规模也较为有限。截至 2014 年 11 月，我国电动汽车市场销售规模仅为 9.15 万辆，生产规模仅为 9.52 万辆，与 2015 年累计产销量达到 50 万辆的目标仍相距甚远。在此背景下，找出制约我国电动汽车产业发展的关键因素并采取妥善措施加以突破就显得尤为重要。

然而，汽车产业本质上是一个复杂系统，由相互关联的各种要素组成，电动汽车若要突破传统汽车主导地位的技术锁定并实现产业发展，单纯依靠技术进步是无法实现的，还需要与政策、市场、基础设施等其他众多社会—技术因素之间形成协同效应。面对影响我国电动汽车产业发展的众多社会—技术因素，考虑到资源的有限性、时间的紧迫性和产业发展目标的艰巨性，有必要在全面分析影响因素的基础上，进一步研究影响因素之间的相互关系并识别出关键影响因素，并尝试对最关键影响因素进行突破，从而为加快我国电动汽车产业发展提供参考借鉴。鉴于此，本书具体对以下内容展开研究：

(1) 对我国电动汽车产业整体发展历程、已有的产业政策以及产业发展目标进行系统梳理，从而为后续研究提供先导和基础。研究表明：① 我国电动汽车产业从“七五”到“十二五”规划期间经历了基础研发、三纵三横、科技攻关和路线确定四个阶段，电动汽车产业发展的技术路线已基本确定，并通过示范运营的开展积极探索产业化发展路径。② 我国电动汽车产业政策正由最初的产业规划层面向具体的实际操作层面过渡，产业政策体系已基本建立。③ 我国电动汽车市场扩散规模的现状与产业发展目标之间存在着较大差距，探索影响产业发展的关键因素对于近期目标的实现具有重要意义。

(2) 综合运用 MLP 和 SNM 社会—技术转型工具对我国电动汽车产业发展进行多层次分析，阐释了产业发展所面临的场景的推动、社会—技术域的影响以及小生境的保护。研究表明：① 能源、环境和产业升级的宏观场景的发展为我国电动汽车产业发展创造了机遇。② 我国汽车产业仍是以传统汽车为主导的社会—技术域，虽然面临着场景层的外在压力，但仍具有较强的稳定性。这种稳定性体现在汽车生产、消费者购买习惯、汽车文化、城市道路基础设施和空间规划等众多方面，电动汽车产业的发展必须考虑域的稳定所带来的各种影响。③ 小生境层内我国电动汽车示范运营推动了围绕电动汽车产业的学习、社会网络和期望的形成。然而，示范运营目标的落空、电动汽车市场扩散速度的缓慢，表明产业发展仍存在着诸多困难和障碍。

(3) 基于我国电动汽车示范运营实践，在汽车产业的社会—技术布局框架下对影响我国电动汽车产业发展的因素展开全面、系统地分析。在此基础上，综合区间直觉模糊数和 DEMATEL 构建关键影响因素识别模型 IVIF-DEMATEL，结合专家访谈结果，进一步识别影响因素之间的内在联系，并确定关键因素。研究表明：① 影响我国电动汽车产业发展的因素主要涉及生产体系和产业结构、电动汽车产品本身、市场和消费者习惯、充换电基础设施和政府政策措施等 5 个维度共 14 项。② 影响我国电动汽车产业发展的关键因素包括商业模式、电动汽车技术水平、政策措施、电动汽车性能和充换电基础设施。其中，在电动汽车产业发展的现阶段，商业模式的影响最为突出，在产业化过程中的作用最大。

(4) 为推动影响目前我国电动汽车产业发展最关键因素——商业模式

创新的发展，基于示范运营实践探析我国电动汽车产业商业模式创新面临的主要障碍。首先阐释商业模式创新的必要性；其次，归纳分析我国几种典型的电动汽车产业商业模式；最后以“深圳模式”作为案例，从价值网络主体的经济性角度定量分析我国电动汽车产业商业模式创新面临的主要障碍。研究表明：① 现阶段我国电动汽车产业商业模式创新缺乏系统化的理论指导。② 价值网络重构障碍是我国电动汽车产业商业模式创新亟需解决的重要问题，需要围绕商业模式运营建立一套使网络内各主体受益的利益分配机制。③ 已有的认知惯例和占优逻辑使得众多行为主体未能充分意识到电动汽车产业商业模式创新的系统性、动态性和复杂性。

（5）针对我国电动汽车产业商业模式创新的主要障碍，构建电动汽车产业商业模式创新的理论框架与创新方法，以期推动商业模式的创新。研究结果：① 基于静态和动态视角，对电动汽车产业商业模式的内涵进行阐释和界定，并提出商业模式构成要素的“3—7”体系和创新的两阶段概念模型，强调商业模式创新的阶段性。② 提出电动汽车产业商业模式创新的路径，强调创新的动态性。③ 提出电动汽车产业商业模式创新方法，该方法以情景法为导向，以“3—7”要素体系为主要创新内容，采用步骤导向型设计方法和形态分析法，显示了我国电动汽车产业商业模式创新的具体流程和步骤。④ 以深圳电动汽车商业模式创新为例，对所提出的商业模式创新方法的可行性和科学性进行分析。

目 录

第1章
绪　论

研究主体的确立来源于一定的现实背景，对现实背景的分析是本书研究的出发点。本章基于对研究背景的分析，提出研究问题及其意义，并致力于剖析研究问题背后的机理，从而提出解决问题的方案和建议。

1.1　研究背景和意义

1.1.1　研究背景

自工业革命以来，由于大量使用化石燃料而导致的温室气体大量排放，已经成为全球共同关注的严肃现实。根据2007年IPCC第四次评估报告显示，在现有条件下，未来100年世界平均温度最高可能增加5.8℃，而全球平均温度增幅超过1.5℃～2.5℃，约20%～30%的物种有可能会消失①。能源短缺、环境污染、气候变暖已成为全球共同关注的问题，各国携手应对气候变化，共同推进绿色、可持续发展已成为当今世界的主流。

(1) 能源短缺和环境恶化成为制约传统汽车产业可持续发展的重要障碍

传统汽车产业作为主要的化石燃料消耗产业，其发展往往同能源枯竭、环境污染、气候变化等一系列问题相联系。根据国际能源署发布的《2012世界主要能源统计》报告，在全球石油消费总量中，交通运输业所占比例最高。2001年全球57%的石油消费在交通领域，预计到2020年这个数字将达到62%以上。与此同时，传统汽车化石燃料的大量使用加剧了环境污染，城市大气中CO的

① IPCC. Climate change 2007: the physical science basis [M]. Cambrige: Cambridge University Press, 2007.

82%、NOx 的 48%、HC 的 58%和微粒的 8%来自汽车尾气，CO_2 的排放更加剧了温室效应。根据国际汽车制造商协会(OICA)最新统计，全球 CO_2 排放中有超过 15%来自道路交通(主要是汽车尾气)。面对能源短缺与环境制约，世界主要汽车生产国纷纷加快部署，将发展电动汽车作为国家战略，加快推进技术研发和产业化。发展具有环保、节能等特点的电动汽车已成推动汽车产业转型升级，缓解能源与环境污染，培育新的经济增长点和国际竞争优势的战略举措。

(2) 我国政府将发展新能源汽车作为交通能源战略转型的重要举措

我国汽车工业的发展同样也面临能源与环境的双重制约，目前汽车交通消耗汽油占我国汽油消耗总量或已高达 90%①，"十一五"规划期间新增的 1 亿吨炼油能力，几乎全部被新增汽车消耗。与此同时，我国汽车保有量近年来持续增加，2013 年，汽车保有量超过 1.3 亿辆，按照目前 2 000 万辆/年的发展速度，预计 2020 年将达到 2 亿辆②。不断增加的汽车保有量和持续增长的汽车油耗与我国石油资源的匮乏形成对比，目前我国石油消耗大量来自进口，石油进口量和对外依存度持续上升，2012 年，石油对外依存度已达到 58%。另外，车用石油所产生的空气污染和 CO_2 排放问题正日趋严重，在我国的主要城市中，汽车尾气排放造成的污染占城市全部污染的 70%～90%③。

我国政府历来高度重视能源与环境问题，将发展新能源汽车作为交通能源战略转型、推进生态文明建设的战略举措，先后出台各种政策措施支持新能源汽车这一战略性新兴产业发展，对新能源汽车产业发展进行规划和指导，将其作为实施创新驱动，促进节能减排和污染防治，拉动国内市场需求、培育新的增长点，实现产业发展和环境保护"双赢"的重要途径。

(3) 我国电动汽车已经进入产业化发展阶段

为推动交通领域的节能减排和交通能源的可持续发展，我国政府先后制定了一系列发展新能源汽车的国家政策，对新能源汽车产业发展进行规划和指导。2009 年出台的《汽车产业调整和振兴规划》，明确以新能源汽车为突破口，加强自主创新，培育自主品牌，以形成稳定的经济增长点。同时，我国汽车产业在传统内燃机领域长期落后于发达国家，而在电动汽车领域与国外企业的差距相比传统汽车领域而言要小很多，因而，电动汽车产业也成为我国振兴汽车工业、成为汽车强国的希望。

① 数据来源：国家信息中心，国务院发展研究中心产业经济研究部。
② 交通运输部《交通运输业智能交通发展战略(2012—2020 年)》预测。
③ 数据来源：http://www.zhb.gov.cn。

与此同时，我国政府还积极开展电动汽车示范运营，力图培育电动汽车的创新发展，推动电动汽车产业化进程。2009 年，科技部、财政部、发改委、工业和信息化部（四部委）共同启动十城千辆节能与新能源汽车示范推广应用工程（简称“十城千辆”工程），通过提供财政补贴，计划在每个示范城市的公交、出租、公务、市政、邮政等领域推出 1 000 辆新能源汽车开展示范运行。与之相配套，2009—2011 年间，《关于开展新能源汽车示范推广试点工作的通知》、《关于扩大公共服务领域节能与新能源汽车示范推广有关工作的通知》、《关于开展私人购买新能源汽车补贴试点的通知》、《关于进一步做好节能与新能源汽车示范推广试点工作的通知》、《关于调整节能汽车推广补贴政策的通知》等一系列促进新能源汽车推广应用的政策密集出台。“十城千辆”示范运营结束后，2013 年 9 月四部委联合发布《关于继续开展新能源汽车推广应用工作的通知》，明确提出，2013 年至 2015 年，我国将继续开展新能源汽车推广应用工作，从而开启了我国电动汽车第二轮的大规模示范运营。在各项政策措施的推动下，我国电动汽车正逐步驶入产业化快车道。

（4）我国电动汽车产业发展还面临诸多障碍

虽然我国电动汽车产业化已取得积极进展，但总体进程依然缓慢，电动汽车市场扩散规模也较为有限。根据科技部数据显示，截至 2012 年底，25 个城市共示范推广各类节能与新能源汽车 2.74 万辆；而 2012 年全国汽车销量已突破 1 900 万辆，新能源车占比不足汽车市场份额的 1%，“十城千辆”最初的预期严重落空，各示范城市均未完成既定目标，且与当初设定的目标相差甚远。从 2013 年 1 月至 2014 年 9 月底，第二轮示范运营中的 39 个推广应用城市（群）累计推广新能源汽车仅 3.86 万辆，只完成了预期目标的 11.5%，其中长春、哈尔滨、晋城、兰州、聊城、海口六个城市进度均为零。截至 2014 年底，全国纯电动汽车和插电式混合动力汽车市场扩散规模仅为 11.33 万辆，生产规模仅为 11.69 万辆，与 2015 年累计产销量达到 50 万辆的产业发展目标仍相距甚远。示范运营的实践表明，现阶段我国的电动汽车产业无论是在技术、产能、充换电设施配套，还是消费者认可等方面都面临诸多障碍和挑战，一些影响电动汽车产业化的深层次问题亟待研究解决。

1.1.2 问题的提出

汽车产业本质上是一个复杂系统，其发展是一个协同演化的进程，要想实现电动汽车对传统内燃机汽车技术锁定的突破，单纯依靠技术进步是无法实现的，还需要与政治、文化、技术、市场、政策、基础设施等诸多社会—技术因素实现协同。与此同时，由于时间的压力、资源的有限性和产业发展目标的艰巨性等问题，面对众多的社会—技术因素，很难同时消除或加强这些因素的影响，需要进一步识别出关键的社会—技术影响因素。这意味着，如何识别影响我国电动汽车产业发展的社会—技术因素，在此基础上确认关键影响因素，并破解这些关键因素的制约，对于加快我国电动汽车产业的发展具有重要的理论和现实意义。因此，本书旨在回答以下几个关键问题：

第一，我国电动汽车产业发展面临什么样的宏观机遇？当前占主导地位的传统汽车产业对电动汽车产业发展的影响有哪些？现阶段我国电动汽车产业创新发展状况如何？

第二，面对复杂的汽车产业系统，如何全面分析影响我国电动汽车产业发展的社会—技术因素？在此基础上如何确定关键的社会—技术因素？

第三，面对影响我国电动汽车产业发展最关键的因素——商业模式，如何推动电动汽车产业商业模式创新？目前我国电动汽车产业商业模式创新存在哪些障碍？应该采取什么样的创新方法来加快我国电动汽车产业发展的进程？

1.1.3 研究目的与意义

目前基于社会—技术转型视角来对我国电动汽车产业影响因素进行研究的成果还比较少，体系化、操作性的探索也较为鲜见。因此，本书基于社会—技术转型视角，从场景、社会—技术域和小生境三个层次出发对我国电动汽车产业发展现状进行全面阐述，进而对影响我国电动汽车产业发展的各类社会—技术因素进行详细分析，在此基础上，构建关键影响因素识别模型（IVIF - DEMATEL），对影响我国电动汽车产业发展的关键因素及其内在关系进行识别和探究，针对最关键影响因素（商业模式），提出电动汽车产业商业模式创新的理论框架和具体方法。本书的研究意义主要体现在以下几个方面：

第一，通过综合应用 MLP 和 SNM 转型分析工具，从场景、社会—技术域和小生境不同层面全面分析我国电动汽车产业化进程。不仅有助于丰富社会—技术转型理论体系，拓展该领域的应用范围，而且有助于全面掌握我国电动汽车产业发展现状。

第二，以我国电动汽车示范运营实践为背景，在汽车产业的社会—技术布局框架下，对影响我国电动汽车产业发展的因素和存在的障碍进行分析。不仅有助于全方位了解我国电动汽车产业发展状况，而且有助于了解电动汽车产业发展障碍的复杂性和多样性。

第三，基于专家评估信息的模糊性、不确定性和差异性，构建我国电动汽车产业关键影响因素识别模型（IVIF - DEMATEL），丰富电动汽车产业化影响因素研究的理论与方法。不仅为有效识别根本型影响因素提供了可能性，而且也可以为决策参考和政策制定提供依据。

第四，针对电动汽车产业发展特点，对电动汽车产业商业模式内涵及构成要素进行阐释和界定，并提出商业模式创新的概念框架和方法。不仅有助于丰富电动汽车产业商业模式创新研究，为电动汽车产业商业模式创新实践提供方法借鉴，而且有助于破解关键影响因素的制约，为助推我国电动汽车产业发展提供参考。

1.2 研究思路与内容

本书试图在已有研究的基础上，吸收国内外有益成果，遵循“发现问题—分析问题—解决问题”的思路，以我国大力推动电动汽车产业化为宏观背景，以如何识别我国电动汽车产业发展的关键影响因素，以及如何突破关键影响因素的制约为导向展开研究。具体而言，本书的研究思路与内容如下(图1-1)：

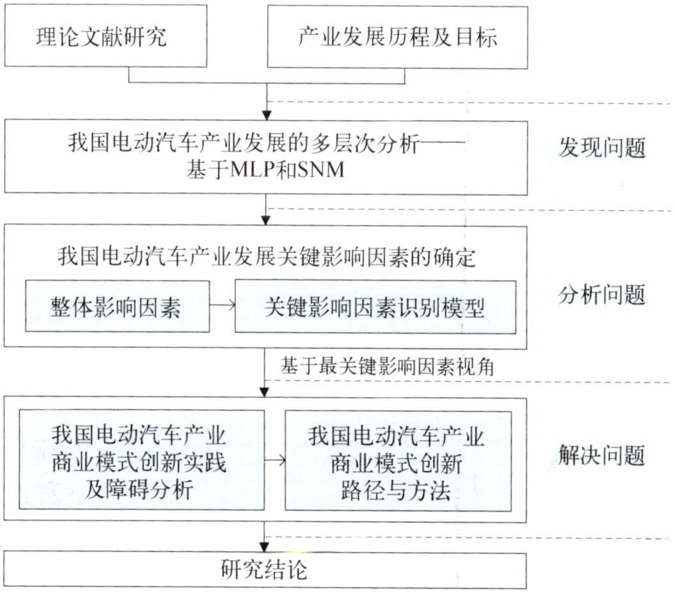

图1-1 本书的研究思路

第一，对相关理论和文献进行综述。首先，对社会—技术转型理论有关文献进行梳理，包括社会—技术转型的内涵要义，基于MLP的社会—技术转型研究和基于SNM的小生境创新研究，从而为本书的研究提供理论基础和方法借鉴；

其次，对商业模式相关理论进行梳理，分别从商业模式的内涵、商业模式的要素和商业模式的创新展开，从而为电动汽车产业商业模式相关理论和创新方法的提出提供依据和基础；最后，对国内外电动汽车产业发展影响因素及电动汽车产业商业模式的相关研究进行梳理和述评。

第二，对我国电动汽车产业发展历程和目标进行分析。首先，遵循时间和技术双重维度，系统梳理我国电动汽车产业从"七五"到"十二五"规划期间的发展历程，并对其进行阶段划分；其次，以产业政策为主要切入点分析我国电动汽车产业发展现状；最后，基于市场产销现状与产业发展目标两个维度，阐释我国电动汽车产业目标任务的艰巨性。

第三，综合运用 MLP 和 SNM 转型工具，对我国电动汽车产业创新发展进程进行全面分析。首先，详细阐释 MLP 的场景、社会—技术域和小生境的内涵，以及 SNM 评估小生境内社会试验成功与失败的三个主要标准；其次，分析场景层的三个变化和发展趋势（能源、环境和产业转型）为电动汽车产业创新发展提供的宏观机遇；再次，从生产体系、传统汽车本身、市场和消费者习惯、文化和符号意义、道路基础设施和空间规划五个维度，分析以传统汽车为主导的社会—技术域的稳定性及其对电动汽车产业发展的影响；最后，基于期望的形成、网络构建和学习进程三个标准，对小生境内我国电动汽车示范运营情况进行分析评价。

第四，对影响我国电动汽车产业发展的关键因素进行识别。首先，基于汽车产业的社会—技术布局，对影响我国电动汽车产业发展的因素进行全面梳理和分析；其次，针对传统 DEMATEL 模型的不足，构建关键影响因素识别模型——IVIF - DEMATEL 模型，对影响我国电动汽车产业发展的因素之间的相互关系进行分析，并识别最关键因子。

第五，对我国电动汽车产业商业模式创新实践及障碍进行分析。在关键社会—技术影响因素中，选取最关键因素——商业模式作为研究对象。首先，从非连续性创新、突破技术瓶颈和建立自我强化机制三个角度强调了电动汽车产业商业模式创新的必要性；其次，系统梳理和总结电动汽车示范运营试点城市商业模式创新的五种典型类型；最后，以深圳电动出租车商业模式为例，从价值网络主体共赢角度，对我国电动汽车产业商业模式创新所面临的主要障碍进行深入分析。

第六，对我国电动汽车产业商业模式创新设计进行分析。首先，在已有商业模式理论基础上，针对我国电动汽车产业商业模式创新存在的主要障碍，结合电动汽车产业特点，对电动汽车产业商业模式的内涵进行界定，提出商业模式要素的"3—7"构成体系以及商业模式创新的两阶段概念框架，并以此作为我国电动汽车产业商业模式创新的理论基础；其次，基于“3—7”构成体系和两阶段概念框架，提出电动汽车产业商业模式创新的阶段性路径；再次，以情景法为基础，综合采用步骤导向型设计方法和形态分析法，提出商业模式创新的具体方法，并将其与我国电动汽车产业化实践相结合，提出电动汽车产业商业模式创新的具体流程和步骤；最后，以深圳电动汽车商业模式创新为例，对所提出的创新路径和方法的可行性和科学性进行分析。

第七，基于上述研究结论，结合我国电动汽车产业化发展实践，围绕如何更有效地推进我国电动汽车产业商业模式创新和产业化进程提出相关对策建议。

1.3 研究的技术路线与方法

1.3.1 研究的技术路线

根据本书的研究目的、研究思路与研究内容，绘制技术路线如图 1－2 所示。

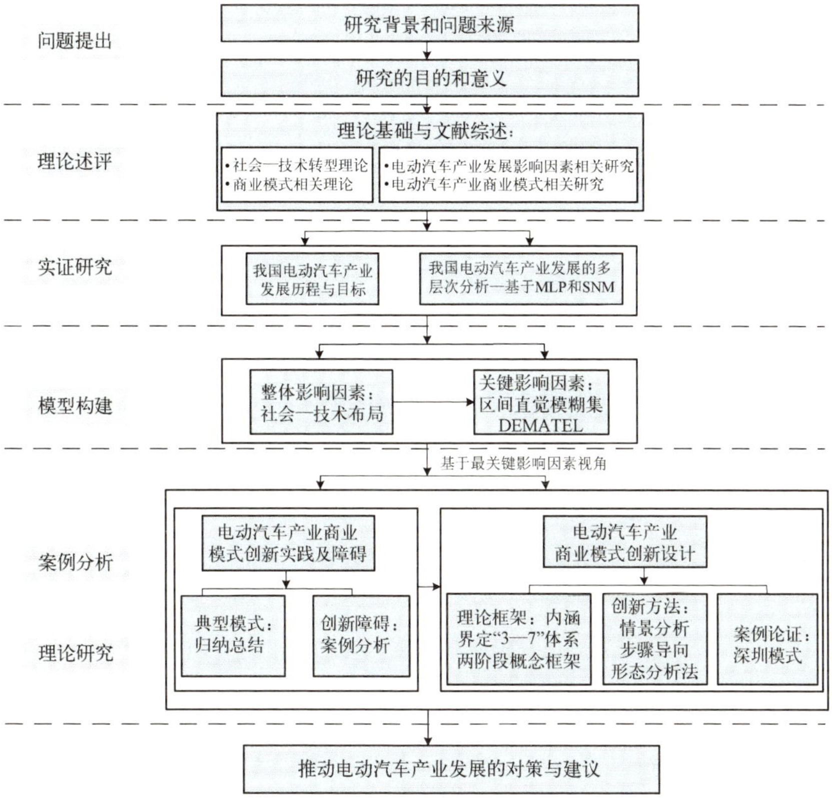

图 1－2 技术路线图

1.3.2 研究方法

本书综合运用 MLP、SNM、区间直觉模糊集、DEMATEL 等研究方法，结合专家访谈、案例分析等手段，对我国电动汽车产业发展关键影响因素进行识别，并提出相应的解决办法，突出了实证分析与规范研究相结合、模型构建与专家访谈相结合、案例分析与理论研究相结合的特点。具体研究方法如下：

（1）MLP 与 SNM 相结合的方法

在对我国电动汽车产业发展历程进行归纳梳理的基础上，采用 MLP 和 SNM 转型分析方法，结合我国电动汽车示范运营实践，从场景、社会—技术域和小生境三个层次对我国电动汽车产业发展进程进行实证分析。

（2）专家访谈法

在我国电动汽车产业化关键影响因素识别过程中，采用专家访谈法，选取来自企业、政府、科研院校的电动汽车领域专家进行单独访谈，获取专家对电动汽车产业化影响因素两两之间影响程度的评估信息。

（3）区间直觉模糊数和 DEMATEL

在关键影响因素识别研究中，应用区间直觉模糊数准确模拟和获取专家各种不确定和多样性的评估信息，并将专家个人的评估信息集成为群组评估信息，得到影响我国电动汽车产业发展因素的原始影响矩阵。在此基础上，进一步运用 DEMATEL 模型识别不同因素之间的内在联系。

（4）案例分析

通过对国内电动汽车示范城市的商业模式创新实践的分析，归纳总结出 5 类典型的商业模式，并以深圳电动出租车商业模式为案例，通过实地调研获取研究所需数据，对商业模式内不同主体的经济性进行定量分析，进而找出我国电动汽车产业商业模式创新存在的主要障碍。

1.4 主要创新点

本书的创新点主要体现在以下几个方面：

（1）首次综合运用 MLP 和 SNM 转型工具对我国电动汽车产业进行多层次、系统化分析。从场景层论述我国电动汽车产业发展所面临的宏观机遇，从社会—技术域层探究我国传统汽车产业对电动汽车产业的影响，从小生境层分析我国电动汽车示范运营实践，从而实现对我国电动汽车产业发展的多层次、系统化研究。

已形成两篇研究成果“面向新能源汽车的社会—技术域分析及其转型推动研究”和“Exploring the Pathways for System Innovation of EVs in China-From the Multi-level Perspective”。

(2) 构建 IVIF - DEMATEL 模型对影响我国电动汽车产业发展的关键因子进行识别。在汽车产业的社会—技术布局框架下，全面分析我国电动汽车产业发展的影响因素，并基于集成区间直觉模糊数与 DEMATEL 模型构建的 IVIF - DEMATEL 模型实现对专家各种不确定、模糊语言评价的有效表征，通过构建 IRD 显化各因素间的相互关系，进而识别出对我国电动汽车产业发展影响最大的关键因素。

已形成一篇研究成果“Understanding Socio-technical Barriers to Sustainable Mobility-Insights from Demonstration Program of EVs in China”。

(3) 构建电动汽车产业商业模式创新的理论框架与创新方法。首先基于价值网络主体的共赢性视角，对我国电动汽车产业商业模式创新的主要障碍进行分析；其次，构建电动汽车产业商业模式构成要素“3—7”体系和商业模式创新的两阶段概念模型；最后，以情景法为基础，综合运用步骤导向型设计方法和形态分析法，提出电动汽车产业商业模式创新的具体方法和步骤。

已形成四篇研究成果“基于价值网络的电动汽车商业模式创新研究”和“Business Model Innovation for Electric Vehicle in China”、“A Conceptual Framework for Business Model Innovation: The Case of Electric Vehicles in China”和“我国电动汽车商业模式创新研究”。

第2章 相关理论基础与文献综述

本书以我国电动汽车产业作为研究对象，以社会—技术转型视角下我国电动汽车产业发展最关键影响因素的识别（商业模式）及其创新推动为核心研究内容。因此，理论基础与文献综述部分主要围绕社会—技术转型、商业模式以及电动汽车产业发展的影响因素和商业模式创新等内容展开，进而为本书后续研究提供理论依据和创新源泉。

2.1 社会—技术转型理论相关研究

2.1.1 社会—技术转型的内涵界定

“转型”一词作为学术范畴已在生物学、人口学、经济学、社会学、心理学等众多领域被广泛使用和研究，其在不同领域含义各不相同①。最初，转型主要被用来描述物质从固体到液体再到气体的阶段转型，随后被应用到人口学、经济学等领域。20 世纪 80 年代，“转型”开始被应用于组织层面，1982 年 Ackerman② 将组织向一种新状态的变革定义为转型。此后，出现了大量有关组织转型的研究文献。20 世纪 90 年代，Rotmans、Kemp、Rip 等一批学者开始致力于将转型概念引入到可持续发展研究领域中③④，后经 Geels 等众多学者的努力，目前已形

① Rotmans J, Kemp R, Asselt M A. More evolution than revolution: transition management in public policy [J]. Foresight, 2001, 3(1): 15 - 31.

② Ackerman L S. Transition management: an in-depth look at managing complex change [J]. Organizational Dynamics, 1982, 11(1): 46 - 66.

③ Rotmans J, Kemp R, Asselt M A. More evolution than revolution: transition management in public policy [J]. Foresight, 2001, 3(1): 15 - 31.

④ Rip A, Kemp R. Technological change [A]. in: Rayner S, Malone E L. (eds). Human choice and climate change [C], Columbus OH: Battelle Press, 1998, 327 - 399.

成较为完整的理论体系和研究框架。

关于可持续领域中转型的定义，迄今为止并没有统一。致力于转型研究的学者基于不同的研究手段，从多种视角对转型的概念进行了界定。Geels & Schot(2010)①将转型定义为“从一个社会—技术系统向另一个社会—技术系统的转变”。Loorbach & Rotmans(2010)②认为转型是社会及其子系统的结构性的变革。虽然这些有关转型的定义不尽相同，但所有定义均强调转型不同于增量式的或常规型的创新。其中，在所有转型概念中，社会—技术转型概念已成为可持续转型领域中的核心概念，并且受到越来越多学者的重视。

在研究可持续发展过程中，转型学者逐步认识到，可持续发展的挑战与在交通、能源、水利等众多部门中观察到的强烈路径依赖和锁定相关并为之加剧，这些部门均可被定义为社会—技术系统。转型学者认为社会—技术系统是实现可持续发展的关键研究单元，其由行为主体(个人、公司、其他组织、集体行动者)、体制(社会和技术规范、法律法规、行为标准)、物质材料实体和知识等要素组成，这些不同要素之间相互影响、互相依赖，共同完成和实现某种社会功能③④。这些已建立的社会—技术系统中已有技术与用户行为、生活方式、互补性技术、商业模式、价值链、组织结构、法规、体制结构和政治结构交织在一起，使系统经历持续的增量变化而非剧烈变革，而这些增量变化在很大程度上不足以应对普遍的可持续发展挑战⑤。要解决此类持久性问题，必须走社会—技术转型道路，从更为系统综合的角度来认识这些问题。

社会—技术转型从实质上而言是导致社会—技术系统发生根本性变革的过程，该过程具有以下特点⑥⑦：① 社会—技术系统内的协同演化和多维度变革。

---

① Geels F W, Schot J. Typology of sociotechnical transition pathways [J]. Research Policy, 2007, 36(3): 399 - 417.

② Loorbach D, Rotmans J. The practice of transition management: examples and lessons from four distinct cases [J]. Futures, 2010(42): 237 - 246.

③ Geels F W. From sectoral systems of innovation to socio-technical systems: insights about dynamics and change from sociology and institutional theory [J]. Research Policy, 2004, 33(6 - 7): 897 - 920.

④ Smith A, Stirling A, Berkhout F. The governance of sustainable socio-technical transitions [J]. Research Policy, 2005, 34(10): 1491 - 1510.

⑤ Rip A, Kemp R. Technological change [A]. in: Rayner S, Malone E L. (eds). Human choice and climate change [C]. Columbus OH: Battelle Press, 1998, 327 - 399.

⑥ Geels F W, Schot J. The dynamics of sociotechnical transitions-a sociotechnical perspective [A]. in: Grin J, Rotmans J, Schot J. (eds.). Transitions to sustainable development [C]. London: Routledge, 2010: 9 - 101.

⑦ Loorbach D, Van der Brugge R, Taanman M. Governance in the energy transition: practice of transition management in the Netherlands [J]. International Journal of Environmental Technology and Management, 2008, 9(2/3): 294 - 314.

在社会—技术转型中,新产品、服务、商业模式和各类组织不断涌现,技术、物质、组织、制度、政治、经济、社会文化等不同维度都会发生深远变革。② 社会—技术转型涉及广泛的参与主体。企业、消费者、政策制定者、科研单位、特殊利益群体等不同主体之间相互联系、相互作用。③ 社会—技术转型通常是一个长期的过程,至少需要 40～50 年的时间。

与其他研究可持续发展的方法相比,社会—技术转型理论的研究视角更广泛(Geels, 2012)[①]。新古典经济学、生态学、产业生态学等虽然都对经济发展与环境问题进行了深入探讨,但上述方法都只是强调了可持续发展的某一个或某些维度,而社会—技术转型理论则强调技术、产业、市场、政策、文化等不同要素的协同演化和内在互动,因此能更加全面地理解和推动可持续发展。总的来说,社会—技术系统的转型即社会—技术转型的目的是为了实现可持续发展,其是指一个长期的、多维度的、非线性转变过程,通过此过程使已有的社会—技术系统转变为更具有可持续性的生产和消费模式,从而实现社会的可持续发展[②③]。

目前,在社会—技术转型理论研究领域,四个转型研究框架和工具受到越来越多转型研究学者的关注[④]:多层次远景(Multi-level Perspective, MLP)、战略小生境管理(Strategic Niche Management, SNM)、转型管理(Transition Management, TM)和技术创新系统(Technological Innovation Systems, TIS)。根据研究内容和研究需要,本书重点对 MLP 和 SNM 的相关文献进行阐述。

2.1.2 基于 MLP 的社会—技术转型研究

1. MLP 的提出

MLP 作为一种社会—技术系统分析方法,是理解可持续转型的一个重要分析框架和模型。MLP 起源于创新研究,并吸收了演化经济学、技术社会学和新制度理论的思想和观点。1977 年,演化经济学家 Nelson & Winter 提出了“技

---

① Geels F W. A socio-technical analysis of low-carbon transitions: introducing the multi-level perspective into transport studies [J]. Journal of Transport Geography, 2012(24): 471 - 482.

② Markard J, Raven R, Truffer B. Sustainability transitions: an emerging field of research and its prospects [J]. Research Policy, 2012(41): 955 - 967.

③ Grin J, Rotmans J, Schot J. Transitions to sustainable development: new directions in the study of long term transformative change [M]. New York: Routledge, 2010.

④ Markard J, Raven R, Truffer B. Sustainability transitions: an emerging field of research and its prospects [J]. Research Policy, 2012(41): 955 - 967.

术域(Technological Regime)"的概念,强调在企业内部的工程师团体中共享着一种常规的例行解决问题的方法,这种方法指引着研发活动沿着已具备明显市场优势的创新方向发展①。Rip & Kemp(1998)将技术域的概念同场景和小生境概念相结合,提出了MLP模型,用于分析社会—技术系统的变革②。随后Geels等其他一些学者对MLP模型进一步拓展和深化,将技术域的概念拓展为社会—技术域③④⑤。

2. 基于MLP的实证研究

MLP强调多维度、多层次协同演化对转型的重要性,认为转型的最终实现依赖于三个层次的相互作用:宏观层的场景(Landscape)、中观层的社会—技术域(Socio-technical Regime)和微观层的小生境(Niche)。不同层次对转型产生不同的影响,从而为转型提供机遇或挑战⑥。

目前,国外已有不少学者利用MLP框架,对历史上已出现的或正在进行的转型进行分析⑦⑧⑨,判断不同国家或地区具体行业或部门的转型进程,分析转型的主要障碍和机遇,优化社会—技术转型的路径。Geels(2002⑩, 2005⑪, 2006⑫,

① Nelson R R, Winter S G. In search of useful theory of innovation [J]. Research Policy, 1977(6): 36-76.

② Rip A, Kemp R. Technological change [A]. in: Rayner S, Malone E L. (eds). Human choice and climate change [C]. Columbus OH: Battelle Press, 1998, 327-399.

③ Geels F W. From sectoral systems of innovation to socio-technical systems: insights about dynamics and change from sociology and institutional theory [J]. Research Policy, 2004, 33(6-7): 897-920.

④ Geels F W. Technological transitions as evolutionary reconfiguration processes: a multi-level perspective and a case-study [J]. Research Policy, 2002(31): 1257-1274.

⑤ Verbong G, Geels F W. The ongoing energy transition: lessons from a sociotechnical, multi-level analysis of the Dutch electricity system (1960-2004) [J]. Energy Policy, 2007, 35(2): 1025-1037.

⑥ MLP模型的理论框架将在第4章详细介绍。

⑦ Van der Brugge R, Rotmans J, Loorbach D. The transition in Dutch water management [J]. Regional Environmental Change, 2005(5): 164-176.

⑧ Geels F W. The dynamics of transitions in socio-technical systems: a multi-level analysis of the transition pathway from horse-drawn carriages to automobiles (1860-1930) [J]. Technology Analysis & Strategic Management, 2005, 17(4): 445-476.

⑨ Geels F W. Co-evolutionary and multi-level dynamics in transitions: the transformation of aviation systems and the shift from propeller to turbojet (1930-1970) [J]. Technovation, 2006(26): 999-1016.

⑩ Geels F W. Technological transitions as evolutionary reconfiguration processes: a multi-level perspective and a case-study [J]. Research Policy, 2002(31): 1257-1274.

⑪ Geels F W. The dynamics of transitions in socio-technical systems: a multi-level analysis of the transition pathway from horse-drawn carriages to automobiles (1860-1930) [J]. Technology Analysis & Strategic Management, 2005, 17(4): 445-476.

⑫ Geels F W. Co-evolutionary and multi-level dynamics in transitions: the transformation of aviation systems and the shift from propeller to turbojet (1930-1970) [J]. Technovation, 2006(26): 999-1016.

2007①)在 MLP 框架下分别分析了从帆船到轮船、从马车到汽车、从螺旋桨式飞机向涡轮喷气式飞机以及美国唱片行业的历史转型进程，强调了场景、社会—技术域和小生境三个层次，技术、市场、基础设施、科技、法规、文化等社会—技术因素的协同演化对成功转型的贡献。Verbong & Geels(2007)②基于 MLP 框架分析了荷兰电力域在 1960—2004 年期间所发生的变化，研究表明荷兰的电力域在过去几十年已经开始转型，然而从整体来看，风能、生物质能等新能源发电仍然仅限于小生境层，未能取得主导地位。Nykvist & Whitmarsh(2008)③以 MLP 为框架，重点从小生境层的创新活动分析了英国和瑞典的交通系统转型的机遇，强调新能源汽车作为重要的创新领域对于推动交通系统低碳转型的意义和发展潜力。Geels(2012)④以 MLP 为基础，从场景、社会—技术域和小生境三个层次分析了瑞典和荷兰交通部门的低碳转型，重点分析交通部门以私人小汽车为主导的社会—技术域保持稳定的主要原因以小生境内的主要创新，包括新能源汽车的发展和信息技术的推动。

MLP 提出后，为进一步强调场景、社会—技术域和小生境三个层次的不同演化特点所带来的转型结果的差异，Geels & Schot(2007)[57]根据实际转型过程中 MLP 三个层次互动发生的时间和性质的差异提出了四种转型路径：转变路径、解构和重置路径、技术替代和重构路径。其中，小生境内的技术创新通过不断发展后，突破并取代现行域，仅代表其中一种模式，即技术替代路径。随后众多学者将这四种转型路径应用于交通、能源等部门的低碳转型情景分析中。Bree et al. (2010)⑤以 MLP 为框架，基于现行汽车域内汽车制造商和消费者之间关系的动态化视角，分析了汽车产业向电动汽车和氢汽车的不同转型路径。Foxon et al. (2010)⑥采用 MLP 分别分析了英国电力部门现行域在电力生产、

---

① Geels F W. Analysing the breakthrough of rock "n" roll (1930 - 1970): multi-regime interaction and reconfiguration in the multi-level perspective [J]. Technological Forecasting & Social Change, 2007 (74): 1411 - 1431.

② Verbong G, Geels F W. The ongoing energy transition: lessons from a sociotechnical, multi-level analysis of the Dutch electricity system (1960 - 2004) [J]. Energy Policy, 2007, 35(2): 1025 - 1037.

③ Nykvist B, Whitmarsh L. A multi-level analysis of sustainable mobility transitions: niche development in the UK and Sweden [J]. Technological Forecasting & Social Change, 2008(75): 1373 - 1387.

④ Geels F W. A socio-technical analysis of low-carbon transitions: introducing the multi-level perspective into transport studies [J]. Journal of Transport Geography, 2012(24): 471 - 482.

⑤ Bree B V, Verbong G P J, Kramer G J. A multi-level perspective on the introduction of hydrogen and battery-electric vehicles [J]. Technological Forecasting & Social Change, 2010, 77(4): 529 - 540.

⑥ Foxon T J, Hammond G P, Pearson P J G. Developing transition pathways for a low carbon electricity system in the UK [J]. Technological Forecasting & Social Change, 2010(77): 1203 - 1213.

行为主体网络等维度的特征，在此基础上提出了电力部门向低碳转型的可能路径。Verbong & Geels(2010)①描述了电力系统向低碳转型的三种可能路径以及每一路径对现行电力域内基础设施变革的不同要求。

2.1.3　基于 SNM 的社会—技术转型研究

1. SNM 的提出

Mokyr(1990)②将新技术描述为“充满希望的怪兽(hopeful monstrosities)”，强调创新技术具有很大的发展潜力，但同时在发展初期技术仍很粗糙，技术性能仍较有限。大部分技术在创新和应用初期，往往表现为无效率，难以满足消费者的需求(Rosenberg, 1976③)。这意味着，新技术在初期很难立刻同市场上已占主导地位的技术进行竞争，这也是为什么许多新技术难以跨越从实验室到市场的“死亡之谷”的重要原因④。在此背景下，许多学者开始思考为什么众多创新技术在离开实验室后会失败？什么原因导致创新技术难以实现大规模生产和产业化？Kemp et al. (1998)⑤总结了创新技术失败的七个主要原因：① 技术：新技术往往缺乏稳定性，技术性能还不完善，并且缺乏互补性技术的支撑；② 政策法规：新技术往往难以在已有的政策法律框架下有效运行，同时，支持新技术的政策法律框架还尚未建立；③ 文化和心理因素：在创新扩散初期，新技术可能由于某些原因与消费者对产品赋予的符号意义或消费者自身的价值观和偏好不相符；④ 需求因素：强调新技术由于种种原因难以满足消费者的某些需求，如产品价格过高等；⑤ 生产因素：新技术可能与企业对未来市场的期望不一致，或者与企业已有的主导产品相竞争，使得企业不愿意投资大规模生产创新产品，导致新产品不能实现规模经济；⑥ 基础设施：大多数新技术的发展需要基础设施和售后网络的配套支持，但在发展初期，配套基础设施可能并不完善；⑦ 社会和环境

---

① Verbong G, Geels F W. The ongoing energy transition: lessons from a sociotechnical, multi-level analysis of the Dutch electricity system (1960 - 2004) [J]. Energy Policy, 2007, 35(2): 1025 - 1037.

② Mokyr J. The lever of riches: technological creativity and economic progress [M]. New York: Oxford University Press, 1990.

③ Rosenberg N. Perspectives on technology [M]. Cambridge: Cambridge University Press, 1976.

④ Schot J, Geels F W. Strategic niche management and sustainable innovation journeys: theory, findings, research agenda, and policy [J]. Technology Analysis & Strategic Management, 2008, 20(5): 537 - 554.

⑤ Kemp R, Schot J, Hoogma R. Regime shifts to sustainability through processes of niche formation: the approach of strategic niche management [J]. Technology Analysis & Strategic Management, 1998, 10(2): 175 - 196.

影响：一些具有可持续发展特征的新技术往往针对某一领域的不可持续问题，但这些新技术在使用过程中可能会导致其他领域不可持续问题的出现。SNM理论即在此背景下应运而生。

SNM 理论最早由 Schot et al.(1994)①和 Kemp et al.(1998)②基于 Van de Belt & Rip(1984)③的研究基础提出，强调创新性技术的引进和发展并非易事，一方面，社会占主导地位的技术表现出强烈的路径依赖和技术锁定；另一方面，虽然许多创新具有经济、社会和环境的可持续性，然而这些创新在发展初期，往往表现出不完善的技术水平和过低的性价比。因此对于创新而言，在其复杂和长期的发展进程中面临着激烈的市场竞争和失败的可能性，创新本身的可持续性并不能够保证其成功发展(Van der Laak et al., 2007④)。SNM 研究学者认为，上述七个原因之所以会造成新技术大规模商业化和产业化的失败，一个主要的根源在于新技术在发展初期就开始与社会上占主导的技术相竞争，而这些主导技术已嵌入社会—技术域中，域内的企业、消费者、政策制定者、科研单位等主体的活动和思维受既定规则和惯例引导，导致这些主体面对新技术往往会“视而不见”，社会锁定于已有的占主导地位的技术。这在某种程度上意味着，创新性技术在其发展初期很难同市场上已占据主导地位的技术进行竞争，这对于电动汽车技术而言同样适用(Schot & Geels, 2008⑤)。

为解决上述问题，推动创新技术成功的产业化，SNM 认为关键是通过政府政策干预或开展社会性试验和示范运营等方式为创新提供暂时性的保护空间，即小生境，并在小生境内围绕创新技术开展社会—技术试验，在试验中，围绕新技术建立主体之间的网络，并展开持续学习。社会—技术试验通过在小生境内打造“原市场”，推动新技术与市场各个环节的主体，包括厂商和消费者展开联系

---

① Schot J, Hoogma R, Elzen B. Strategies for shifting technological systems: the case of the automobile system [J]. Futures, 1994, 26(10): 1060 - 1076.

② Kemp R, Schot J, Hoogma R. Regime shifts to sustainability through processes of niche formation: the approach of strategic niche management [J]. Technology Analysis & Strategic Management, 1998, 10(2): 175 - 196.

③ Van de Belt H, Rip A. Technologie-ontwikkeling: het Nelson-Winter/Dosi model [R]. LISBON, University of Leiden, 1984.

④ Van der Laak W W M. Raven R P J M, Verbong G P J. Strategic niche management for biofuels: Analysing past experiments for developing new biofuel policies [J]. Energy Policy, 2007(35): 3213 - 3225.

⑤ Schot J, Geels F W. Strategic niche management and sustainable innovation journeys: theory, findings, research agenda, and policy [J]. Technology Analysis & Strategic Management, 2008, 20(5): 537 - 554.

和交流，了解和掌握市场对新技术的反应以及消费者等主体的需求，随着网络的形成和学习的不断开展，最终推动新技术走出保护空间，实现自我维持和发展，并与社会—技术域内的主导技术展开竞争①②③。

小生境这一概念很早就出现在创新领域的研究中，演化经济学家④⑤和管理学家⑥均强调了市场小生境对创新技术发展的重要性。然而，已有的研究中很多学者往往假设新技术的市场小生境是已然存在的，SNM 研究学者却认为，很多创新技术特别是具有可持续前景的新技术服务于社会长期的可持续发展，但与现有的基础设施、消费者习惯和法规等并不匹配，在发展初期并不具备围绕该技术已存在的技术小生境和消费者需求，因为这类新技术不再是对已有技术的小变革，而是根本性变革。因此，SNM 方法重点就是针对这类新技术的管理而提出的，这也是 SNM 研究学者认为展开社会—技术试验的重要原因，即通过试验探索可持续创新技术如何与市场、政策等因素实现协同发展⑦。

2. 基于 SNM 的实证研究

SNM 理论认为，在为创新提供保护空间后，小生境内的创新能否通过社会试验成功发展，有三个内在进程(internal process)是至关重要的，这三个内在进程分别是：期望或愿景的表达与形成；社会主体网络的构建；学习进程(Mourik & Raven，2006⑧)⑨。目前，SNM 主要被用来分析围绕可持续性技术所展开的社会试验的成功或失败的原因，包括风能、生物质能、电动汽车等创新技术的研究

---

① Hoogma R, Kemp R, Schot J, et al. Experimenting for sustainable transport: the approach of Strategic Niche Management [M]. London and New York: Spon Press, 2002.

② Van Eijck J, Romijn H. Prospects for Jatropha biofuels in Tanzania: an analysis with Strategic Niche Management [J]. Energy Policy, 2008(36): 311 - 325.

③ Caniëls M C J, Romijn H A. Actor networks in Strategic Niche Management: insights from social network theory [J]. Futures, 2008(40): 613 - 629.

④ Saviotti P P. Technological evolution, variety and the economy [M]. Cheltenham: Edward Elgar, 1996.

⑤ Windrum P, Birchenhall C. Is product life-cycle theory a special case? dominant designs and the emergence of market niches through co-evolutionary learning [J]. Structural Change and Economic Dynamics, 1998, 9(1): 109 - 134.

⑥ Astley W G. The two ecologies: population and community perspectives on organizational evolution [J]. Administrative Science Quarterly, 1985, 30(2): 224 - 241.

⑦ Schot J, Geels F W. Strategic niche management and sustainable innovation journeys: theory, findings, research agenda, and policy [J]. Technology Analysis & Strategic Management, 2008, 20(5): 537 - 554.

⑧ Mourik R, Raven R. A practioner's view on Strategic Niche Management-towards a future research outline [R]. Energy Research Center of the Netherlands, 2006.

⑨ 三个内在进程的内涵将在第 4 章详细介绍。

中,评估和分析标准即为上述三个小生境内在进程。Van der Laak et al.(2007)①基于 SNM 框架分析了荷兰围绕生物燃料技术所开展的三个社会试验,探讨了试验成功的主要因素。Van Eijck & Romijn(2008)②采用 SNM 方法分析了坦桑尼亚向可持续生物燃料转型过程中所开展的社会试验,认为目前生物燃料的发展仍处于初级阶段,未来的发展结果仍不十分明确。Caniëls & Romijn(2008)③将 SNM 和社会网络理论相结合,重点分析了坦桑尼亚 Jatropha 在开展生物燃料试验中,主体之间网络的构建问题,强调了主体网络对小生境内社会试验顺利开展的重要性。Sushandoyo & Magnusson(2014)④基于 SNM 分析了伦敦围绕新能源汽车技术所展开的示范运营,研究表明小生境内的示范运营不仅要注重为新能源汽车技术创造保护空间,同时也要注重一定程度的市场竞争。

社会—技术转型理论的相关研究可以发现:① 从国内外研究对比角度看,目前国内学者对社会—技术转型理论以及 MLP 和 SNM 的研究与应用相对较少,与国外系统的 MLP 和 SNM 研究相比,我国尚属于起步阶段,但已有一些学者开始尝试将该理论应用于我国一些部门的低碳转型研究中。如,陈卓淳和姚遂(2012)⑤利用 MLP 对我国电力系统的低碳转型进行了研究。孙冰等(2013)⑥以东北三省新能源汽车产业为研究对象,将态势观点引入 SNM 中,分析讨论了每个省新能源汽车产业的技术生态位态势所处的不同阶段。叶芬斌(2013)⑦基于 SNM 理论分析了典型的数码化图像显示 LCD 和 CCD 技术的不同演化进路,论证了 SNM 理论分析方法的实用性和可行性。② 从 MLP 和 SNM 自身看,SNM 只强调了小生境内的创新通过发展自下而上取代现行社

---

① Van der Laak W W M, Raven R P J M, Verbong G P J. Strategic niche management for biofuels: analysing past experiments for developing new biofuel policies [J]. Energy Policy, 2007(35): 3213-3225.

② Van Eijck J, Romijn H. Prospects for Jatropha biofuels in Tanzania: an analysis with Strategic Niche Management [J]. Energy Policy, 2008(36): 311-325.

③ Caniëls M C J, Romijn H A. Actor networks in Strategic Niche Management: insights from social network theory [J]. Futures, 2008(40): 613-629.

④ Sushandoyo D, Magnusson T. Strategic niche management from a business perspective: taking cleaner vehicle technologies from prototype to series production [J]. Journal of Cleaner Production, 2014, 74(1): 17-26.

⑤ 陈卓淳,姚遂. 中国电力系统低碳转型的路径探析——基于社会技术转型思路[J]. 中国人口·资源与环境,2012,22(2): 62-68.

⑥ 孙冰,袭希,余浩. 网络关系视角下技术生态位态势研究——基于东北三省新能源汽车产业的实证分析[J]. 科学学研究,2013,31(4): 518-528.

⑦ 叶芬斌. 基于 SNM 理论的技术范式变迁实证研究——以数码化图像显示技术为例[J]. 科学学研究,2013,31(6): 818-828.

会—技术域的路径，而忽略了现行社会—技术域和更广阔的宏观层对小生境内创新发展的影响(Schot & Geels，2008①)。在此背景下，MLP 作为转型研究中的另一个重要的社会—技术系统分析方法，能够在很大程度上弥补了 SNM 只关注小生境的局限性。MLP 强调多维度、多层次协同演化对转型的重要性，认为转型的最终实现依赖于三个层次的相互作用：宏观层的场景、中观层的社会—技术域和微观层的小生境②。小生境创新的发展对转型的实现依然非常关键，但 MLP 更强调创新要想实现大规模的扩散不仅需要小生境的支持，还需要同社会—技术和场景相联系，不同层次对创新的发展产生不同影响，从而为转型提供机遇或挑战③。同时，SNM 重点强调了小生境内的创新通过发展壮大最终取代社会—技术域内主导技术的转型路径和方法，MLP 认为“替代(Substitution)”仅仅是转型实现的一种方法，转型还可以通过社会—技术域吸收小生境创新，并进而在域内部推动变革等其他方式实现，也就是说 MLP 认为转型并不特别强调“替代”，更多的是强调如何通过推动小生境内创新的发展、累积和壮大来促进社会中已有的行为、习惯、规则等要素的变革④。因此，综合 MLP 和 SNM 分析创新技术的发展具有重要意义。

2.2　商业模式相关理论研究

2.2.1　商业模式的内涵

商业模式的概念很早就已出现，在前古典时期已成为经济和贸易行为的重要组成部分(Osterwalder，2004⑤)。20 世纪 90 年代随着互联网的兴起，商业模式逐渐成为人们关注的对象，对商业模式的研究也主要起源于对电子商务的关注。近年来，通信技术的发展和通信成本的下降在很大程度上变革了价值创造

---

① Schot J, Geels F W. Strategic niche management and sustainable innovation journeys: theory, findings, research agenda, and policy [J]. Technology Analysis & Strategic Management, 2008, 20(5): 537 - 554.

② Geels F W. Technological transitions as evolutionary reconfiguration processes: a multi-level perspective and a case-study [J]. Research Policy, 2002(31): 1257 - 1274.

③ Shove E, Walker G. CAUTION! Transitions ahead: politics, practice and sustainable transition management [J]. Environment and Planning A, 2007, 39(4): 763 - 770.

④ Raven R P J M. Towards alternative trajectories? reconfigurations in the Dutch electricity regime [J]. Research Policy, 2006, 35(4): 581 - 595.

⑤ Osterwalder A. The business model ontology-aproposition in a design science approach [D]. PhD Thesis, Switzerland: University of Lausanne, 2004.

和传递的方式，为企业商业模式创新创造了机遇，商业模式再次受到学者和企业家的关注。Zott et al.（2011）通过对商业模式相关研究的回顾和梳理发现，1995—2009 年，约有 1 177 篇以商业模式为主要研究对象的论文发表在重要的学术期刊中①。

然而，尽管许多学者都开展了有关商业模式的研究，但直至目前关于商业模式的内涵并未形成统一的定义，不同学者往往出于自身研究需要对商业模式的内涵进行界定。Shafer et al.（2005）②统计发现，1998—2000 年发表的论文中关于商业模式的定义共有 12 种，表 2-1 列举了部分比较有代表性的商业模式定义。

表 2-1　部分代表性的商业模式定义

来　源	定　义
Timmers(1998)③	商业模式是关于产品流、信息流和服务流的体系架构，该架构详细描述了模式所包含的商业主体以及每个主体的角色、潜在收益和收益的来源
Amit & Zott(2001)④	商业模式是通过对交易内容、交易结构以及交易的管理进行设计，从而可以利用商业机会来创造价值
Dubosson-Torbay et al.(2001)⑤	商业模式是企业及其合作伙伴网络的架构，这一架构是为了向一个或多个细分市场创造、营销并且传递价值和关系资本，以便产生利润并获得持续收入来源
Chesbrough & Rosenbloom(2002)⑥	商业模式是一种启发式逻辑，企业通过商业模式可以把技术的潜在优势转化为技术的经济效益
Magretta(2002)⑦	商业模式解释了企业如何运作的问题。一个好的商业模式能够回答彼得·格鲁克的经典问题：谁是顾客？顾客的价值是什么？企业如何在商业中获利？以及企业如何用合适的成本把价值传递给顾客这些问题的内在经济逻辑

① Zott C, Amit R, Massa L. The business model: recent developments and future research [J]. Journal of Management, 2011, 37(4): 997-1018.

② Shafer S M, Smith H J, Linder J. The power of business models. Business Horizons [J]. 2005 (48): 199-207.

③ Timmers P. Business models for electronic markets [J]. Electronic Markets, 1998, 8(2): 3-8.

④ Amit R, Zott C. Value creation in e-business [J]. Strategic Management Journal, 2001(22): 493-520.

⑤ Dubosson-Torbay M, Osterwalder A, Pigneur Y. eBusinessmodel design, classification and measurements [J]. Thunderbird International Business Review, 2002, 44(1): 5-23.

⑥ Chesbrough H, Rosenbloom R S. The role of the business model in capturing value from innovation: evidence from Xerox Corporation's technology spin-off companies [J]. Industrial and Corporate Change, 2002, 11(3): 529-555.

⑦ Magretta J. Why business model matter [J]. Harvard Business Review, 2002(80): 3-8.

续　表

来　　源	定　　　　义
Morris et al. (2005)①	商业模式是对在企业战略、结构以及经济领域内一组相互关联的决策变量如何创造可持续竞争优势的简练体现
Teece(2010)②	商业模式详细表达了这样一种逻辑思维：通过数据和其他一些证据来支持顾客的价值主张以及企业所能采取的切实可行的收入和成本体系来传递这一价值

从上述定义可以看出，不同学者关于商业模式的概念和定义不尽相同，但是也形成了一些共同的看法，大多数学者都认为商业模式是除了产品、企业、行业、网络这四个层次之外的另一个分析单位；商业模式主要关注的是核心企业，但是商业模式设计的范围要远远超出一个组织的范畴。另外商业模式强调从一个系统、全面的角度来阐述企业的商业运作；组织的行为在组织的商业模式中起着很重要的角色；商业模式既试图解释价值的创造又力图解释价值的获取。

2.2.2　商业模式的构成要素

商业模式的研究学者在不断探索商业模式内涵的同时，也致力于商业模式构成要素的研究，甚至很多学者直接用商业模式构成要素来界定商业模式的内涵。目前，不同学者出于研究视角和研究对象的差异，对商业模式构成要素的认知也不尽相同。Shafer et al. (2005)③研究发现，1998—2000 年发表的论文中所包含的 12 种商业模式定义中，共体现了 42 个不同的商业模式构成要素，表 2 - 2 列举了部分具有代表性的商业模式构成要素观点。

从表 2 - 2 中可以看出，学者对商业模式构成要素的界定方法主要有两种：一级要素和二级要素。一级要素界定法指商业模式的构成要素仅为单独的一级；二级要素界定法指商业模式的构成要素包含两级，第二级要素是对第一级要素的进一步说明和解释。另外，表 2 - 2 也清晰地显示了不同学者关于商业模式构成要素有不同的看法和观点，总体来看，这些观点既有不同点，同时也存在着很

① Morris M, Schindehutte M, Allen J. The entrepreneur's business model: toward a unified perspective [J]. Journal of Business Research, 2005(58): 726 - 735.

② Teece D J. Business models, business strategy and innovation [J]. Long Range Planning, 2010 (43): 172 - 194.

③ Shafer S M, Smith H J, Linder J. The power of business models. Business Horizons [J]. 2005 (48): 199 - 207.

表 2-2　代表性的商业模式构成要素

来　源	构成要素(一级)	构成要素(二级)	要素数量
Mahadevan(2000)①	价值流、收入流、物流	——	3
Stewart & Zhao (2000)②	利润流	顾客选择、价值获取、差异化和战略控制、范围	4
Afuah & Tucci (2001)③	顾客价值、收入源泉	价格、相关活动、实施、能力、可持续性、范围	2~6
Alt & Zimmerman (2001)④	使命、结构、流程、收入、法律义务、技术	使命：目标、愿景、价值主张、结构；主体和治理、聚焦流程；顾客导向、协调机制。收入：收入来源；商业逻辑	6~10
Applegate(2001)⑤	概念、能力、价值	概念：市场机会、产品和服务、能力的变化、获取主导地位的战略、战略选择。能力：合作伙伴、组织和文化、运营模式、营销模式、管理模式、业务发展模式、基础设施模式。价值：股东收益、企业收益、市场份额和绩效、品牌和声誉、财务绩效	3~17
Rappa(2001)⑥	可持续性、收入流、成本结构、价值链定位	——	4
Osterwalder (2004)⑦	价值主张、客户细分、合作伙伴网络、分销渠道、收入来源	客户关系、价值配置、能力、成本结构	4~5
Bonaccorsi et al. (2006)⑧	产品和服务、顾客、成本结构、收入	网络(结构)、网络外部性	2~4

① Mahadevan B. Business models for internet-based e-Commerce [J]. California Management Review, 2000, 42(4): 55-69.

② Stewart D W, Zhao Q. Internet marketing, business models, and public policy [J]. Journal of Public Policy & Marketing, 2000, 19(2): 287-296.

③ Afuah A, Tucci C. Internet business models and strategies: text and cases [M]. New York: McGraw-Hill, 2001.

④ Alt R, Zimmerman H D. Introduction to special section on business models [J]. Electronic Markets, 2001, 11(1): 3-9.

⑤ APPlegate L M E. Business models: making sense of the internet business landscape [A]. in: Diekson G, Gary W, Desanetis G. (eds). Information technology and the future enterprise: new models for managers [C]. Englewood Cliffs, NJ: Prentice-Hall, 2001: 49-101.

⑥ Rappa M. Business models on the web: managing the digital enterprise [EB/OL]. http://digitalenterprise. org/models/models. html, 2001, Accessed: 2014-07-10.

⑦ Osterwalder A. The business model ontology-aproposition in a design science approach [D]. PhD Thesis, Switzerland: University of Lausanne, 2004.

⑧ Bonaccorsi A, Giannangeli S. Entry strategies under competing standards: hybrid business models in the open source software industry [J]. Management Science, 2006, 52(7): 1085-1098.

多相似性。企业的产品(或提供的价值)、收入来源(或利润模式、收入机制等)、价值主张、市场细分、价值网络、客户关系等是众多研究中共同强调的构成要素。

2.2.3　商业模式的创新

商业模式的构建或创新是商业模式研究的主要目的,而商业模式的概念和构成要素是研究商业模式创新的基础①。近年来,在商业模式概念、构成要素等研究内容的基础上,越来越多的学者开始关注商业模式创新。综合已有商业模式创新相关文献可以看出,目前国内外的研究主要集中在商业模式创新的动力、商业模式创新的阻力、商业模式创新的分类、商业模式创新的内涵和要素、商业模式创新的路径或方法、商业模式创新的实施以及商业模式创新的评价等方面②。

在商业模式创新方法的研究方面,Morris et al. (2003)③认为,商业模式创新是从基础层(Foundation Level)商业模式向专有层(Proprietary Level)商业模式和规则层(Rules Level)商业模式逐步递进的过程。原磊(2007)④提出了“3—4—8”商业模式构成体系,在此基础上提出商业模式创新可以遵循的三种基本路径:基于价值模块的商业模式创新路径、基于界面规则的商业模式创新路径和基于二者混合的商业模式创新路径。Sosna et al. (2010)⑤基于动态的观点,强调商业模式创新是一个不断试错的过程,提出一种试验—错误—试验的学习过程来实现商业模式创新。Demil & Lecocq(2010)⑥基于 RCOV 框架(Resources and Competences Organization Value Proposition)提出动态和静态相结合的商业模式创新方法。

总体来看,目前国内外对商业模式创新的研究仍处于探索性研究和初级阶段,研究内容较为散乱,尚未出现较为成熟和权威的理论内容与方法,尤其是结合具体国家或地区、具体产品或行业来研究商业模式创新的更为少见。

---

① 郭毅夫. 商业模式创新与企业竞争优势: 内在机理及实证演技[D]. 南京: 东南大学,2009.

② 项国鹏,周鹏杰. 商业模式创新: 国外文献综述及分析框架构建[J]. 商业研究,2011(4): 84 - 89.

③ Morris M, Schindehutte M, Allen J. The entrepreneur's business model: toward a unified perspective [J]. Journal of Business Research, 2005(58): 726 - 735.

④ 原磊. 商业模式体系重构[J]. 中国工业经济,2007(6): 70 - 79.

⑤ Sosna M, Trevinyo-Rodríguez R N, Velamuri S R. Business model innovation through trial-and-error learning-the naturhousecase [J]. Long Range Planning, 2010, 43(2 - 3): 383 - 407.

⑥ Demil B, Lecocq X. Business model evolution: in search of dynamic consistency [J]. Long Range Planning, 2010(43): 227 - 246.

2.3 电动汽车产业发展影响因素的相关研究

世界许多国家包括美国、欧洲、日本和中国都在积极推动电动汽车产业的发展，探索产业发展路径。然而，虽然电动汽车本身具有缓解交通领域能源依赖和环境污染等不可持续性问题的潜力，并且各国政府也陆续出台各项支持性政策，全世界范围内电动汽车整体产业化进程仍非常缓慢，市场扩散规模十分有限(Browne et al.，2012①)。在此背景下，许多学者开始研究影响电动汽车大规模市场扩散和产业化进程的因素。整体来看，国内外关于电动汽车产业发展影响因素的研究重点存在较大差异，因此，本书从国内和国外两部分进行阐述。

2.3.1 国外相关研究

Barkenbus(2009)②认为电动汽车是汽车产业的发展方向，但实现这种转变的时间是不确定的，而且将会经历混合动力汽车过渡到插电式混合动力汽车，进而过渡到纯电动汽车的一个过程。目前，国外学者对电动汽车发展影响因素的研究根据研究视角的不同大致可以分为两类：基于消费者角度探讨影响消费者购买决策的因素、基于市场扩散角度探讨影响电动汽车扩散速度和规模的因素。

1. 基于消费者视角

电动汽车的产业化最终离不开消费者的支持，因此，许多学者从消费者角度出发，通过基于叙述性偏好(Stated Preference，SP)调查等方法分析影响消费者购买决策的因素。Calfee(1985)③基于调研所获得的数据，采用概率选择模型分析了影响消费者购买的因素，结果表明续航里程和最高时速是消费者主要的购买标准。Chéron & Zins(1997)④在加拿大蒙特利尔展开了一项探索性研究评

① Browne D，O'Mahony M，Caulfield B. How should barriers to alternative fuels and vehicles be classified and potential policies to promote innovative technologies be evaluated? [J]. Journal of Cleaner Production，2012(35)：140 - 151.

② Barkenbus J. Our electric automotive future：CO_2 savings through a disruptive technology [J]. Policy and Society，2009(27)：399 - 410.

③ Calfee J E. Estimating the demand for electric automobiles using disaggregated probabilistic choice analysis. Transportation Research B：Methodological，1985，19(4)：287 - 301.

④ Chéron E，Zins M. Electric vehicle purchasing intentions：the concept over battery charge duration [J]. Transportation Research，1997，31(3)：235 - 243.

估影响消费者购买决策的因素，受访者共提出了 16 个可能会影响其购买决策的因素，包括电池故障、充电时长、续航里程、电动汽车性能、电池成本和电池寿命等。研究表明消费者对充电方面的担忧是所有影响因素中最突出的，并且，这种担忧很难通过成本的降低来消除，除非续航里程、充电时间和充电基础设施等因素得到改善。Oliver & Rosen(2010)①提出了一个环境倾向框架重点分析影响电动汽车购买决策的消费者自身因素，采用聚类分析法和多变量方差分析法基于环境价值观和环境的自我效能两个标准对消费者进行分类。研究表明消费者坚信自己的行为在多大程度上可以影响环境问题的解决，将会影响消费者的购买决策。因此，在推动电动汽车产业发展过程中，应让消费者更多地参与进来，使消费者感觉到自己不仅应该而且完全有能力进行环境保护。Hidrue et al.(2011)②基于网络调研数据，采用叙述性偏好法和潜在类别随机效用模型评估公众对电动汽车的态度，研究表明较年轻且受过高等教育的美国消费者购买电动汽车的倾向较高，其中行驶里程的担忧、较长的充电时间和较高的购买价格是消费者在考虑电动汽车时主要关注的因素；并且消费者愿意为充电时间和行驶里程、电动汽车的性能、污染的减少等汽车属性改进所支付的钱是越来越少。Skippon & Garwood(2011)③在受访者试乘试驾后，通过态度调研问卷分析影响英国消费者购买决策的因素。研究表明当续航里程超过 100 英里后，消费者可能会考虑购买电动汽车作为第二辆汽车使用，这一倾向随着消费者收入水平的提高而上升；公共充电设施的便利性，特别是在超市、商场等场所的充电便利性会影响消费者的购买决策。

2. 基于市场扩散视角

研究电动汽车产业发展影响因素的另一个重要视角是通过构建不同的模型探索电动汽车在各类因素的影响下未来扩散的市场规模，从而分析电动汽车实现大规模扩散和市场化的进程。其中，基于 agent 模型、市场扩散模型和消费者

---

① Oliver J D, Rosen D E. Applying the environmental propensity framework: a segmented approach to hybrid electric vehicle marketing strategies [J]. Journal of Marketing Theory and Practice, 2010, 18(4): 377 - 393.

② Hidrue M K, Parsons G R, Kempton W, et al. Willingness to pay for electric vehicles and their attributes [J]. Resource and Energy Economics, 2011(33): 686 - 705.

③ Skippon S, Garwood M. Responses to battery electric vehicles: UK consumer attitudes and attributions of symbolic meaning following direct experience to reduce psychological distance [J]. Transportation Research Part D: Transport and Environment, 2011(16): 525 - 531.

选择模型是已有研究中主要采用的三种模型。Greene et al.(2004)①构建了一个嵌套多项 logit 模型预测美国混合动力汽车(HEV)和柴油机的市场总规模规模将在 2012 年达到 15%—20%。Becker(2009)②采用 Bass 模型预测了美国电动汽车未来的市场扩散,研究表明在基准情境下,2015 年、2020 年、2025 年和 2030 年美国电动汽车的市场份额将达到美国轻型汽车市场的 3%、18%、45%和 64%。Eppstein et al.(2011)③构建了基于 agent 的消费者空间选择模型探索各类影响因素,如汽油价格和续航里程等对插电式混合动力汽车(PHEV)市场扩散速度的影响。研究表明,当消费者对 PHEV 的使用成本有正确预估时,PHEV 的市场扩散速度会加快,汽油价格的上升会使得这个效应进一步扩大。Park et al.(2011)④综合通用 Bass 模型和系统动力学构建了燃料电池汽车(FCV)的市场扩散模型,研究表明初始购买价格和基础设施会极大地影响 FCV 在韩国的扩散速度。Shafiei et al.(2012)⑤构建了基于 agent 模型对冰岛 2012—2030 年电动汽车的市场份额进行预测分析,模型充分考虑了传统汽车的竞争、社会因素和消费者对汽车属性偏好的影响。研究表明较高的石油价格、较低的电动汽车购买价格和充电便利性三者的结合能在很大程度上推动电动汽车取得汽车产业的主导地位;单独的政策措施作用十分有限,需要与其他因素的改进相配合。McCoy & Lyons(2014)⑥采用基于 agent 模型对爱尔兰家庭电动汽车的购买决策进行分析,研究表明即使电动汽车的总用户基础很少,但是同伴效应会导致电动汽车用户在某一区域形成“集群”,这可能会对当地的电力系统提出挑战。

除了上述从微观消费者视角和宏观市场扩散视角分析电动汽车产业化影响

---

① Greene D L, Duleep K G, McManus W S. Future potential of hybrid and diesel powertrains in the US light-duty vehicle market [R]. OakRidge, TN: OakRidge National Laboratory, 2004.

② Becker T A. Electric vehicles in the United States: a new model with forecasts to 2030 [R]. Center for Entrepreneurship and Technology Technical Brief, 2009.

③ Eppstein M J, Grover D K, Marshall J S, et al. An agent-based model to study market penetration of plug-in hybrid electric vehicles [J]. Energy Policy, 2011(39): 3789 - 3802.

④ Park S Y, Kim J W, Lee D H. Development of a market penetration forecasting model for Hydrogen Fuel Cell Vehicles considering infrastructure and cost reduction effects [J]. Energy Policy, 2011 (39): 3307 - 3315.

⑤ Shafiei E, Thorkelsson H, Ásgeirsson E I, et al. Stefansson H. An agent-based modeling approach to predict the evolution of market share of electric vehicles: A case study from Iceland [J]. Technological Forecasting & Social Change, 2012, 79(9): 1638 - 1653.

⑥ McCoy D, Lyons S. Consumer preferences and the influence of networks in electric vehicle diffusion: an agent-based microsimulation in Ireland [J]. Energy Research & Social Science, 2014(3): 89 - 101.

因素外，许多学者根据研究还选择了其他不同的视角对电动汽车产业发展的影响因素进行探讨。Budde et al.（2012）①选取燃料电池产业链上的三类关键主体：OEMs、整车厂商和德国政府，通过引入主体预期这一概念，通过专家访谈法分析了不同主体对燃料电池未来的期望差异如何影响各自的战略行为，从而影响燃料电池的市场化进程。Steinhilber et al.（2013）②通过对电动汽车产业所涉及的不同利益主体进行访谈的方法，定性分析影响电动汽车产业发展的因素。研究结果表明：政策措施、商业模式、基础设施和技术是目前影响德国和英国电动汽车产业发展的主要因素，其中在政策措施方面，充电收费和充电基础设施的所有权、城市和道路空间规划政策法规、汽车排放标准、消费者购买激励政策和研发补贴是影响电动汽车产业发展的主要政策。

2.3.2　国内相关研究

目前国内学者对电动汽车发展影响因素的研究大致可以分为两类：一类与国外研究类似，基于消费者微观视角探讨影响消费者购买决策的因素；另一类则是从产业整体视角探讨影响电动汽车产业发展的因素，并在此基础上提出我国电动汽车产业发展的路径或战略。

1. 基于消费者视角

在消费者视角方面，徐国虎和许芳（2010）③运用主成分分析法对问卷调研所获得的数据进行因子分析，结果表明售后服务因子、购置成本因子、汽车品质因子、使用能耗因子和周围影响因子是影响我国消费者购买电动汽车的关键因素。辛明亮（2012）④基于 SPSS 因子分析法对问卷调研所获得的数据进行分析，结果表明使用能耗、售后服务、购买成本和汽车质量是影响消费者购买决策的主要因素。王颖和李英（2013）⑤采用实证分析法，基于结构方程模型分析了感知风险和涉入程度对消费者新能源汽车购买意愿的影响。研究结果表明：消费者

---

① Budde B, Alkemade F, Weber K M. Expectations as a key to understanding actor strategies in the field of fuel cell and hydrogen vehicles [J]. Technological Forecasting & Social Change, 2012(79): 1072 - 1083.

② Steinhilber S, Wells P, Thankappan S. Socio-technical inertia: understanding the barriers to electric vehicles [J]. Energy Policy, 2013(60): 531 - 539.

③ 徐国虎，许芳. 新能源汽车购买决策的影响因素研究[J]. 中国人口·资源与环境，2010，20(11)：91 - 95.

④ 辛明亮. 我国新能源汽车消费者购买驱动因素研究[D]. 武汉：湖北工业大学，2012.

⑤ 王颖，李英. 基于感知风险和涉入程度的消费者新能源汽车购买意愿实证研究[J]. 数理统计与管理，2013，32(5)：864 - 872.

的感知风险，如财务风险和功能风险会负向影响新能源汽车的购买意愿；消费者对新能源汽车的涉入程度会正向影响其购买意愿，而提高消费者对新能源汽车涉入程度的主要因素在于提高消费者对新能源汽车产品知识和产品象征性的了解。李美霞(2014)采用结构方程模型和系统动力学分析不同类别的消费者对电动汽车的态度，研究表明消费者自身的心理因素、生活态度、消费者感知与电动汽车的购买决策以及社会因素、技术因素和政府因素等外部影响因素与电动汽车的购买决策均呈正相关关系；电池的充电问题、电池寿命、续航里程、电池的维修保养等是消费者关注较多的问题①。

2. 基于产业整体视角

近年来，相关学者纷纷探索、研究我国电动汽车产业应该如何发展。基于产业视角的相关研究主要是学者从产业整体角度定性化地分析影响我国电动汽车产业发展的因素和障碍，这些因素主要涉及技术、政策、配套设施等方面，并在此基础上提出我国电动汽车产业发展的路径或战略。

影响因素方面，孙逢春和祝嘉光(2001)②指出，目前电动车的技术已经比较成熟，产业化发展的主要障碍存在于电动汽车的经济性能、运营环境建设与维护以及相关的行政和法规三个方面。亢凤林和李军民(2008)③则认为目前存在的电池问题、驱动问题、能源管理难题极大地制约了电动汽车的普及；电动汽车能否尽快被市场接受、关键技术能否尽快取得突破亟须政策法规的出台和基础设施的完善。付翔等(2008)④基于波特钻石模型对我国电动汽车产业化的制约因素进行了分析，从生产要素、需求条件、相关产业和支持产业的表现，企业的战略、结构和竞争对手以及政府和机遇六个方面分析了我国电动汽车产业发展现状及其所面临的发展制约，并且重点讨论了影响我国电动汽车产业化的制约因素之间的互动关系。郭孔辉(2011)⑤认为电池比重量大、比价格高是电动汽车的特点，成本、寿命和重量是发展电动汽车的关键。钟文彬和孙泽昌(2011)⑥分析了影响电动汽车安全性能的因素，指出在现有技术水平和生产工艺条件下，电

① 李美霞.基于消费者视角的纯电动汽车购买决策影响因素及市场化研究[D].上海：华东理工大学，2014.

② 孙逢春，祝嘉光.关于“十五”期间我国电动汽车发展的思考[J].商用汽车，2001(7)：8－9.

③ 亢凤林，李军民.电动汽车发展分析[J].农业装备与车辆工程，2008(11)：63－65.

④ 付翔，代聪，朱会杰，李立平.基于钻石体系的电动汽车产业化制约因素分析[J].上海汽车，2008(7)：15－18.

⑤ 郭孔辉.对我国电动汽车产业化问题的思考[J].中国工程科学，2011(9)：4－7，21.

⑥ 钟文彬，孙泽昌.电动汽车产业化与技术安全性的博弈论[J].上海汽车，2011(9)：3－7.

动汽车安全性和产业之间存在一定的矛盾，电动汽车的安全性问题对其产业化具有深远的影响。如果不解决安全性问题，电动汽车产业化将受阻。

产业发展战略方面，万钢(2005)①预测了我国电动汽车产业化进程，强调了实施电动汽车重大专项的目的与意义，提出了“三纵三横”的技术研发布局，并建议实施“人才、专利和技术标准”三大战略，对我国电动汽车研发和产业化发展的道路进行了探索。肖鹏等(2004)②、黎勇和肖鹏(2005)③从创新工程的高度对电动汽车产业的技术创新进行定量与定性分析，系统分析了国内外电动汽车发展现状，提出实施电动汽车创新工程，重点阐述我国电动汽车产业激励制度上存在的缺陷、政策法规上的不足以及优惠政策的不足，着重提出了加速我国电动汽车产业化的技术创新战略对策。杜志强(2006)④认为为促进电动汽车产业发展，主要依靠两种途径：依靠市场拉动，通过低成本拓展市场，高性能占领市场，促进电动汽车市场走向成熟；另一种途径是依靠政府主导力量，通过制定相应政策、整合各方力量、建设配套设施等促进电动汽车产业化。戴福祥(2009)⑤、赵富强(2010)⑥分析了我国电动汽车产业化对示范运营的现实需要以及电动汽车示范运营的战略环境，提出了涵盖战略定位、战略阶段、战略模式、战略主体、战略价值链、战略实施以及战略风险防范等的电动汽车示范运营的发展战略框架及实现思路。郭孔辉(2011)⑦认为电动汽车发展应遵循“市场引导、扶小带大、低端切入、多样发展”的路线。

2.4　电动汽车产业商业模式相关研究

在技术变革背景下，商业模式创新对于推动新技术发展和产业化往往起着重要的作用。基于此，国内外很多学者对电动汽车产业的商业模式进行了研究。整体来看，国内外关于电动汽车产业商业模式的研究重点存在较大差异，因此，本书从国内和国外两部分进行阐述。

---

① 万钢. 以清洁能源振兴中国汽车业[J]. 商务周刊，2005(11)：5－6.
② 肖鹏，万君康，胡洁. 论我国电动汽车企业的技术创新策略[J]. 湖北社会科学，2004(6)：85－87.
③ 黎勇，肖鹏. 实施创新工程加速电动汽车的产业化[J]. 汽车科技，2005(11)：12－15.
④ 杜志强. 从产业经济的角度分析我国电动汽车产业化中的关键点[J]. 上海汽车，2006(2)：10－12.
⑤ 戴福祥. 面向产业化的电动汽车示范运营发展战略研究[J]. 科技进步与对策，2009(8)：71－73.
⑥ 赵富强. 面向产业化的电动汽车示范运营发展战略构想[J]. 汽车工业研究，2010(2)：10－14，41.
⑦ 郭孔辉. 对我国电动汽车产业化问题的思考[J]. 中国工程科学，2011(9)：4－7，21.

2.4.1 国外相关研究

目前国外相关研究中，直接以电动汽车产业商业模式为对象的研究较少。一些研究虽然没有直接以商业模式为对象，但也从市场推广等方面进行探讨，这些研究在本质上也属于电动汽车产业商业模式创新的内容。总体来看，外文文献中与电动汽车产业商业模式相关的研究主要集中在以下两个方面：基于电动汽车产业整体的研究和基于电动汽车产业某一个具体环节的研究。

1. 基于整体化的研究

在研究电动汽车产业商业模式创新中，Kley et al. (2011)①基于整体分析的角度，采用形态分析法对电动汽车产业的三个基本要素（电池和整车、基础设施建设和服务体系）所涉及的价值链体系、收入模式以及价值主张等商业模式要素进行具体分类和描述，从而为电动汽车产业商业模式创新提供决策支持。Christensen et al. (2011)②以 Better Place 公司为例，强调电动汽车产业商业模式创新不仅需要技术创新，更需要考虑政策和地理背景，考虑商业模式网络内不同主体间的相互作用。Bohnsack et al. (2014)③采用实证研究法探讨了路径依赖对电动汽车产业在位企业和新进入企业商业模式创新的影响。研究表明，路径依赖对在位企业商业模式创新影响更大，新进入企业的商业模式创新更加具有变革性；电动汽车产业商业模式具有多样性，但较为稳定的产业商业模式仍未出现。

2. 基于具体环节的研究

这部分的研究主要是以电动汽车产业的某一个环节或产业商业模式的某一要素为研究对象。具体来看，相关研究主要分为两个部分：客户细分和市场推广策略；充换电基础设施。

从客户细分看，Rewey(1997)④认为在电动汽车产业化初期，市场细分主要应集中于受过高等教育的中高收入者，政府在该阶段应给予以一定的资金支持。

---

① Kley F, Lerch C, Dallinger D. New business models for electric cars-A holistic approach [J]. Energy Policy, 2011(39): 3392 - 3403.

② Christensen T B, Wells P, Cipcigan L. Can innovative business models overcome resistance to electric vehicles? Better place and battery electric cars in Denmark [J]. Energy Policy, 2012(48): 498 - 505.

③ Bohnsack R, Pinkse J, Kolk A. Business models for sustainable technologies: exploring business model evolution in the case of electric vehicles [J]. Research Policy, 2014(43): 284 - 300.

④ Rewey R L. The problems and promise of electric vehicle production [J]. Business Forum, 1997: 1 - 11.

Buca & Brausen(1997)①认为，电动汽车主要存在的问题是短的续航里程、车辆性能较差、初次购买成本及维护成本高和技术不完善。电动汽车要想实现产业化需要对其明确定位，向早期的接受者强调其优势。Baumgarther & Gross (2000)②认为，电动汽车推广初期应主要针对环境爱好者以及一些短距离使用车辆的城市居民；随着市场规模的不断增加，推广重点应转向经济因素、性能因素以及经销商所能提供的服务上。Gärling & Thøgerson(2001)③提出，电动汽车在初期推广中要准确定位于小市场，主要包括公共部门、环保企业和多辆车拥有者。通过小市场的示范效应和口碑作用可以激发其他潜在消费者，该阶段应避免过度推广。

从充换电基础设施看，已有的相关研究主要涉及充电模式以及充换电环节的收入模式。Wittenberg(1997)④介绍了 Edision EV 公司在充电基础设施方面的商业模式，该公司与整车制造商、电力公司、充电设备制造商建立联盟，建立家庭充电设施(消费者自己支付费用，Edision EV 公司负责安装维护等环节)、公共充电设施(如餐厅、超市、商城等)以及为企业、政府建设专门的车队充电设施。Bean et al. (2011)⑤从内部和外部环境分析了伯克利建设电动汽车充电设施所面临的现状，并通过与其他城市现状的对比分析，认为伯克利比较适合发展居民路边充电。San Román et al. (2011)⑥指出短途电动汽车适宜晚上在家充电。公共路边充电站或私人经营的充电站能够为充电模式提供补充。

在充电定价及收益方面，Lyon et al. (2012)⑦分析了分段定价和实时定价两种电力定价机制的成本和收益，认为分段定价的经济性更突出，而实时定价的经

① Buca P V, Brausen J. The electric vehicle market [J]. Competitiveness Review, 1997, 7(1): 36 - 45.

② Baumgarther W, Gross A. The global market for electric vehicles [J]. Business Economics, 2000, 35(4): 51 - 56.

③ Gärling A, Thøgerson J. Marketing of electric vehicles [J]. Business Strategy and Environment, 2001, 10(1): 53 - 65.

④ Wittenberg D O. Charging ahead with electric vehicles [J]. Business Forum, 1997, 22(2/3): 39 - 41.

⑤ Bean J, Dunn K, Hostetter R, et al. Electric vehicle charging infrastructure in the city of Berkeley [R]. Berkeley: Department of Planning and Public Works, 2010.

⑥ Román T G S, Momber I, Miralles M R A A S. Regulatory framework and business models for charging plug-in electric vehicles: Infrastructure, agents, and commercial relationships [J]. Energy policy, 2011, 39(10): 6360 - 6375.

⑦ Lyon T P, Michelin M, Jongejan A, et al. Is "Smart Charging" policy for electric vehicles worthwhile? [J]. Energy Policy, 2012, 41: 259 - 268.

济性并不明显。Schroeder(2012)①采用投资回报率分析了快速充电设施的经济性,研究表明,现有条件下,快速充电设施获利的可能性非常低,除非电动汽车拥有量大幅度提升或者快速充电设施投资成本大幅度下降。Li & Ouyang (2011)②③分别研究了在充电模式下充电站运营商和消费者共同获益的充电价格范围以及在换电模式下实现换电站运营商和消费者共赢的电池租赁价格范围。

2.4.2 国内相关研究

目前国内学者在研究电动汽车产业商业模式时,研究内容和研究角度也主要分为两部分:基于产业整体商业模式的研究和基于充换电环节商业模式的研究。

1. 基于整体化的研究

该部分的研究主要从整体产业的视角对电动汽车(新能源汽车)商业模式进行研究。夏德建(2011)④列举了电动汽车产业主要的商业主体以及每个主体的角色和定位。赵宇和张月璐(2011)⑤依据商业模式的概念,分析了电动汽车充电环节所涉及的商业主体以及每个主体的角色、利益来源和资金信息流动,认为电子商务可能是未来电动汽车商业模式的核心,强调整合各方资源。叶强和王贺武(2012)⑥从系统论的角度建立了电动汽车产业商业模式的理论框架,绘制了电动汽车产业商业模式路线图。高学兵(2013)⑦运用层次分析法构建了新能源汽车产业商业模式评价指标体系,并运用模糊综合评价法对我国相关典型案例进行了实证研究。王秀杰(2013)采用 SWOT 分析工具对我国电动汽车产业商业模式创新现状进行剖析,明确商业模式创新所具备的优势、劣势、机遇和挑战,并在此基础上提出促进我国电动汽车产业商业模式创新的战略措施,包括增长型战略、扭转型战略和防御性战略。郭庆方(2014)⑧从商业模式核心要素和

① Schroeder A, Traber T. The economics of fast charging infrastructure for electric vehicles [J]. Energy Policy, 2012(43): 136 - 144.

② Li Z, Ouyang M. The pricing of charging for electric vehicles in China-dilemma and solution [J]. Energy, 2011(36): 5765 - 5778.

③ Li Z, Ouyang M. A win-win marginal rent analysis for operator and consumer under battery leasing mode in China electric vehicle market [J]. Energy Policy, 2011, 39(6): 3222 - 3237.

④ 夏德建.电动汽车商业化的市场主体定位浅析[J].能源技术经济,2011,23(8): 14 - 18.

⑤ 赵宇,张月璐.电动汽车充电服务的商业模式浅析[J].华东电力,2011,39(10): 1596 - 1598.

⑥ 叶强,王贺武.关于电动汽车商业模式系统的理论思考[J].中国科技论坛,2012(1): 44 - 48.

⑦ 高学兵.我国新能源汽车产业商业模式研究[D].合肥: 合肥工业大学,2013.

⑧ 郭庆方.新能源汽车产业发展商业模式研究[J].特区经济,2014(7): 45 - 47.

产业组织两个维度，系统梳理已有新能源汽车商业模式的典型类型。核心要素的商业模式主要包括三类：致力于降低新能源汽车电池成本的模式、致力于解决能源供给的模式和满足特定消费者需求的模式；产业组织维度下的商业模式类型主要包括拓展型商业模式、介入型商业模式和合作型商业模式。

2. 基于充换电环节的研究

目前国内学者对充电环节商业模式的研究主要集中在以下几个方面：基础设施运营主体、充换电模式和收费模式。

在充换电基础设施的主体方面，刘坚(2010)①认为充电设施的投资主体主要涉及政府、石油企业、电力企业和社会资本。不同的投资主体有其自身的优势和缺陷，适合于不同的电动汽车产业发展阶段。其中，政府主导的建设和运营模式比较适合电动汽车推广初期；电网公司与石油企业模式适合于电动汽车占据一定市场份额之后推行；社会资本也可以主导充电设施的建设，特别是在换电模式下，由电动汽车和电池制造商主导建设和运营模式在整车维护、电池供给和维护方面具有较强的优势，这一模式适合换电模式得到推广的情形。邓晨和梁艺(2011)②重点基于成本分析认为充电市场应该是加油站、停车场和电网企业三家共同加入充电基础设施建设，并认为三方联盟的利益要高于三方单独经营的利益总和。目前，我国充换电基础设施已准入并面向社会资本开放，新进入者将大大提高商业模式创新的源泉，未来可能是第三方服务机构主要负责城市内和家庭用充电设施的运营，而国家电网则主要负责城市间充电设施的运营。

在充换电模式的研究方面，目前电动汽车充换电模式主要有三种：常规充电、快速充电和更换电池，不同模式可以满足不同交通工具、不同出行方式的需求。李慧琪(2007)③认为，城市应当是纯电动汽车的重点，通过分析三种模式的优缺点，认为应建立电池租赁为主，常规慢充和快速充电为辅的电动汽车服务体系。张文亮等(2009)④认为我国电动汽车产业发展经历两个阶段：示范应用期和成熟推广期。前一个阶段应以集中充电为主，后一个阶段应以常规慢充为主、

---

① 刘坚. 电动汽车充电方式和商业运营模式初探[J]. 汽车工程师，2011(1)：19－22.

② 邓晨，梁艺. 电动汽车充电市场运营模式研究——供应链合作博弈下的联盟策略[J]. 贵州商业高等专科学校学报，2011，24(3)：29－34.

③ 李慧琪. 纯电动汽车运营模式及经济性探讨[J]. 科技管理研究，2007(7)：238－240.

④ 张文亮，武斌，李武峰，等. 我国纯电动汽车的发展方向及能源供给模式的探讨[J]. 电网技术，2009，33(4)：1－5.

电池租赁为辅。周逢权等(2010)①通过对竞争力、盈利方式及对电网运行的影响三个方面对充换电两种模式的优劣性进行对比,提出以更换电池为主、整车充电为辅的运营模式。叶建红和陈小鸿(2011)②通过分析城市电网运行特征、电池性能与充电技术、电动汽车交通定位和节能减排效益、土地资源约束这五个影响电动汽车供能策略的因素,提出电动汽车充电以晚间常规充电为主,白天快冲和换电为辅。

在充换电收费模式方面,刘坚(2010)③认为,充电模式下,充电设施营运商的收费模式主要应按电量收费,利润来源于购电和充电的价差并加上一定的充电服务费。但是在换电模式下,其盈利模式则涉及一个新的电池租赁及配套盈利模式,消费者可直接与充电网络签订以服务里程为单位的长期服务合同和定制化服务。彭鸿林和谭茂芹(2010)④认为,充电模式下的收费模式要根据充电站的场所而进行具体划分,分为集团大用户自用型充电站、社会公共充电站、停车场改建的充电场和私家车库改建等模式。徐臣和李跃武(2011)⑤认为,应按照充电时间收费,单位时间的收费标准根据三类充电方式(单向交流、三向交流、直流快冲)设计不同的收费标准。在换电模式下,主要以增值服务为收费模式,包括电池检测和评估服务、电池快速更换服务、电池修复及性能优化服务等。

2.5 研究评述及研究方向

2.5.1 相关研究评述

第一,电动汽车产业的发展和大规模市场扩散实质上是一个系统的复杂进程,受多个社会—技术因素的影响,需要不同主体的协同发展。另外,电动汽车产业的兴起和发展有其深刻的社会经济背景,同时,电动汽车产业在发展中不可避免地面临着传统汽车产业的影响。因此,研究我国电动汽车产业的发展需要考虑电动汽车产业所在的宏观环境以及所面临的传统汽车产业。然而,已有文

① 周逢权,连湛伟,王晓雷,等.电动汽车充电站运营模式探析[J].电力系统保护与控制,2010,38(21):63-67.

② 叶建红,陈小鸿.纯电动汽车供能策略研究[J].同济大学学报(自然科学版),2011,39(10):1531-1536.

③ 刘坚.电动汽车充电方式和商业运营模式初探[J].汽车工程师,2011(1):19-22.

④ 彭鸿林,谭茂芹.新能源汽车充电服务收费问题研究[J].市场经济与价格,2010(6):40-41.

⑤ 徐臣,李跃武.电动汽车充换电设施新型经营模式初探[J].能源技术经济,2011,23(9):29-34.

献研究可知，目前关于我国电动汽车产业发展的研究大多只是停留在对产业发展现状的简单描述上，而忽略宏观环境和传统汽车产业这两个层面的深入分析，从而难以全面地了解和掌握电动汽车产业的发展。

第二，电动汽车缓慢的市场化和产业化进程以及有限的市场规模意味着深入分析和挖掘影响我国电动汽车产业发展因素是加快电动汽车市场渗透速度，扩大扩散规模，加快电动汽车产业化进程的基础和前提。文献研究可知，国内外已有关于电动汽车产业发展影响因素的研究大多只从消费者角度探讨了影响消费者购买决策的因素，而忽略了其他主体对电动汽车产业发展的影响。实际上，电动汽车产业的发展需要整车厂商、工程师、消费者、政府、零部件供应商、科研单位甚至社会媒体等众多主体的共同参与和沟通协调。虽然国内学者也从基础设施、技术和政策等角度分析了我国电动汽车产业发展的影响因素，但大多数只是较为泛泛地分析，未对每一因素做深入研究。更重要的是，已有影响因素的提出缺乏一个整体性、统一性的理论框架的支撑，从而使得影响因素失于全面性和系统性。

第三，电动汽车产业的发展虽然受众多社会—技术因素的影响，然而这些因素的影响程度却并不完全相同，考虑到资源的有限性和时间的紧迫性，在影响电动汽车产业发展的众多社会—技术因素中进一步确定关键影响因素具有一定的必要性；并且影响因素之间存在着复杂的相互关系，关键因素的确定及其改进对于推动其他影响因素的发展也具有重要意义。然而，已有文献在研究过程中大多只是对影响电动汽车产业发展的因素进行了简单列举，未能进一步构建有效的关键影响因素识别模型，对不同因素的影响程度和关键因素进行识别。

第四，商业模式是目前影响我国电动汽车产业发展的最关键因素，然而，其在发展和创新过程中仍面临着一些障碍。实际上，商业模式创新是一个系统化工程，需要在相关理论基础下展开，恰当的商业模式创新方法对于推动创新实践具有重要性。文献研究可知，目前有关电动汽车产业商业模式系统性的研究相对较少，已有研究大多是对电动汽车产业商业模式实践的简单梳理，缺乏理论基础，未能对电动汽车产业商业模式内涵和要素等关键理论内容进行清晰界定；并且已有商业模式创新的研究只是对哪些主体应该成为充换电基础设施运营商、应该采取哪种充电模式以及如何对充电定价收费等内容的简单探讨，缺乏具有实践指导意义的电动汽车产业商业模式创新方法的研究。

2.5.2　本书研究的主要方向

根据研究目的，结合现有研究的不足，本书的主要研究方向包括：

第一,综合运用社会—技术转型研究工具——MLP 和 SNM,从场景、社会—技术域和小生境三个层次,全面分析我国电动汽车产业发展所面临的宏观机遇、来自传统汽车产业的影响以及电动汽车产业自身创新发展的进程,力求全方位了解我国电动汽车产业的发展。

第二,基于汽车产业社会—技术布局框架,从生产体系、电动汽车产品本身、市场和消费者习惯、基础设施、政策措施、金融和保险、文化和符号意义等社会—技术维度对影响我国电动汽车产业发展的影响因素进行系统分析。

第三,在确定主要的社会—技术影响因素后,通过构建有效的关键影响因素识别模型,对不同影响因素之间的内在关系进行剖析,同时,识别出目前影响我国电动汽车产业发展的最关键因素。

第四,围绕最关键和最重要的影响因素(商业模式)展开研究,通过对电动汽车产业商业模式内涵的界定以及构成要素的解析,形成电动汽车产业商业模式创新的理论基础。在此基础上,探索具有实践指导意义的电动汽车产业商业模式创新方法。

第3章 我国电动汽车产业发展的历程及目标

对我国电动汽车产业整体发展历程、现状以及未来发展目标的评述是后续深入分析影响电动汽车产业发展关键因素的先导和基础。另外，我国电动汽车产业目前的发展呈现出明显的政府主导特征，相关政策措施的出台，一方面，为我国电动汽车产业的发展提供了保护空间；另一方面，也对传统汽车产业发展形成压力。了解我国电动汽车产业政策是全面分析我国电动汽车产业发展的基础。

因此，本章首先对我国电动汽车产业发展历程进行梳理，并进行阶段划分；其次，对我国电动汽车产业政策进行梳理总结；最后，对我国电动汽车产业市场规模现状与未来发展目标进行对比分析。一方面，系统梳理我国电动汽车产业政策是为后续全面分析我国电动汽车产业发展提供研究基础。另一方面，从我国电动汽车市场产销规模现状与产业发展目标两个维度进行分析，可以清晰直观地描述我国电动汽车产业发展状况，体现目标完成的艰巨性和急迫性。

3.1 产业发展历程

电动汽车作为对传统内燃机汽车的创新，并不是最近才有的，其发展历程也并非一帆风顺，在过去 100 多年里，电动汽车经历了数次上升和下降的波动。第一辆电动汽车最早出现于 1834 年，自电动汽车出现后几十年直至 19 世纪末，一直受到消费者的追捧①。在 1900 年美国和欧洲所生产的汽车中，电动汽车占据

① Kley F, Lerch C, Dallinger D. New business models for electric cars-A holistic approach [J]. Energy Policy, 2011(39): 3392 - 3403.

了 1/3 的生产比例①。但是在 20 世纪初,随着内燃机技术的不断发展以及石油价格下降所带来的传统内燃机汽车使用成本的下降,内燃机汽车的市场占有率急剧增加,电动汽车的生产和销售下降,至 1930 年之前,电动汽车已经基本上退出汽车市场。20 世纪 70 年代初的石油危机以及由此导致的石油价格的飞速上涨使得西方一些国家又重新开始推动电动汽车的研发和市场化,但是,随着石油危机的解决、石油价格的下降,20 世纪 70 年代末,电动汽车的发展再一次进入低谷②。1990—1998 年,纯电动汽车又获得了公众的广泛关注,主要是由于通用公司的创新行为和加利福尼亚州的零排放政策。然而这一发展势头却在 20 世纪 90 年代末逐渐削弱,最近一二十年,随着全球气候的变化、环境污染的加剧以及世界石油资源的短缺,电动汽车作为传统内燃机汽车的替代又引起了人们的关注。虽然在 20 世纪 90 年代末对电动汽车的宣传和关注有所削弱,但是在随后的十几年中众多行为主体包括各国政府、电力公司和企业等不断致力于推动电动汽车技术的发展及其产业化。特别是近年来,电动汽车发展迅猛,新一轮的电动汽车发展高潮重新出现,我国在这一轮电动汽车发展高潮中扮演着重要角色。从技术路线的发展看,我国电动汽车产业的发展历程分为以下几个阶段。

3.1.1 “七五”至“九五”计划期间——基础研发

早在“七五”计划期间(1986—1990)我国就已经开始关注电动汽车的开发研究,1987 年,我国电动车辆专委会在郑州成立,并开展了一系列推动电动汽车发展的科研及学术交流活动。1988 年,中国首台以桑塔纳轿车底盘为基础的电动敞篷轿车参加了北京农展馆的全国工业品展览。这一时期的电动汽车研发只有少数有限的科研单位参与,国家也尚未正式立项推动电动汽车科技技术的研究③。“八五”计划期间(1991—1995),原国家科委于 1992 年正式将“电动汽车技术研究”列为国家重点科技项目(攻关)计划,这是政府部门首次以中央财政基金的形式立项资助电动汽车基础技术的研发。清华大学、天津市汽车研究所、郑州市电动车辆研究所等单位分别承担了其中的专项子课题“电动汽车关键技术研究”、“电动汽车总

---

① Chan C C. The state of the art electric, hybrid, and fuel cell vehicles [J]. Proceedings of the IEEE, 2007, 95(4): 704 - 718.

② Rajashekara K. History of electric vehicles in general motors [J]. IEEE Transactions on Industry Applications, 1994, 30(4): 897 - 904.

③ 资料来源:中国工业新闻网,http://www.cinn.cn/qc/326555.shtml, 2014 - 10 - 24.

体设计研究”、“电动轿车技术研究”等①。“九五”计划期间(1996—2000),电动汽车被列入国家重大科技产业工程,该时期我国主要从三个方面着手推动电动汽车的科技研发:① 利用现有技术基础改装电动车,并选取部分城市开展试验示范工作;② 开发电动汽车概念车;③ 研究配套政策、法规服务设施等问题。

总的来看,“七五”至“九五”计划期间,我国已开始通过设立科技专项的方式推动电动汽车特别是纯电动汽车的科技攻关和基础研发,并已开始注重电池、电机、电控等核心关键技术的研发以及配套建设。

3.1.2　“十五”规划期间——三纵三横

进入“十五”规划期间(2001—2005),我国电动汽车科技研发进入重要时期。2001 年科技部在国家“863”计划中特别设立了电动汽车重大专项,确立了以混合动力汽车、纯电动汽车、燃料电池汽车为“三纵”,以整车控制系统、电机驱动系统、动力蓄电池/燃料电池为“三横”的“三纵三横”的总体研发布局,为我国电动汽车的科技研发构建了整体框架。期间,政府投入 8.8 亿元经费,200 多家企业(一汽、东风、长安、奇瑞等)、高校(清华大学、北京理工大学、同济大学等)和科研院所(中科院电工研究所、中科院大连化学物理研究所等)共同参与到该重大专项中,实施了整车牵头、零部件配合、产学研相结合的模式(图 3-1)②。在“三纵

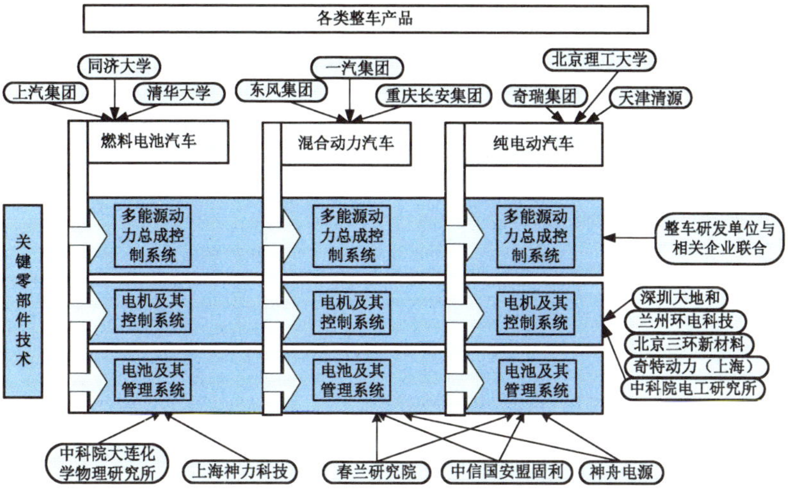

图 3-1　“三纵三横”研发布局

① 柴智勇,刘效磊. 中国纯电动汽车产业发展现状研究[A]. 第五届中国智能交通年会暨第六届国际节能与新能源汽车创新发展论坛论文集,2009: 264-272.

② 资料来源:上海情报服务平台,http://www.istis.sh.cn/list/list.asp? id=4134, 2006-12-11.

三横”研发格局中，不同的企业、高校和科研院所分工与侧重也有所不同，如清华大学侧重于燃料电池大巴的研发，北京理工大学主要致力于纯电动大巴的研发，而同济大学则主要侧重于燃料电池轿车的研发；一汽、东风、长安、奇瑞等整车厂商主要侧重于混合动力轿车的研发，上汽主要侧重于氢燃料电池轿车，而天津清源则主要侧重于纯电动轿车；中信国安盟固利、中科院大连化学物理研究所主要侧重于零部件锂电池和氢燃料电池的研发。

可以看出，此阶段电动汽车的技术发展路径由前一阶段的纯电动汽车扩展到纯电动、混合动力和燃料电池汽车的大而全的技术发展路径。电动汽车重大科技专项的实施，不仅推动了电动汽车总体设计、电池技术、电动机及控制驱动系统等技术的进一步突破，纯电动、混合动力和燃料电池三类电动汽车均完成了功能样车、性能样车和产品样车试制，同时还推动了电动汽车各类平台（技术标准平台、测试检验平台等）的建设，基本完成了电动汽车产业化的准备①。

3.1.3 “十一五”规划期间——科技攻关

“十一五”规划期间（2006—2010），科技部启动实施国家“863”计划节能与新能源汽车重大专项，在“三纵三横”的研发布局基础上，重点聚焦动力系统的技术平台和关键零部件的研发。该阶段，政府、企业、研究所总投入 75 亿，国内整车及零部件企业、研究机构、大学院校等 432 家单位参与了研发工作，构建了我国电动汽车产学研联合研发创新体系，攻克了一系列电动汽车关键技术。经过两个五年计划的科技攻关，我国电动汽车从无到有，在关键零部件、整车集成技术以及技术标准、测试技术等方面都取得重大进展，初步建立了电动汽车技术体系，已申请专利 3 000 余项，颁布电动汽车国家和行业标准 59 项，形成电动汽车研发平台 48 个，科技创新为我国新能源汽车战略性新兴产业的形成奠定了良好基础②。

继续致力于科技攻关的同时，“十一五”规划期间，我国还重点开展了多次电动汽车示范运营，包括 2008 北京奥运会、2010 上海世博会以及“十城千辆”示范工程，特别是 2009 年“十城千辆”示范工程开启了我国集中化、高强度、大规模的电动汽车示范运营项目。该示范运营持续到“十二五”规划，期间全国各地的电动汽车项目纷纷上马，许多地方政府积极参与，电网公司开始配套建设充换电基础设施，私人消费市场刚刚起步，公共服务领域市场逐步拓展，整个产业界积极

---

① 资料来源：光明网，http://www.gmw.cn/01gmrb/2004-12/25/content_154564.htm，2004-12-25.

② 资料来源：科技部，http://www.most.gov.cn/kjbgz/201210/t20121008_97083.htm，2012-10-09.

参与进来，但有关电动汽车技术路线问题、关键核心技术问题、投入问题、政策支持问题并没有完全明确下来，整体仍处于产业化的准备阶段。

3.1.4 “十二五”规划期间——路线确定

经历了之前几个阶段的技术攻关、试验试制和示范运营，虽然在电动汽车科技基础方面积累了较多经验，然而电动汽车技术路线的不确定在很大程度上影响着企业的生产和研发积极性。基于此，“十二五”规划期间，政府对电动汽车产业化的技术路线问题进行了深刻思考，2012 年 3 月《电动汽车科技发展“十二五”规划专项规划》和 2013 年 6 月《节能与新能源汽车产业发展规划（2012—2020 年）》的出台标志着我国“纯电驱动”的技术转型战略的最终确定。

另外，经过“十五”规划期间的“三纵三横、整车牵头”和“十一五”规划期间的“三纵三横、动力系统技术平台为核心”的技术攻关，我国电动汽车技术研发体系已取得了重大突破。“十二五”规划期间，继续坚持“三纵三横”的基本研发布局，根据“纯电驱动”技术转型战略，进一步突出“三横”共性关键技术。并且在科技部设立的电动汽车科技发展“十二五”规划重点专项中，“三纵三横”的研发布局进一步拓展为“三纵三横三大平台”，重点突破混合动力汽车产业化、纯电驱动大规模商业化示范以及下一代纯电驱动的关键技术；突破标准、检测与数据平台、能源供给基础设施平台以及应用开发与集成示范平台的公共技术并应用。

同时，四部委达成共识，新能源汽车推广示范工程以及补贴政策计划再延长 3 年的时间，并扩大试点城市范围，重视私人购买新能源汽车的补贴及私人市场的培育，以实现到 2015 年节能与新能源汽车“产业化取得重大进展”的目标。

综合来看，我国政府一系列电动汽车科技计划和专项研究是初期推动电动汽车整车及零部件技术研发的关键动力和支撑，越来越多的企业、学校和科研院所加入政府科技计划的研究网络中。随着科技计划的不断开展，我国电动汽车的技术路线由最初单一的纯电动汽车扩展到“三纵三横”研究布局下的多类型研发，并最终确定“三纵三横”布局下的“纯电驱动”为主导，混合动力电动汽车产业化、燃料电池电动汽车为下一代电动汽车技术储备的战略。

3.2 产业相关政策

我国政府虽然早在“八五”计划期间就开始正式立项推动电动汽车科技技术

的研发，然而，有关电动汽车（新能源汽车）产业发展的正式政策文件主要出现于2006年以后。随后，有关电动汽车（新能源汽车）产业的政策陆续出台，电动汽车发展的重要性和必要性在政策文件中被多次强调并且不断深化。为对我国电动汽车产业政策工具进行系统梳理，本书分别从生产供给端、市场需求端和整体环境端三个方面对我国的电动汽车产业政策进行分类总结（表3-1）。其中生产供给端强调通过科技投入、金融支持、税收优惠等政策推动技术研发和产品生产；市场需求端主要指通过财政补贴、政府采购等相关政策拉动消费和市场形成；整体环境端则主要是指通过基础设施建设、准入规则、规范条例等政策为电动汽车发展创造良好的产业环境。

表3-1 我国促进电动汽车产业发展的主要政策措施(2006—2014)

时间	政策名称	政策类型
2006	《国家中长期科学和技术发展规划纲要(2006—2020年)》	整体环境—规范条例
2007	《新能源汽车生产准入管理规则》	整体环境—准入规则
2009	《汽车产业调整和振兴规划》	生产供给—金融支持；整体环境—规范条例
	《新能源汽车生产企业及产品准入管理规则》	整体环境—准入规则
	《关于开展节能与新能源汽车示范推广试点工作的通知》	市场需求—财政补贴、政府采购
	《汽车产业技术进步和技术改造投资方向》	生产供给—科技投入
2010	《关于扩大公共服务领域节能与新能源汽车示范推广有关工作的通知》	市场需求—财政补贴、政府采购
	《关于开展私人购买新能源汽车补贴试点的通知》	市场需求—财政补贴
	《关于加强节能与新能源汽车示范推广安全管理工作的函》	整体环境—规范条例
2011	《关于促进战略性新兴产业国际化发展的指导意见》	整体环境—规范条例
	《关于进一步做好节能与新能源汽车示范推广试点工作的通知》	整体环境—规范条例、基础设施
2012	《关于组织开展新能源汽车产业技术创新工程的通知》	整体环境—科技投入

续　表

时间	政　策　名　称	政　策　类　型
2012	《关于加强战略性新兴产业知识产权工作的若干意见》	整体环境—知识产权
	《电动汽车科技发展“十二五”专项规划》	整体环境—科技投入、规范条例
	《节能与新能源汽车产业发展规划(2012—2020 年)》	整体环境—规范条例
	《关于扩大混合动力城市公交客车示范推广范围有关工作的通知》	市场需求—财政补贴
	《关于节约能源　使用新能源车船税政策的通知》	市场需求—税收优惠
2013	《能源发展“十二五”规划》	整体环境—基础设施
	《关于继续开展新能源汽车推广应用工作的通知》	市场需求—政府采购、财政补贴
2014	《关于进一步做好新能源汽车推广应用工作的通知》	市场需求—财政补贴
	《国务院办公厅关于加快新能源汽车推广应用的指导意见》	整体环境—规范条例、基础设施;生产供给—金融支持;市场需求—政府采购、税收优惠
	《新建纯电动乘用车生产企业投资项目和生产准入管理的暂行规定(征求意见稿)》	整体环境—市场准入
	《关于电动汽车用电价格政策有关问题的通知》	整体环境—基础设施
	《政府机关及公共机构购买新能源汽车实施方案》	市场需求—政府采购
	《关于免征新能源汽车车辆购置税的公告》	市场需求—税收优惠
	《京津冀公交等公共服务领域新能源汽车推广工作方案》	整体环境—公共服务、基础设施;市场需求—政府补贴
	《交通运输部关于加快新能源汽车推广应用的实施意见(征求意见稿)》	整体环境—公共服务;市场需求—政府补贴
	《加强“车、油、路”统筹,加快推进机动车污染综合防治方案》	整体环境—规范条例、公共服务、基础设施;市场需求—政府采购
	《关于新能源汽车充电设施建设奖励的通知》	整体环境—基础设施
2009—2014	《车辆生产企业及产品公告》	整体环境—市场准入

总的来看，目前国务院、科技部、财政部、工信部、发改委等部门出台的针对电动汽车(新能源汽车)产业的相关政策措施已达 20 多项，这些政策措施涉及市场准入、规范条例、政府采购、财政补贴、税收优惠等多个方面。其中，对电动汽车产业发展影响较大的政策主要有 2009 年 1 月财政部和科技部发布的《关于开展节能与新能源汽车示范推广试点工作的通知》、2010 年 6 月四部委发布的《关于开展私人购买新能源汽车补贴试点的通知》、2011 年 10 月四部委出台的《关于进一步做好节能与新能源汽车示范推广试点工作的通知》、2012 年 5 月科技部发布的《电动汽车科技发展"十二五"专项规划》、2012 年 7 月国务院发布的《节能与新能源汽车产业发展规划(2012—2020 年)》、2013 年 9 月四部委联合发布的《关于继续开展新能源汽车推广应用工作的通知》、2014 年 2 月四部委联合发布的《关于进一步做好新能源汽车推广应用工作的通知》和 2014 年 7 月国务院发布的《国务院办公厅关于加快新能源汽车推广应用的指导意见》。

3.2.1 政策措施的密集度

从表 3-1 可以看出，我国推动电动汽车产业发展的政策在不同年份出台的数量和密集程度不尽相同，图 3-2 进一步按照政策出台的时间对 2006—2014 年 12 月初具有代表性的电动汽车产业相关政策进行了总结。

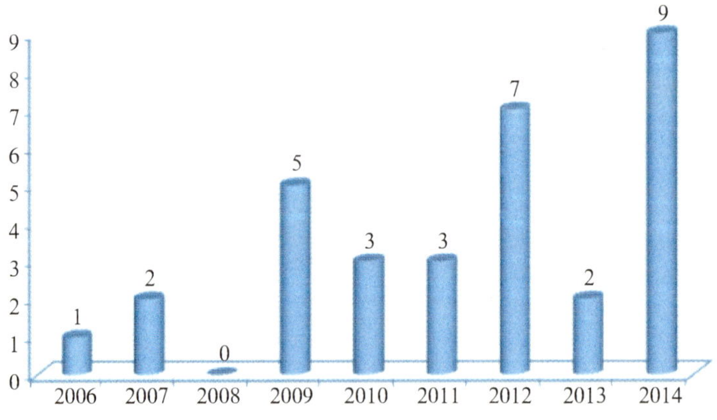

图 3-2　2006—2014 年主要电动汽车(新能源汽车)产业政策出台

图 3-2 显示，2006 年国务院正式出台了一项推动电动汽车(新能源汽车)产业发展的政策文件——《国家中长期科学和技术发展规划纲要(2006—2020 年)》。纲要正式提出要促进交通运输向节能、环保和更加安全的方向发展，推动低能耗与新能源汽车的优先发展，重点研究开发混合动力汽车、替代燃料汽车和

燃料电池汽车整车设计、集成和制造技术，动力系统集成与控制技术，汽车计算平台技术，高效低排放内燃机、燃料电池发动机、动力蓄电池、驱动电机等关键部件技术，新能源汽车实验测试及基础设施技术等。

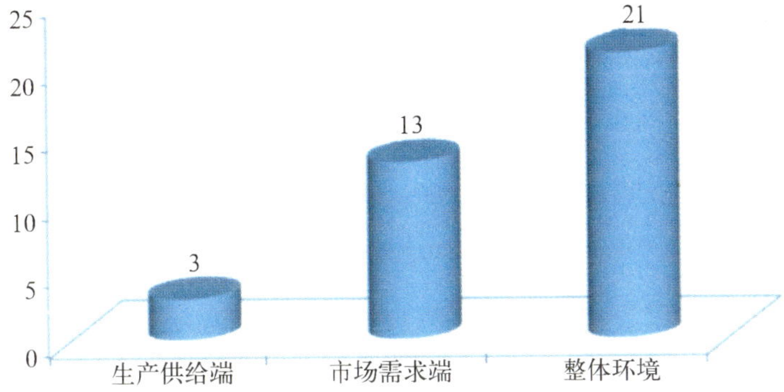

图 3-3　2006—2014 年主要电动汽车(新能源汽车)产业政策类型①

此后，2007—2008 年，我国政府在相关产业政策的出台方面较为保守，甚至 2008 年没有重要的相关文件颁布。2007 年出台的《新能源汽车生产准入管理规则》首次阐释了新能源汽车的概念，认为新能源汽车主要是指采用非常规的车用燃料作为动力来源(或使用常规的车用燃料、采用新型车载动力装置)，综合车辆的动力控制和驱动方面的先进技术，形成的技术原理先进、具有新技术、新结构的汽车。新能源汽车包括混合动力汽车、纯电动汽车(包括太阳能汽车)、燃料电池电动汽车、氢发动机汽车、其他新能源(如高效储能器、二甲醚)汽车等。

随着 2009 年《关于开展新能源汽车示范推广试点工作的通知》的发布，我国在试点城市开展了“十城千辆”示范工程，随后示范运营中相关的政府采购、财政补贴等产业政策陆续出台；尤其是 2012 年，随着《电动汽车科技发展“十二五”专项规划》和《节能与新能源汽车产业发展规划(2012—2020 年)》的出台，确定了电动汽车产业发展的主要技术路线，政策数量有了大幅度的上升。其中，《节能与新能源汽车产业发展规划(2012—2020 年)》将新能源汽车重新定义为采用新型动力系统，完全或主要依靠新型能源驱动的汽车，主要包括纯电动汽车、插电式混合动力汽车及燃料电池汽车。

2014 年，我国电动汽车(新能源汽车)产业政策的出台达到一个高峰期，密集程度迅速增加。2014 年 7 月《国务院关于印发节能与新能源汽车产业发展规

① 由于同一政策措施可能会涉及多个类型，因此图中的政策总数多于表中的政策总数。

划(2012—2020年)的通知》涉及基础设施、商业模式、政府购买、公共服务等多个领域,随后7月份政策出台的密集度几乎达到每周一个,8月份电动汽车充电价格、免征车辆购置税、政府采购优先新能源汽车等具体措施也相继出台。

3.2.2 政策措施的类型分布

表3-1从生产供给端、市场消费端和整体环境三个维度对我国出台的电动汽车相关产业政策措施进行了分类,图3-3进一步对这些产业政策措施进行了分类总结。从图中可以看出,我国已出台的电动汽车产业政策措施主要集中于市场需求端和整体环境,而生产供给端则相对较少,只占政策总数的8%左右。其中,市场需求端主要集中于政府采购、财政补贴以及相关税收优惠;而整体环境则主要聚焦于规范条例、基础设施和行业准则。整体环境中的规范条例比例最高,我国政府在不同场合、不同政策文件中多次强调发展电动汽车(新能源汽车)的重要性和必要性;基础设施、政府采购和财政补贴类的相关政策措施随着电动汽车示范运营的开展而逐渐完善。

通过对我国电动汽车产业相关政策的分析和梳理可以看出,我国对电动汽车产业政策正逐步由最初的产业规划层面向具体的实际操作层面过渡,政策内容越来越涉及充换电基础设施建设、财政补贴的阶段性、税收优惠等具体内容。政策措施对我国电动汽车产业的初期发展起到了重要作用,因此分析我国电动汽车产业发展影响因素时,必须考虑政策措施的影响。

3.3 产业市场规模现状与目标

3.3.1 市场规模现状

电动汽车市场扩散规模直接反映了我国电动汽车产业发展速度,对市场规模现状和未来发展目标的对比分析能够清晰直观地显示我国电动汽车产业发展状况。图3-4显示了近年来我国新能源汽车整体产销量情况,从图中可以看出,2011—2014年我国新能源汽车市场的整体产销量呈现逐步增长趋势,但市场扩散速度极为缓慢,2011—2013年三年期间我国仅推广了3.86万辆新能源汽车。2014年,受中央以及各地新能源汽车产业优惠政策的刺激(包括财政补贴、政府购买、免征车购税、免费车牌、用电价格等),我国新能源汽车市场呈现出较为快速的发展趋势,2014年已销售新能源汽车7.48万辆,超过前三年的销售总量。从不同的电动汽车类别来看，目前，我国新能源汽车市场仍以纯电动汽车为主导，2011—2014 年纯电动汽车的市场销量为 7.66 万辆，远高于同期插电式混合动力汽车的市场销售量(3.67 万辆)①。

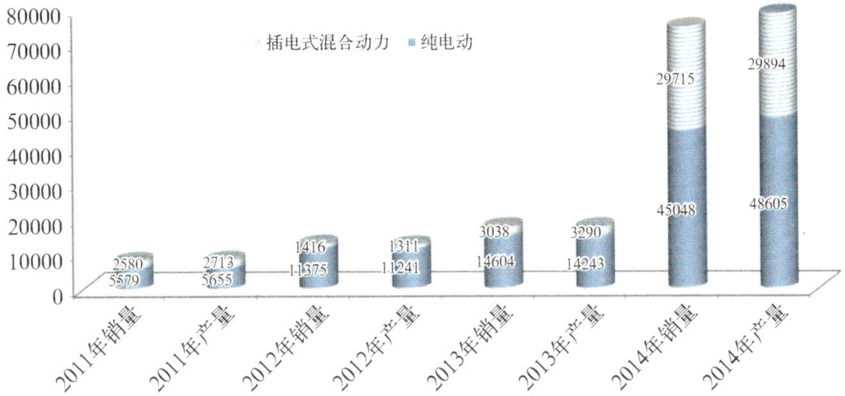

图 3-4 2011—2014 年我国新能源汽车产销量

数据来源：中汽协

3.3.2 市场规模目标

2012 年 6 月，国务院发布了《节能与新能源汽车产业发展规划(2012—2020 年)的通知》，明确提出 2020 年前我国电动汽车产业化应取得重大进展。到 2015 年，纯电动汽车和插电式混合动力汽车累计产销量力争达到 50 万辆；到 2020 年，纯电动汽车和插电式混合动力汽车生产能力达 200 万辆、累计产销量超过 500 万辆，燃料电池汽车、车用氢能源产业与国际同步发展。

对比我国电动汽车产业发展目标和我国电动汽车产销量现状可以发现，截至 2014 年底我国纯电动汽车和插电式混合动力汽车市场扩散规模仅为 11.33 万辆，生产规模仅为 11.69 万辆，与 2015 年累计产销量达到 50 万辆的目标仍相距甚远。在此背景下，识别影响我国电动汽车产业发展的关键因素，特别是最关键的影响因素，并进而破解相关障碍，对实现我国电动汽车产业发展目标具有重要意义。

---

① 数据来源：中汽协，http://www.caam.org.cn.

3.4 本章小结

本章首先从时间维度对我国电动汽车产业从“七五”到“十二五”规划期间的整体发展历程进行系统梳理，并将我国电动汽车产业历程划分为基础研发、“三纵三横”、科技攻关和路线确定四个阶段。其次，基于生产供给端、市场需求端和整体环境端三个维度对我国电动汽车产业相关政策措施进行分类总结，发现我国电动汽车产业政策正从最初的产业规划层面向具体的实际操作层面过渡。最后，对我国电动汽车产业市场规模现状与未来发展目标进行对比分析，发现现状与目标之间存在着较大差距，识别影响产业发展的关键因素，特别是最关键的因素对于近期目标的实现具有重要意义。

第4章 我国电动汽车产业发展的多层次分析

第3章的研究表明，目前我国电动汽车产销量规模同2015年产业发展目标相比仍存在着巨大差距，目标任务的急迫性和艰巨性要求必须对我国电动汽车产业进行全面系统地审视，以期识别出最关键的影响因素。电动汽车产业的发展和大规模的市场扩散是一项多层次、多要素协同演化的进程，不仅需要考虑电动汽车产业、传统汽车产业以及宏观环境的影响，而且需要考虑电动汽车技术水平、政策、市场、文化、基础设施等其他社会—技术因素的协同发展。因此，本章在第3章研究的基础上，采用社会—技术转型工具——MLP和SNM，对我国电动汽车产业发展所面临的宏观层的机遇、传统汽车社会—技术域的影响以及小生境层的创新保护进行系统分析。

4.1 MLP和SNM分析框架

创新本质上是一项协同演化的进程，具有系统性特征（Geels，2002①）。汽车产业是一个复杂系统，由相互关联的各种要素组成，目前汽车行业内占主导地位的传统内燃机汽车技术以及与之配套的用户行为、生活方式、互补性技术、商业模式、价值链、组织结构、法规和体制结构等不同因素交织在一起，相互强化、互为补充；同时，汽车产业内的不同主体在已有规则体系（如法律法规、生产方法、行为习惯、预期等）的引导下形成行动者网络，彼此之间相互联系、相互影响。要素和主体之间的这种复杂性和系统性使现有的传统汽车产业耦合为一个统一

① Geels F W. Technological transitions as evolutionary reconfiguration processes: a multi-level perspective and a case-study [J]. Research Policy, 2002(31): 1257 - 1274.

的整体。这意味着电动汽车要想实现突破传统内燃机汽车的技术锁定，推动汽车产业的转型升级，单靠技术的进步是无法实现的，还需要政治、文化、技术、市场、政策、基础设施等诸多社会—技术因素的协同发展以及企业、消费者、政策制定者、科研单位等众多主体的共同努力。因此，基于社会—技术转型的核心分析框架 MLP 和 SNM 对我国电动汽车产业发展进一步深入剖析具有重要意义。

4.1.1 MLP 分析框架

MLP 起源于创新研究，并吸收了演化经济学(Evolutionary Economics)、技术社会学(Sociology of Technology)和新制度理论(Neo-institutional Theory)的思想和观点，强调协同演化对转型的重要性。MLP 的基本前提在于承认转型是一个非线性过程，并且转型的实现依赖于三个层次的共同作用，这三个层次分别为场景、社会—技术域和小生境(图 4-1)。转型研究学者采用该分析框架对激进的社会—技术变革进行了大量实证研究，目前已被广泛应用于交通、住宅、能源转型等可持续发展研究领域。

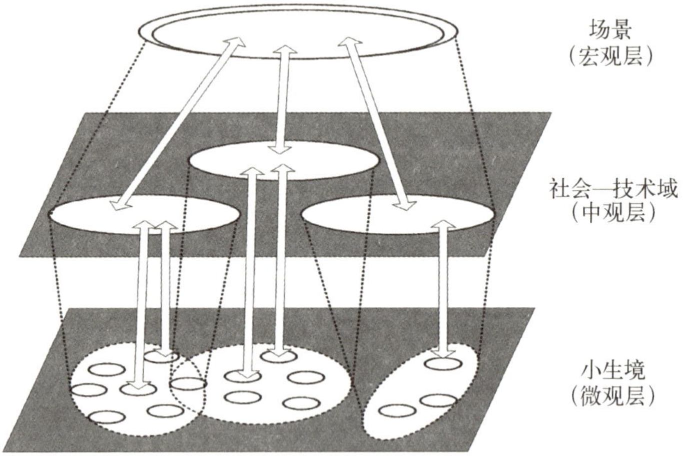

图 4-1 多层次远景(MLP)(Geels, 2002)①

1. 中观层——社会—技术域

社会—技术域是 MLP 的核心层，解释了部门不可持续性的稳定以及向可

① Geels F W. Technological transitions as evolutionary reconfiguration processes: a multi-level perspective and a case-study [J]. Research Policy, 2002(31): 1257-1274.

持续创新技术转型的障碍。社会—技术域由三个维度构成：社会—技术布局(socio-technical configuration)、社会行为主体(actors)以及规则(rules)①。社会—技术布局由一组异质要素协同演化发展累积而成，这些要素包括技术、市场、文化、基础设施、科技知识、政策以及产业结构等②。这些要素及其相互联系是社会行为主体活动的结果；而行为主体的活动又受到一系列规则的引导。规则本身又分为正式规则(法律法规、政策标准等)、规范规则(预期、责任等)和认知规则(消费者行为习惯等)③。这些建制化的结构提供了社会系统以稳定性，并指导着行动者的决策和行为，同时预防社会系统发生根本的变化[84]。转型最终表现为占主导地位的社会—技术域转换为另一个新域，但现行域本身具有稳定性，往往凭借其主导地位阻碍转型实现。

2. 微观层——小生境

作为MLP的微观层面，小生境通常被定义为激进创新的典型场所和核心地带，在占主导地位的域的边缘运作，主要涉及一些个人或相关主体的行为和技术创新等④。创新在发展初期，往往表现出不完善的技术水平和过低的性价比，小生境的重要性就在于为创新提供了保护场所，使其在发展初期免受主流竞争⑤。这些产生于小生境的创新如果能够稳定发展，并且围绕它们展开学习过程并拓展社会网络，那么这些创新就有可能脱离微观层次，进入更高层次，进而影响到现行域的稳定甚至取代现行域(Genus，2008)⑥。相应地，宏观和中观层的变化也能刺激微观层发生改变。由于现行域具有一定的稳定性和主导性，其会通过各种防范机制，尽量维持现状，抵制现有系统的变革，因此，小生境层的变革对整个转型的成败至关重要。

---

① Bree B V, Verbong G P J, Kramer G J. A multi-level perspective on the introduction of hydrogen and battery-electric vehicles [J]. Technological Forecasting & Social Change, 2010, 77(4): 529 - 540.

② Geels F W. Technological transitions as evolutionary reconfiguration processes: a multi-level perspective and a case-study [J]. Research Policy, 2002(31): 1257 - 1274.

③ Geels F W. From sectoral systems of innovation to socio-technical systems: insights about dynamics and change from sociology and institutional theory [J]. Research Policy, 2004, 33(6 - 7): 897 - 920.

④ Geels F W. A socio-technical analysis of low-carbon transitions: introducing the multi-level perspective into transport studies [J]. Journal of Transport Geography, 2012(24): 471 - 482.

⑤ Kemp R, Schot J, Hoogma R. Regime shifts to sustainability through processes of niche formation: the approach of strategic niche management [J]. Technology Analysis & Strategic Management, 1998, 10(2): 175 - 196.

⑥ Genus A, Coles A M. Rethinking the multi-level perspective of technological transitions [J]. Research Policy, 2008(37): 1436 - 1445.

3. 宏观层——场景

场景主要构成的是外部环境，代表最深层次的结构关系，如空间结构、意识形态、世界观、社会价值观、政治、宏观经济趋势、环境问题等①。宏观场景是自发形成的，但通过约束变化的范围和方向来对制度水平和微观层次施加直接的影响。作为现有社会系统的外部环境，场景发生变化时，便会对现行的社会—技术域产生压力，扰乱域内要素的连贯性，弱化域的稳定性，在此情况下，域内主体一般会通过对系统的优化逐步适应场景的变化。同时，场景层的变化还会促使小生境内激进式创新的出现，从而使小生境层可能出现较为快速的演化，并对现行社会—技术域产生自下而上的变革压力。总体看，场景不受现行域的影响，且场景中的梯度决定了产生某项变革的难易程度。

作为社会—技术转型的研究框架，MLP 的基本前提在于将转型视为非线性过程，强调转型的最终实现依赖于上述三个层次的共同作用。图 4-2 所示形象地描述了三个层次之间的动态作用从而推动转型实现的理想状态②：当场景发生变化时，会对现行的社会—技术域和小生境层同时产生影响。一方

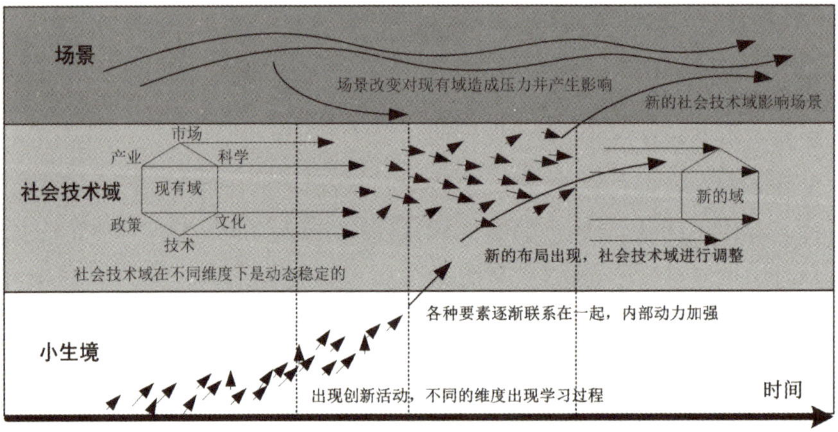

图 4-2 基于 MLP 的转型过程(Geels, 2007)③

① Bree B V, Verbong G P J, Kramer G J. A multi-level perspective on the introduction of hydrogen and battery-electric vehicles [J]. Technological Forecasting & Social Change, 2010, 77(4): 529-540.

② Geels F W, Schot J. Typology of sociotechnical transition pathways [J]. Research Policy, 2007, 36(3): 399-417.

③ Geels F W, Schot J. Typology of sociotechnical transition pathways [J]. Research Policy, 2007, 36(3): 399-417.

面，场景层的变化将会对现行域产生压力；另一方面，场景层的变化会为小生境层创新的产生和发展创造机遇。面对场景层的压力，现行域内的主体将对域内相关要素进行渐进式变革和调整，以期适应场景层的变化，同时域内主体会凭借其主导地位，采取各种防范措施抵制现有系统发生激进式变革。与此同时，小生境内的创新活动将会不断发展壮大，来自不同维度的小生境创新相互联合，通过创新试验和学习过程，逐步形成一套占据主导地位的设计体系，不断增强转型的内在动力。最终小生境内的创新将会突破现行域的阻碍，进入到现行域与之竞争，并最终取代现行域，从而实现社会—技术转型的成功。

4.1.2　SNM 分析框架

SNM 植根于演化与创新经济学，并试图将建构主义的科学和技术研究的思想融入演化经济学中(Nelson & Winter, 1982①；Dosi, 1982②)，从而形成了有关技术变革的非线性演化观点(Rip, 1995③；Schot, 1998④)。SNM 研究学者认为变革的进程在某种程度上是可以引导的，并非如传统的演化经济学所强调的那样是完全不可控的；技术主体不仅可以预期将来的技术路径和选择方向，同时还可以通过开展特定的研发项目和示范项目对技术的选择进程施加影响。基于此，Rip 和 Schot 认为可以为新技术创造一个空间，也就是小生境，使其可以在该空间内进行试验和发展，同时免于主流市场的竞争。该小生境不仅可以为新技术的试验提供空间，同时也可以对技术与市场、需求以及其他社会—技术因素之间的相互衔接进行考察和试验，从而推动小生境内创新的发展和演化。

可以看出，作为支持创新发展的有力工具(Caniëls & Romijn, 2008⑤)，SNM 的核心前提性假设在于认为，创新的引入和发展是在复杂的社会—技术环

① Nelson R R, Winter S G. An evolutionary theory of economic change [M]. Cambridge, MA: Harvard University Press, 1982.

② Dosi G. Technological paradigms and technological trajectories: a suggested interpretation of the determinants and directions of technical change [J]. Research Policy, 1982, 11(3): 147 - 162.

③ Rip A. Introduction of newtechnology: making use of recent insights from sociology and economics of technology [J]. Technology Analysis & Strategic Management, 1995, 7(4): 417 - 431.

④ Schot J. The usefulness of evolutionary models for explaining innovation. The case of the Netherlands in the nineteenth century [J]. History and Technology, 1998(14): 173 - 200.

⑤ Caniëls M C J, Romijn H A. Actor networks in Strategic Niche Management: insights from social network theory [J]. Futures, 2008(40): 613 - 629.

境中进行的，这种复杂的社会—技术环境是由社会中已经占主导地位的技术以及与之配套的基础设施、消费者习惯、政策法规等众多社会—技术因素共同组成的(Hoogma et al.，2002①；Van Eijck & Romijn，2008②)。即使创新本身具有可持续性和很大的发展潜力，但也存在失败的可能性。因此，应通过社会试验或示范项目等方法为创新提供保护场所，也就是小生境，使其在发展初期可以免受主流市场的选择、淘汰，从而助推新技术的发展，并最终突破主导技术的制度锁定，实现产业变革(Smith & Raven，2012③)。

通常情况下，小生境是在政府的支持下建立的，政府为小生境的创新所提供的保护方法可以采取多种类型，如政府税收优惠、研发资助、财政补贴等④。政府愿意通过多种保护方式资助和培育新技术的一个重要原因在于新技术发展后将能实现特定的社会功能。对于电动汽车而言，其发展的一个重要背景就在于其能够缓解能源和环境问题。

SNM研究学者认为，在为创新提供保护空间后，小生境内的创新能否通过社会试验成功发展，有三个内在进程(internal process)是至关重要的，这三个内在进程分别是：期望或愿景的形成与表达；社会主体网络的构建；学习进程⑤。

1. 期望的形成和表达

期望的形成和表达是影响小生境内创新能否成功孵化的一个内在关键进程，在创新发展初期扮演着重要角色。清晰的期望表达能够为社会主体参与创新发展提供合理化基础，吸引社会示范运营中不同主体(企业、政府、消费者)的关注以及各类资源的投入；同时，期望的有效表达也能够为示范过程中创新的发展提供导向，为相关主体的决策行为提供认知规则⑥。

---

① Hoogma R，Kemp R，Schot J，et al. Experimenting for sustainable transport：the approach of Strategic Niche Management [M]. London and New York：Spon Press，2002.

② Van Eijck J，Romijn H. Prospects for Jatropha biofuels in Tanzania：an analysis with Strategic Niche Management [J]. Energy Policy，2008(36)：311-325.

③ Smith A，Raven R. What is protective space? reconsidering niches in transitions to sustainability [J]. Research Policy，2012(41)：1025-1036.

④ Caniëls M C J，Romijn H A. Actor networks in Strategic Niche Management：insights from social network theory [J]. Futures，2008(40)：613-629.

⑤ Mourik R，Raven R. A practioner's view on Strategic Niche Management-towards a future research outline [R]. Energy Research Center of the Netherlands，2006.

⑥ Van der Laak W W M，Raven R P J M，Verbong G P J. Strategic niche management for biofuels：analysing past experiments for developing new biofuel policies [J]. Energy Policy，2007(35)：3213-3225.

期望本身有三个层次的表现形式：① 技术层次的期望。这类期望表现为问题导向，期望内容涉及技术本身的具体细则；② 部门层次的期望。这类期望表现为功能导向，期望内容大多是定性的；③ 社会层次的期望。这类期望表现为情景导向，期望内容涉及更广范围的宏观趋势①。

在社会试验中，当期望本身具有以下特点时，对小生境内创新的孵化可以起到积极作用：① 越来越多的社会主体分享共同的期望，从而使得期望更加具有鲁棒性；② 期望随着社会试验的进展而变得越来越具体，实现期望的路径和步骤更加清晰；③ 期望本身的内容随着试验的开展进一步得到证实和合理性支撑，期望的质量不断提高②。

2. 社会主体网络的构建

社会网络的构建和动态发展是第二个内在关键进程。每个创新小生境都伴随着支持该小生境的社会网络，网络内的主体包括企业、消费者、政府等，承担着开展社会试验、推动创新发展、形成共享期望等角色。社会试验开展初期，网络规模是有限的、网络凝聚力尚不稳定且不同主体的角色和地位也不清晰。随着社会试验的进行，社会网络能否体现出以下两个特征，对于小生境创新的发展至关重要③：① 网络规模不断扩大，网络结构不断优化。随着社会试验的进行，越来越多的主体加入到小生境创新网络中，其中消费者和传统主导技术网络外新兴主体的加入具有重要意义；② 网络内主体的活动更加具有协同性和一致性。通常，传统大型企业和新进入企业之间由于对新技术发展的预期等不同而导致各自的战略活动也存在差异。SNM 认为在社会试验中，通过不同措施推动这些主体形成共享的期望和愿景，从而使得不同主体的活动实现整合，增强网络凝聚力。相对独立的平台和联盟的成立在一定程度上有利于网络协同性的提高④。

3. 学习进程

学习是第三个内在关键进程，学习和反馈可以提高社会试验中不同要素

---

① Van Lente H. Promising technology — the dynamics of expectations in technological developments [D]. Enschede: Twente University.

② Hoogma R. Exploiting technological niches: strategies for experimental introduction of electric vehicles [D]. Enschede: Twente University, 2002.

③ Hoogma R. Exploiting technological niches: strategies for experimental introduction of electric vehicles [D]. Enschede: Twente University, 2002.

④ Rip A. Introduction of new technologies: making use of recent insights from sociology and economics of technology [J]. Technology Analysis & Strategic Management, 1995(7): 417-431.

和主体的协同性。在学习进程中，学习内容需要包含多个维度，如技术发展和基础设施、市场和消费者偏好、文化和符号意义、社会和环境影响、产业和生产网络、政府的政策法规等。根据学习进程中消费者的角色，可以将学习分为一阶学习（first-order learning）和二阶学习（second-order learning）两类。一阶学习主要是对已设定的目标进行验证；二阶学习则主要是对既定的规则进行反思。以电动汽车为例，在电动汽车示范运营中，一阶学习主要指消费者通过用车更加了解自身的需求并将有关信息反馈给制造商；二阶学习则主要指制造商根据所获得的信息调整已有的布局和战略，二者之间形成互馈的双环学习机制①。

在技术变迁过程中，了解技术发展的整体进程和影响技术发展的进程是两种不同的概念，SNM 作为支持新技术发展的工具可以同时满足上述两个研究目的。一方面，SNM 在解释和分析已有的社会试验和创新发展等方面具有较强的应用性，众多学者已运用 SNM 理论框架分析和解释已发生的示范运营或社会试验，并通过各类实证研究对 SNM 理论框架进行验证和改善（Truffer，2002②；Tsoutsos & Stamboulis，2005③；Geels & Raven，2006④）；另一方面，SNM 力图为政府提供相关政策建议，从而助推技术变迁的实现和示范运营的顺利开展（Raven，2005⑤；Van der Laak et al.，2007⑥；Van Eijck & Romijn，2008⑦）。

然而，SNM 只是强调了小生境层的创新发展，而未能有效地将创新发展同更广范围的中观层次和宏观背景相结合。因此，本书将 MLP 与 SNM 相结合，

---

① Hoogma R. Exploiting technological niches：strategies for experimental introduction of electric vehicles [D]. Enschede：Twente University，2002.

② Truffer B. The coupling of viewing and doing：strategic niche management and the electrification of transport [J]. Greener Management Journal，2002(37)：111.

③ Tsoutsos T D，Stamboulis Y A. The sustainable diffusion of renewable energy technologies as an example of an innovation-focused policy [J]. Technovation，2005(25)：753－761.

④ Geels F W，Raven R P J M. Non-linearity and expectations in niche-development trajectories：ups and downs in Dutch biogas plant development (1973－2003) [J]. Technology Analysis & Strategic Management，2006，18(3/4)：375－392.

⑤ Raven R. Strategic Niche Management for biomass：a comparative study on the experimental introduction of bioenergy technologies in the Netherlands and Denmark [D]. Eindhoven：Technische Universiteit Eindhoven，2005.

⑥ Van der Laak W W M，Raven R P J M，Verbong G P J. Strategic niche management for biofuels：analysing past experiments for developing new biofuel policies [J]. Energy Policy，2007(35)：3213－3225.

⑦ Van Eijck J，Romijn H. Prospects for Jatropha biofuels in Tanzania：an analysis with Strategic Niche Management [J]. Energy Policy，2008(36)：311－325.

一方面，基于 MLP 框架重点分析我国电动汽车产业发展所面临的场景层以及域层，并在 SNM 框架下重点分析小生境层内我国电动汽车的示范运营。目前国内学界不乏对电动汽车产业发展的探讨，但大多从某一个或几个角度分析[①②]，而以转型理论为基础的协同演化分析较少，将 MLP 和 SNM 方法引入我国电动汽车产业发展研究中，全面分析我国电动汽车产业现状，从而避免了对某些要素的孤立分析。

4.2　产业发展面临的场景层机遇

当前，我国汽车产业是以传统内燃机汽车为主导，电动汽车在我国的发展有其深刻的社会经济宏观背景。场景层作为外部宏观环境，其本身的变化发展会对现行传统内燃机汽车技术为主导的社会—技术域造成压力，并同时为我国汽车产业向电动汽车转型创造机遇。

4.2.1　能源问题

近年来，我国汽车保有量增长迅猛，2013 年底已达到 1.37 亿辆，与此同时，汽车的能源消耗问题也日趋严峻。目前我国汽车的年油耗量已经接近全国成品油总量的 60%，"十一五"规划期间新增的 1 亿吨炼油能力，几乎全部被新增汽车消耗[③]。根据国际能源署和国务院发展研究中心估计，2020 年和 2030 年，我国汽车用油将分别达到 2.8 亿吨和 5 亿吨。持续增长的石油消耗与我国石油资源的匮乏形成对比，目前我国石油消费大量来自进口，石油进口量和对外依存度持续上升(图 4 - 3)。同时，国际社会普遍认为相对于不断增长的石油需求，石油的供给在未来将面临更多的约束[④]。因此，我国必须考虑能源战略安全，拓展新的车用能源，逐步减少对石油的依赖。

---

① 弋亚群，向琴. 我国新能源汽车产业分析[J]. 中国软科学，2009(S1)：60 - 63.

② 姜江，韩祺. 新能源汽车产业的技术创新与市场培育[J]. 改革，2011(7)：57 - 63.

③ 弋亚群，向琴. 我国新能源汽车产业分析[J]. 中国软科学，2009(S1)：60 - 63.

④ Bree B V, Verbong G P J, Kramer G J. A multi-level perspective on the introduction of hydrogen and battery-electric vehicles [J]. Technological Forecasting & Social Change, 2010, 77(4): 529 - 540.

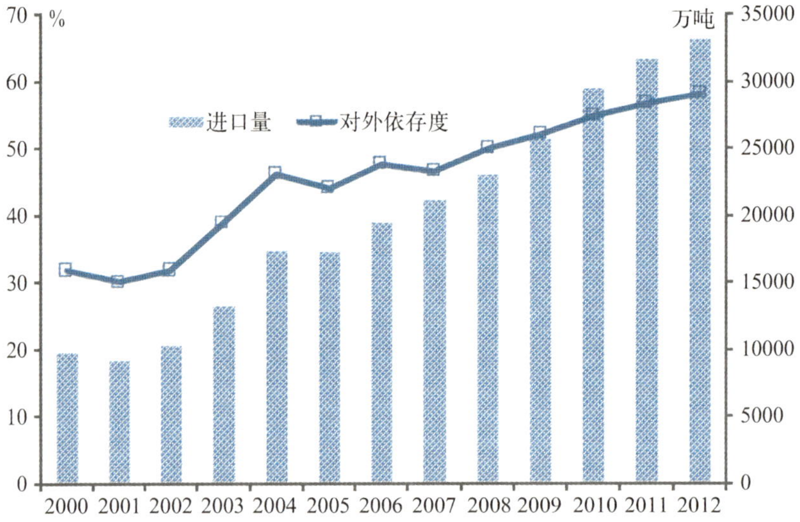

图 4-3　2000—2012 年我国石油进口量和对外依存度

数据来源：2001—2013 年中国统计年鉴、中国能源统计年鉴

4.2.2　汽车产业转型升级

21 世纪以来，我国汽车产业迅速发展，2014 年汽车产销突破 2 300 万辆，连续第六年居世界首位。作为国民经济的支柱产业，2010 年，汽车产业为国家税收和 GDP 增长做出了分别为 13%和 6.13%的贡献，同时，汽车产业的发展带动了上、中、下游 100 多个相关产业，国内与汽车相关产业的就业人数，已占到社会就业总人数的 1/6①。

汽车产业对社会经济发展所起到的重要作用决定了其现在以及未来的战略地位。但我国汽车产业在迅速发展的同时存在着一些不容忽视的问题，这些问题将会影响其未来的国际竞争力，其中最为关键的是技术水平的落后。本土汽车厂商在整车模块技术的应用与核心模块的研发上处于弱势地位，先进技术大量依赖国外进口，汽车产业在全球价值链中处于低端的加工组装环节，这使得我国在传统汽车领域赶超国外的机会较小②。而我国在电动汽车领域同世界先进水平差距相对较小，国内很多汽车企业在电动汽车及零部件模块研发上具有一定的优势，同时我国巨大的市场规模为电动汽车的示范推广提供了良好环境。

① 数据来源：新华网，http://news.xinhuanet.com/fortune/2011-09/03/c_121962478.htm，2011-09-03.

② 程文，张建华. 中国汽车产业模块技术发展与产业升级[J]. 中国软科学，2010(4)：44-49.

未来几年是全球汽车产业转型升级的重要战略机遇期，世界主要汽车生产国都已将发展电动汽车作为国家战略，在此背景下培育和发展电动汽车产业，促进汽车产业优化升级已成为我国汽车行业发展的战略重点。

4.2.3　环境压力

随着绿色经济、低碳经济等概念的深入发展，人们的环保意识逐渐增强。在此背景下，传统汽车对环境造成的压力受到越来越多的关注，传统汽车的大量使用造成了当地空气质量的恶化和温室气体排放的增多。我国城市的特点是面积较小，人口居住密集，随着城镇化进程的加快，汽车的地域密度越来越大，即使排放尾气污染很低也会造成非常严重的大气污染①。WHO 的研究表明②，2003—2010 年期间，我国 32 个城市的年平均 PM10 浓度水平远高于 WHO 的基本标准水平 20 $\mu g/m^3$。另外，汽车已成为我国二氧化碳的主要排放源，是我国实现 2020 年单位 GDP 二氧化碳减排目标的最主要障碍之一。在此背景下发展电动汽车，对于减轻环境压力具有重要意义。

4.3　产业发展面临的社会—技术域影响

目前我国汽车产业仍是以传统汽车为主导的社会—技术域，虽然正面临着来自场景层的外在压力，但本身仍具有较强的稳定性。域的稳定性是其所包含的三个维度的共同作用③。规则通过约束主体的预期和行为，导致技术轨迹和路径依赖的出现；行为主体通过嵌入一种相互依存的社会网络，共同促使了域的稳定性；社会—技术布局，特别是布局中已建立的实体性要素，如基础设施、机器设备等沉没投资难以改变，同时布局内各要素之间的内在联系进一步加强了域的稳定性，传统汽车社会—技术域的稳定意味着汽车产业向电动汽车转型升级的障碍。

我国现行汽车域的社会—技术布局如图 4 - 4 所示，从图中可以看出，汽车本

---

① 万钢. 中国电动汽车的现状和发展[J]. 中国环保产业，2003(2)：30 - 33.

② 数据来源：WHO，http://www.who.int/phe/health_topics/outdoorair/databases/en/index.html.

③ Geels F W. From sectoral systems of innovation to socio-technical systems: insights about dynamics and change from sociology and institutional theory [J]. Research Policy, 2004, 33(6 - 7): 897 - 920.

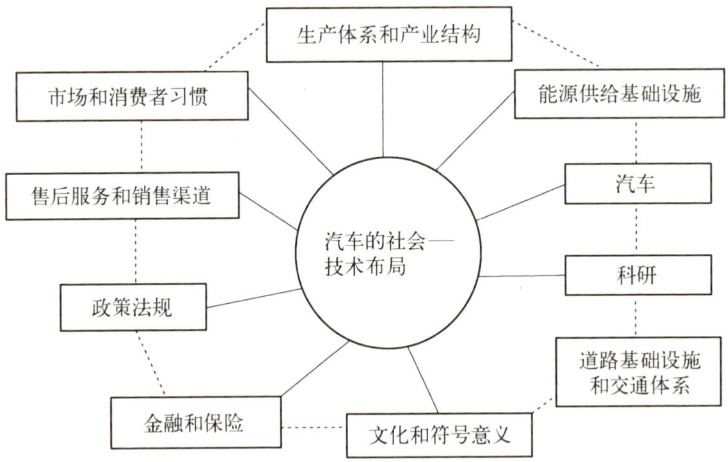

图 4－4　汽车域的社会—技术布局①

身或汽车体现的技术水平只是布局的一部分，生产体系和产业结构、能源供给基础设施、市场和消费者习惯、政策法规、文化和符号意义以及金融和保险都是影响我国现行传统汽车域稳定性的关键要素，这些要素之间相互联系、互为依赖。

我国现行汽车域内的行为主体如图 4－5 所示。这些主体之间构成一种相互联系的社会网络，主体的活动形成了布局内的各要素。如产业结构的形成来自汽车制造商及其供应商之间的相互作用，汽车的文化意义来自汽车使用者以

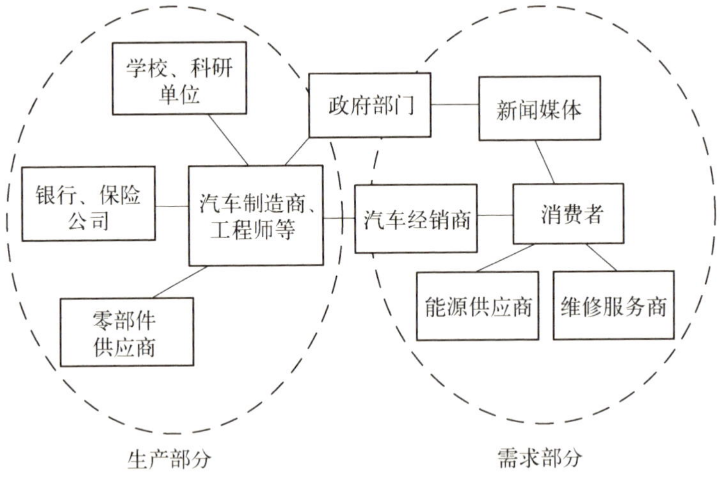

图 4－5　汽车域的社会行为主体

① Geels F W. Technological transitions as evolutionary reconfiguration processes: a multi-level perspective and a case-study [J]. Research Policy, 2002(31): 1257－1274.

及媒体之间的相互作用，消费者习惯来源于汽车使用者的日常行为，体现在汽车中的技术知识则是汽车设计师、工程师行为的结果。

本书将结合上述布局内的关键要素和域内的主要行为主体，从规则角度出发，分析我国现行传统汽车域的特点及稳定性，域的稳定性对电动汽车产业的发展产生了技术锁定效应。因此，深入了解现行汽车域的稳定性对于全面掌握我国电动汽车产业发展具有重要意义，这是以往研究所忽略的①。

4.3.1 生产体系

供给约束对创新产品的扩散影响日益受到重视，目前我国电动汽车发展过程中同样面临着市场供给障碍。我国现行汽车域的生产体系中，内燃机汽车的大规模生产仍是其核心能力，电动汽车生产十分有限，各大汽车厂商对于在生产体系中引进电动汽车显得格外谨慎。2014 年，我国汽车产量达 2 211.68 万辆，其中，纯电动汽车仅 14 243 辆，插电式混合动力汽车仅 3 290 辆。究其原因，则是多种因素和规则相互作用的结果。

1. 生产体系内在惰性

我国现行汽车域的生产体系中，无论是技术水平、机器设备抑或是组织结构都与传统汽车的生产相适应，机器厂房、劳动力技能等方面的沉没投资使得国内主要汽车厂商在无法确定消费者偏好，或没有政策强制的情况下，大规模引进电动汽车的动力相对较小。另外我国汽车行业正面临大整合之际，传统汽车领域的竞争进一步加剧，加强研发、提高核心制造能力是目前各大厂商的首要之义。企业对自身生产和主要利润来源的定位属于规范规则②，受既有规则的引导，各大厂商仍将其主要利润来源定位于传统汽车，而在电动汽车方面投入较少。这种情况下，通常在位的中小厂商或新进入者基于对未来市场的利益博弈会积极推动电动汽车的发展，但这些企业往往面临生产能力和资金不足的困境，缺乏足够的研发能力，从而难以大规模地为市场提供高质量产品③。

2. 传统汽车生产的互馈机制

长期以来，在生产自动化、兼并重组、大规模低成本生产等重要生产机制的

---

① Wells P, Nieuwenhuis P. Transition failure: understanding continuity in the automotive industry [J]. Technological Forecasting & Social Change, 2012(79): 1681 - 1692.

② Geels F W. From sectoral systems of innovation to socio-technical systems: insights about dynamics and change from sociology and institutional theory [J]. Research Policy, 2004, 33(6 - 7): 897 - 920.

③ 弋亚群，向琴. 我国新能源汽车产业分析[J]. 中国软科学，2009(S1): 60 - 63.

推动下，传统汽车产业已取得长足进展。围绕传统汽车产业所建立的互馈机制为其发展提供了优势基础，同时也对电动汽车产业的发展带来了影响①。例如，传统汽车企业所形成的规模经济、干中学以及生产研发使得传统汽车的众多属性如安全性、舒适性、经济性、续航里程等不断完善并且传统汽车车型不断增多，使其对消费者更具吸引力，从而增强了市场销售力，市场销售的增加又反过来推动了规模经济和生产研发的发展。另外，传统汽车已拥有的庞大用户基础使得其可以通过用户之间的口头传播以及广告影响等社会传媒渠道吸引更多的潜在用户购买传统汽车，从而进一步扩大传统汽车的用户安装基础。

3. 传统汽车产业商业模式

汽车产业商业模式界定了企业创造和获取利润的方式，围绕传统汽车产业已建立的商业模式使得现行汽车产业域内很难发生结构性变革②。一方面，在传统汽车产业商业模式中，汽车制造商占据核心地位，并且产业链也十分完善，商业模式内的在位企业受益于该模式，加上沉没资本的存在使得在位企业在电动汽车产业商业模式创新方面表现出一定的惰性。另一方面，围绕该商业模式，许多商业模式要素如汽车生产方式、销售渠道、价值网络等已成为产业标准和行为惯例，从而使得在位企业在进行电动汽车产业商业模式创新时存在思维惯例。

4.3.2 传统汽车本身

面对来自场景层的压力，传统汽车厂商在开发电动汽车的同时，更多地通过技术修补等方式提高传统汽车的节能性和环保性，从而使得传统汽车在一定时间内能够适应场景层较为温和的压力，同时也能够满足政府的相关规定。Varma et al. (2012)③的研究表明 2002—2010 年间传统汽车的节油率平均已下降 20%左右。

另外，传统汽车厂商之间的长期竞争推动了市场上传统汽车车型的增多。开发和销售不同车型不仅可以帮助厂商获取更多的市场份额，同时也推动了传

① Struben J, Sterman J D. Transition challenges for alternative fuel vehicle and transportation systems [J]. Environment and Planning B: Planning and Design, 2008, (35): 1070 - 1097.

② Wells P, Nieuwenhuis P. Transition failure: understanding continuity in the automotive industry [J]. Technological Forecasting & Social Change, 2012(79): 1681 - 1692.

③ Varma A, Newman D, Kay D, et al. Effect of regulations and standards on vehicle prices [R]. Report for European Commission Directorate General Climate Change, London: AEA Technology plc, 2012.

统汽车市场整体的扩张[①]。多样化的车型使得传统汽车能够满足消费者不同的个性需求，这也意味着电动汽车在发展初期可能会由于车型较少而受到影响。

4.3.3 市场和消费者习惯

在我国现行传统汽车域内，消费者在汽车的购买和使用方面已形成较为固定的模式，这些模式反映了消费者的偏好及习惯，属于认知规则。这些既定的认知规则对消费者行为起引导作用，影响其对电动汽车的购买决策。具体来讲：

(1) 面对市场上多样化的车型，消费者一般采取两阶段决策方法。首先通过一些基本决策标准从众多车型中确定一个较小的范围，然后再根据具体的二级标准做出最后的决策[②③]。通常，购买价格、动力性能、安全性能是第一轮决策中消费者所依据的基本标准，然后消费者会根据品牌、外形等其他决策标准做出自己的最终选择。然而，电动汽车在上述决策标准方面表现不佳，同传统汽车相比仍有较大差距，因此在一定时间内电动汽车可能会被消费者排除在选择之外[④]。以价格为例，价格是影响我国大多消费者购车决策的重要因素，目前我国轿车市场是中低档车占优势，大部分车型的需求价格弹性为负，轿车市场价格的迅速下降是近年来我国汽车需求量大幅上升的一个重要原因[⑤]。电动汽车在创新初期，价格远高于同档次的传统汽车，从而严重影响消费者对电动汽车的偏好。

(2) 消费者对电动汽车的购买决策意愿在很大程度上受自身出行模式的影响[⑥]。根据中国社科院发布的《中国汽车社会发展报告 2012—2013》[⑦]，近年来，旅游出行已成为我国消费者第一辆汽车的重要出行用途。14.5%的受访者选择

---

① Volpato G, Stocchetti A. Managing product life cycle in the auto industry: evaluating the carmakers effectiveness [J]. International Journal of Technology Management, 2008, 8(1): 22-41.

② Ben-Akiva M, MacFadden D, Abe M, et al. Modeling methods for discrete choice analysis [J]. Marketing. Letters, 1997, 8(3): 273-286.

③ Lane B, Potter S. The adoption of cleaner vehicles in the UK: exploring the consumer attitude-action gap [J]. Journal of Cleaner Production, 2007, 15(11-12): 1085-1092.

④ Kurani K S, Turrentine T S, Sperling D S. Testing electric vehicle demand in "hybrid households" using a reflexive survey [J]. Transport Research Part D: Transport and Environment, 1996, 1(2): 131-150.

⑤ 谢淑萍. 中国轿车市场需求缺口的度量及其传导效应研究[D]. 长春：吉林大学，2008.

⑥ Skippon S, Garwood M. Responses to battery electric vehicles: UK consumer attitudes and attributions of symbolic meaning following direct experience to reduce psychological distance [J]. Transportation Research Part D: Transport and Environment, 2011(16): 525-531.

⑦ 王俊秀. 汽车社会蓝皮书：中国汽车社会发展报告(2012—2013)[M]. 北京：社会科学文献出版社，2013.

旅游出行为最重要的汽车出行用途，仅低于通勤需求 5.1%。这意味着，在传统汽车模式下，消费者出行具有很强的便利性，而目前电动汽车由于行驶里程等因素严重影响了汽车的便捷、快速、节约时间的性能，从而影响消费者购买决策。

(3) 从消费者技术偏好看，消费者通过支付时间和货币成本，已对传统汽车的性能和日常维护保养等较为熟悉，这属于消费者的沉没投资。因此，消费者可能会由于对电动汽车的不熟悉而增加转换的隐形成本，这也将影响其购买决策。

4.3.4 文化和符号意义

正如许多学者所强调的，汽车本身除了能够满足用户的交通出行需求外，还能反映使用者的人格特征和自我认同①②。经过近百年的发展，汽车已成为人类社会的文化符号③。小汽车真正走入中国家庭的时间与欧美国家百年历史相比仍然较短，在我国现行传统汽车域内，汽车在很大程度上仍属于奢侈品，代表了使用者的收入和身份地位，这在某种程度上意味着一些电动汽车车型难以满足消费者这方面的符号需求。另外，我国消费者对汽车所赋予的最主要的三个符号意义分别为：方便、舒适和自由；较高层次的符号型需求（如环保需求）比例较小④。而电动汽车更强调较高层次的环保意义，特别是在创新初期，由于行驶里程和充换电基础设施等原因难以充分满足消费者对方便、舒适和自由的需求，这将影响消费者对电动汽车的感知。

4.3.5 道路基础设施和空间规划

电动汽车充换电基础设施建设需要考虑已有的道路基础设施和城市空间规划的影响。一方面，我国许多城市特别是大城市的中心城区密集程度较高，建设用地紧张，公共充换电基础设施建设面临已有的城市空间布局约束。目前我国

---

① Burgess M, King N, Harris M, et al. Electric vehicle drivers' reported interactions with the public: Driving stereotype change? [J] Transportation Research Part F: Traffic Psychology and Behaviour, 2013(17): 33 - 44.

② Rezvani Z, Jansson J, Bodin J. Advances in consumer electric vehicle adoption research: a review and research agenda [J]. Transport Research Part D: Transport and Environment, 2015(34): 122 - 136.

③ Kemp R, Schot J, Hoogma R. Regime shifts to sustainability through processes of niche formation: the approach of strategic niche management [J]. Technology Analysis & Strategic Management, 1998, 10(2): 175 - 196.

④ 清华大学气候政策研究中心. 中国低碳发展报告(2011—2012)[M]. 北京：社会科学文献出版社, 2011.

有些城市的充换电基础设施是在已有用地的基础上改建的，或者是在城市郊区建立，这都难以适应未来电动汽车大规模扩散后的充电需求；另一方面，我国许多城市小区在规划时并未考虑私人充电桩的问题，使得目前私人充电桩的小区安装面临着固定车位、小区用电容量、充电桩维护以及充电桩安全等问题。

社会—技术域内各要素有其内在的发展动力，因此当面对场景压力时，不同要素的发展方向可能会出现差异，通常这些差异会因要素之间的内在联系而得以协调，但某些情况下却会导致域内主体行为的不一致，产生内在压力。上述研究虽然表明，目前我国以传统汽车为主导的汽车产业域虽然具有较强的稳定性，但域内已经开始出现裂缝和压力，原因在于：① 场景的变化；② 现有技术难以有效应对场景变化，从而促使主体探索新的技术发展方向；③ 主体之间的战略博弈。现行汽车域内出现的一个主要裂缝体现在电动汽车已进入现有生产体系。传统汽车主流市场之外的整车企业纷纷采取先行战略，布局电动汽车市场。主流汽车厂商虽未大规模建立电动汽车生产体系，但也都相继涉足电动汽车的研发和生产。“十二五”规划期间，汽车厂商电动汽车研发投入将达到 460 亿元。此外，能源、环境等场景的压力使得一些限制性政策措施相继出台，如严格的排放标准、禁止高污染汽车进入市区等。2012 年发布的《节能与新能源汽车产业发展规划(2012—2020 年)的通知》明确提出，2015 年我国生产的乘用车平均燃料消耗量需降至 6.9 升/百公里，节能型乘用车燃料消耗量降至 5.9 升/百公里以下；到 2020 年，当年生产的乘用车平均燃料消耗量需降至 5.0 升/百公里，节能型乘用车燃料消耗量降至 4.5 升/百公里以下；商用车新车燃料消耗量接近国际先进水平。2014 年 5 月，工信部同发展改革委、商务部、海关总署、质检总局，研究起草了《关于加强乘用车企业平均燃料消耗量管理的通知》(征求意见稿)，规定企业平均燃料消耗量不达标且统计新能源乘用车后企业平均燃料消耗量超过 6.9 升/百公里的乘用车企业，将进行通报。这些压力和裂缝将为电动汽车产业发展创造机会。

4.4 产业发展面临的小生境保护

第 3 章对我国电动汽车产业发展历程的梳理表明，2009 年我国政府开始开展电动汽车示范运营项目，通过选取特定试点城市并采取财政补贴等方式为电动汽车产业的发展提供小生境保护。目前，第二轮示范运营已经展开，对我国已有的电动汽车示范运营活动进行分析对于指导后续我国电动汽车产业发展具有重要意义。因此,本书以SNM理论为框架展开研究。

4.4.1 小生境层的保护空间

我国电动汽车示范运营是在特定试点城市进行的,这些试点城市构成了电动汽车产业发展的小生境空间,在该空间内电动汽车产业受到特殊优惠政策的保护,从而避免了与传统汽车的市场化竞争。

"十城千辆"工程开启了我国电动汽车第一轮的大规模示范运营,计划在2009—2012年期间每个示范城市的公共服务领域推出1 000辆新能源汽车开展示范运行。"十城千辆"示范运营结束后,2013年9月四部委联合发布《关于继续开展新能源汽车推广应用工作的通知》,明确提出2013年至2015年我国将继续开展新能源汽车推广应用工作,从而开启了我国电动汽车第二轮的大规模示范运营。

在第一轮"十城千辆"示范运营工程中,我国共有25个城市被选为示范运营试点城市。具体来讲,2009年2月财政部和科技部发布的《关于开展节能与新能源汽车示范推广试点工作的通知》决定在北京、上海、重庆、长春、大连、杭州、济南、武汉、深圳、合肥、长沙、昆明、南昌等13个城市开展节能与新能源汽车示范推广试点工作;2010年5月四部委联合发布《关于扩大公共服务领域节能与新能源汽车示范推广有关工作的通知》,提出在已有的13个试点城市基础上增加天津、海口、郑州、厦门、苏州、唐山、广州等7个试点城市;2010年8月四部委联合发布《关于增加公共服务领域节能与新能源汽车示范推广试点城市的通知》,确定在已有的20个试点城市基础上增加沈阳、成都、呼和浩特、南通、襄阳5个城市开展公共服务领域节能与新能源汽车示范推广。

2013年《关于继续开展新能源汽车推广应用工作的通知》明确提出继续依托城市尤其是特大城市推广应用新能源汽车,这一轮的试点城市在综合考虑第一轮试点城市示范运营完成情况的基础上,进一步扩大示范应用范围。2013年11月,四部委共同确定了第二轮示范运营的第一批新能源汽车推广应用城市或区域,共28个;2014年1月,四部委共同确定了第二批推广城市。至此,我国电动汽车第二轮示范运行活动中,共有39个城市(群)86个试点城市参与①。

① 第二轮新能源汽车示范运营城市名单见附录1。

4.4.2　小生境层的保护方式

根据 SNM 理论，财政补贴和税收优惠等是政府为小生境内的创新提高保护的一个重要方式。电动汽车产业在发展初期，由于尚未实现规模经济，再加上电池技术水平较低等原因使得电动汽车的购买价格远高于同类型的传统汽车。基于此，在我国电动汽车示范运营中，政府为小生境内电动汽车发展所提供的主要保护方式即为财政补贴，既包括中央财政补贴，也包括试点城市的地方补贴，目的主要就是为了降低电动汽车的初始购买价格，推动电动汽车消费市场的形成。

1. 中央财政补贴

中央政府为小生境内电动汽车产业发展提供的保护方式主要为财政补贴，补贴发放对象为列入《节能与新能源汽车示范推广应用工程推荐车型目录》的车型。第一轮示范运营的财政补贴范围最初主要聚焦于公共服务领域（公交车、出租车等），随后扩展到私人消费者领域。2013 年 9 月随着第二轮示范运营示范运营的展开，相应的财政补贴标准也同时出台。两轮财政补贴政策的具体内容如下：

（1）2009 年发布的《关于开展节能与新能源汽车示范推广试点工作的通知》，明确了试点城市中公共服务领域用户购买电动汽车的补贴标准（表 4 - 1）。从表中可以看出，纯电动公交车的最高补贴达到 50 万元/辆，纯电动公共服务用乘用车的最高补贴达到 6 万元/辆。

表 4 - 1a　十米以上城市公交客车示范推广补助标准　（单位：万元/辆）

节能与新能源汽车类型	节油率	使用铅酸电池的动力系统	使用镍氢电池、锂离子电池/超级电容器的动力系统	
			最大电功率比 20%～50%	最大电功率比 50%以上
混合动力汽车	10%～20%	5	20	——
	20%～30%	7	25	30
	30%～40%	8	30	36
	40%以上	——	35	42
纯电动汽车	100%	——	——	50
燃料电池汽车	100%	——	——	60

注：最大电功率比 50%以上混合动力汽车补助标准均含 plug-in

表 4－1b　公共服务用乘用车和轻型商用车示范推广补助标准

（单位：万元/辆）

节能与新能源汽车类型	节油率	最大电功率比			
		BSG 车型	10%～20%	20%～30%	30%～100%
混合动力汽车	5%～10%	0.4	——	——	——
	10%～20%		2.8	3.2	——
	20%～30%	——	3.2	3.6	4.2
	30%～40%	——	——	4.2	4.5
	40%以上	——	——	——	5.0
纯电动汽车	100%	——	——	——	6.0
燃料电池汽车	100%	——	——	——	25.0

注：最大电功率比 30%以上混合动力汽车补助标准均含 plug-in

（2）上述补贴政策主要针对公共服务领域，为进一步推动示范运营中私人电动汽车市场的形成，2010 年 5 月，四部委联合发布了《关于开展私人购买新能源汽车补贴试点的通知》，在已有试点城市的基础上进一步选择 5 个试点城市（上海、长春、深圳、杭州、合肥）开展私人购买新能源汽车财政补助，补贴标准主要依据动力电池组能量（3 000 元/千瓦时），插电式混合动力乘用车最高补助 5 万元/辆，纯电动乘用车最高补助 6 万元/辆。补贴资金拨付给汽车生产企业，按其扣除补贴后的价格将电动汽车销售给私人用户或租赁企业。

（3）2013 年《关于继续开展新能源汽车推广应用工作的通知》开启了我国电动汽车第二轮示范运营，同时也对第一轮中的电动汽车财政补贴政策进行了调整，如表 4－2 所示。

表 4－2　2013 年新能源汽车推广应用补助标准　　（单位：万元/辆）

车辆类型	纯电续驶里程 R/公里			
	$80 \leqslant R < 150$	$150 \leqslant R < 250$	$R \geqslant 250$	$R \geqslant 50$
纯电动乘用车	3.5	5	6	——
插电式混合动力乘用车（含增程式）	——	——	——	3.5

续　表

车辆类型	车长 L/米			
纯电动客车 插电式混合动力客车 （含增程式）	$6\leqslant L<8$	$8\leqslant L<10$	$L\geqslant 10$	
	30	40	50	—
	—	—	—	25
超级电容、钛酸锂 快充纯电动客车	15			
燃料电池乘用车	20			
燃料电池商用车	50			
纯电动专用车	0.2 万元/千瓦时（最高不超过 15 万元）			

一方面，新的补贴政策改变了以往补贴的标准。纯电动和插电式混合动力乘用车的补贴标准由电池能量调整为纯电续航里程；纯电动和插电式混合动力客车的补贴标准由节油率和最大电功率的双重标准比调整为“车长”单一标准；燃料电池乘用车和商用车则改为以单位车辆为基本单位进行补贴；同时新的补贴方案专列了电动专用车的补贴方案，以电池容量为基础，每辆最高补贴达 15 万元。

另一方面，新的补贴政策明确了具体的退出机制，即 2014 年和 2015 年纯电动乘用车、插电式混合动力（含增程式）乘用车、纯电动专用车、燃料电池汽车补助标准在 2013 年标准的基础上分别下降 10%和 20%；纯电动公交车、插电式混合动力（含增程式）公交车标准维持不变。2014 年 2 月四部委联合发布《关于进一步做好新能源汽车推广应用工作的通知》，调整了补贴政策的退出机制，补贴下降比例由 2014 年和 2015 年的 10%和 20%分别调整为 5%和 10%。

（4）在直接的财政补贴之外，2014 年 8 月四部委联合发布了《关于免征新能源汽车车辆购置税的公告》，明确提出，2014 年 9 月 1 日至 2017 年 12 月 31 日期间消费者购买《免征车辆购置税的新能源汽车车型目录》中的车型将免征车辆购置税，以期进一步降低电动汽车的购买价格，刺激电动汽车私人消费市场。

电动汽车财政补贴政策是政府为示范运营试点城市内电动汽车产业发展提供的重要保护方式，该保护方式使得电动汽车的初始购买价格降低，与电动汽车本身较低的使用成本相结合，从而使其与主流市场的传统汽车相比具有成本上的竞争性。补贴标准由第一轮的电池能量直接调整为纯电动状态下的行驶里程具有清晰的政策导向性，表明电动汽车厂商应更加注重电池续航里程的改善，同时也表明政府能够根据市场消费信息的反馈适时对补贴政策进行调整。第二轮补贴政策中混合动力被排除在补贴范围内，表明政府降低了对混合动力的激励并降低了整体的补贴力度。补贴退出机制的制定表明政府根据第一轮示范运营消费者的市场反应，力图通过该机制鼓励消费者抓住政策利好购买电动汽车，以期在短期内迅速推动电动汽车的市场扩散，形成初期市场累积效应。

2. 地方优惠政策

在中央政府大力推动电动汽车示范运营的同时，各试点城市的地方政府也积极出台各类配套优惠政策。地方政府所提供的小生境保护方式与中央政府相比更具有多样性和地方特点。

第一轮示范运营试点城市大多按照中央财政补助标准 1∶1 给予地方财政购车配套补贴①。第二轮示范运营中，截至 2014 年 10 月底，有 30 个城市（群）65 个城市出台了新能源汽车推广应用配套政策措施，这些配套优惠措施在延续直接购车补贴政策的基础上进一步拓展了其他优惠政策，小生境的保护方式呈现多样化。附表 2 列举了第二轮试点城市的主要配套政策措施，其中上海和北京的地方优惠政策措施在全国范围内影响较大。本书以北京和上海为例，对试点城市的配套优惠政策进行分析。

（1）购车财政补贴更具有针对性

第二轮示范运营中北京和上海的购车财政补贴在延续第一轮补贴政策的基础上进行了更为具体的调整。2014 年 5 月上海市发改委和经信委等部门发布《上海市鼓励购买和使用新能源汽车暂行办法》，明确提出上海市财政补贴的新能源车型不仅要纳入国家《节能与新能源汽车示范推广应用工程推荐车型目录》，同时要列入上海市新能源汽车登记车型目录。其中新能源客车、燃料电池汽车、纯电动专用车均按照中央财政补助标准 1∶1 给予地方补贴，而纯电动和插电式混合动力乘用车则按照车辆单位分别补贴 4 万元/辆和 3 万元/辆。2014 年 10 月发布的《浦东新区鼓励购买新能源汽车暂行办法》则在上海市级补贴的基础上，进一步增加了浦东区用户的购车补贴，补贴标准为

① 资料来源：中国网，http://news.china.com.cn/txt/2014-12/09/content_34267448_4.htm，2014-12-09.

2 万元/辆。

2014 年 2 月北京市出台的《北京市示范应用新能源小客车管理办法》也明确规定，财政购车补贴的新能源车型需同时《车辆生产企业及产品公告》和《北京市示范应用新能源小客车生产企业和产品目录》，补助标准按照国家和北京市 1∶1 的比例确定，国家和北京市财政补助总额最高不超过车辆销售价格的 60%。然而，在此次补贴政策中，插电式混合动力汽车被排除在北京市补贴范围之外，仅纯电动汽车和燃料电池汽车可享受北京市当地的财政补贴。

(2) 补贴和优惠政策类型增多

第二轮示范运营中北京和上海的配套优惠政策不仅包含了购车方面的财政补贴，还涉及了充电设施建设以及用车环节等多方面优惠政策。2013 年 3 月，上海市发改委、上海市城乡建设和交通委员会等七部门制定的《上海市鼓励电动汽车充换电设施发展暂行办法》规定，在 2013—2014 年示范期间给予不超过充(换)电设施投资成本 30%的财政补贴；自用充电设施的用电费用将按照上海市居民电价收费，专用、公用充换电设施的用电费用参照上海市工商业电价收费。另外，根据《上海市鼓励购买和使用新能源汽车暂行办法》，消费者购买新能源汽车可在额度范围内获得免费专用牌照；汽车生产厂商每回收一套新能源汽车动力电池，可获得 1 000 元的财政补助。北京市则根据第一轮示范运营中所出现的小区安装充电桩问题，出台《关于推进物业管理区域新能源小客车自用充电设施安装的通知》对小区物业、充电桩安装单位的责任进行了明确界定并规定了小区充电桩安装程序。另外，消费者购买列入北京新能源小客车目录的车型不需摇号即可获得车牌。

4.4.3　小生境层内示范运营效果

根据 SNM 理论，小生境三个关键内在进程是分析和评价社会试验和示范运营成功或失败的核心标准。基于此，本书将基于示范运营期间电动汽车产业期望的表达、电动汽车产业社会主体网络的构建以及整个示范运营期间的学习进程对我国电动汽车示范运营的整体效果进行分析和评价。

1. 期望的形成

在电动汽车产业化发展结果不确定性的情况下，期望的形成和表达对于小生境内电动汽车产业发展起着至关重要的作用，因为期望能够增强网络主体对电动汽车产业发展的信心，吸引更多的主体和资源参与到电动汽车产业发展中①②③。期望的共享性和鲁棒性、清晰性和具体性、合理性和质量性是分析和判断期望的重要标准④。

电动汽车或者新能源汽车本身包含不同的类型，如纯电动汽车、混合动力汽车和燃料电池汽车。在电动汽车示范运营初期，不同主体对电动汽车未来发展技术路线的期望存在较大差异；同时，由于电动汽车在过去历史中所经历的几次起伏使得许多主体对此次电动汽车发展浪潮的结果也存在很大的不确定性。这些因素导致在示范运营的相当一段时间内，一些社会主体由于期望的不确定性和差异性而对电动汽车投资表现得异常谨慎。随着示范运营的开展，政府持续出台各类政策措施，特别是 2012 年《电动汽车科技发展"十二五"专项规划》和《节能与新能源汽车产业发展规划(2012—2020 年)》不仅确定了"纯电驱动"的战略技术路线，并且明确提出了我国电动汽车产业化分步走的具体路径以及 2015 和 2020 年我国电动汽车产业化发展的具体目标，从而在极大程度上表明了我国政府大力推动电动汽车产业化的决心；2014 年出台的《关于进一步做好新能源汽车推广应用工作的通知》以及配套政策措施则进一步表明了政府推动电动汽车产业发展的政策连续性。这些最终使得电动汽车产业社会网络内不同主体形成了关于电动汽车未来发展的共同期望，同时也增强了社会主体发展电动汽车的信心，吸引了更多的主体和资源参与电动汽车产业发展。从该角度看，示范运营使得越来越多的社会主体分享共同的期望，同时期望随着示范运营的进展也变得越来越具体，实现期望的路径和步骤更加清晰，期望的鲁棒性增强。

部门层次的量化目标是期望的另一个重要表现形式⑤。2009 年"十城千辆"示范运营开始之初即设立了到 2012 年全国新能源汽车运营规模占到汽车市场份额 10%的期望目标；随着示范运营的开展，各试点城市也都纷纷设立了自身

---

① Budde B, Alkemade F, Weber K M. Expectations as a key to understanding actor strategies in the field of fuel cell and hydrogen vehicles [J]. Technological Forecasting & Social Change, 2012(79): 1072 - 1083.

② Bakker S, Maat K, Van Wee B. Stakeholders interests, expectations, and strategies regarding the development and implementation of electric vehicles: the case of the Netherlands [J]. Transportation Research Part A: Policy and Practice, 2014(66): 52 - 64.

③ Bakker S, Van Lente H, Meeus M T H. Credible expectations — the US Department of Energy's Hydrogen Program as enactor and selector of hydrogen technologies [J]. Technological Forecasting & Social Change, 2012(79): 1059 - 1071.

④ Raven R. Strategic Niche Management for biomass: a comparative study on the experimental introduction of bioenergy technologies in the Netherlands and Denmark [D]. Eindhoven: Technische Universiteit Eindhoven, 2005.

⑤ Van Lente H. Promising technology — the dynamics of expectations in technological developments [D]. Enschede: Twente University.

的新能源汽车推广目标。然而，科技部数据显示，截至 2012 年底，25 个示范城市共推广各类节能与新能源汽车 2.74 万辆，其中公共服务领域各类车辆 23 032 辆，私人购买新能源汽车仅 4 400 辆。而 2012 年全国汽车销量已突破 1 900 万辆，显而易见新能源车的运营规模甚至不足汽车市场份额的 1%，“十城千辆”最初的预期严重落空。从具体执行情况看，各示范城市与当初设定的目标相差较远。截至 2012 年 7 月，25 个试点城市仅有 4 个城市完成情况超过 30%，其中完成情况最高的杭州市也仅为 47.1%[①]。充换电基础设施方面，尽管很多试点城市也宣布了关于电动汽车充换电站建设的“宏伟”期望，然而目前来看整体建设施工进度缓慢或未向私人开放。随着 2013—2015 年第二轮示范运营的开展，39 个城市(群)也积极发布了各自未来电动汽车示范推广期望目标(见附录 3)，然而根据工信部 2014 年 11 月发布的《新能源汽车推广应用示范城市(群)新能源汽车推广情况公示》[②]，从 2013 年 1 月至 2014 年 9 月底，39 个推广应用城市(群)累计推广新能源汽车仅 3.86 万辆，只完成了预期目标的 11.5%，其中长春、哈尔滨、晋城、兰州、聊城、海口六个城市进度均为零。另外，电动汽车对于解决未来交通部门空气污染，缓解未来环境恶化等方面的重要意义和潜力是部门层次定性目标的重要表现形式，这也是我国政府和其他国家政府在推动电动汽车时所重点强调的未来期望。然而，由于我国目前电力来源主要是煤炭，2012 年火力发电占比达到 78%。因此，许多专家学者对电动汽车缓解空气污染的未来期望有所质疑，认为电动汽车只不过是改变了污染的源头而已，并不能有效减缓污染。从该角度看，有关电动汽车产业发展目标的量化期望和减少污染的定性期望随着试验的开展并未得到进一步的证实和合理性支撑，从而在很大程度上影响了期望的质量。

2. 社会网络的构建

SNM 理论强调密集完善的社会网络是推动小生境内创新孵化成功的关键，社会网络规模的扩大意味着更多主体的参与、更多资源的投入、更多社会试验的开展以及更多学习的发生[③]。在我国电动汽车示范运营期间，电动汽车产业的社会网络并不是自发形成的，更多的是在政府的支持和引导下，不同主体基于对

---

① 数据来源：网易汽车，http://auto.163.com/13/0617/09/91IFRPB400084TV6.html?f=jsearch，2013-06-17.

② 数据来源：工信部，http://www.miit.gov.cn/n11293472/n11293832/n11293907/n11368223/16271311.html，2014-11-12.

③ Caniëls M C J, Romijn H A. Actor networks in Strategic Niche Management: insights from social network theory [J]. Futures, 2008(40): 613-629.

电动汽车产业未来发展的预期而逐步形成并扩大的。我国电动汽车产业社会网络的参与主体主要包括政府、整车厂商、电网企业、充换电基础设施运营商、消费者、联盟、关键零部件供应商、科研单位以及其他第三方组织。根据电动汽车产业社会网络构建的实践，本书重点对前六个主体进行讨论。

(1) 政府

社会—技术转型理论认为，转型本身虽然具有复杂性、不确定性和内在性，但可以对其进行有效管理。其中，政府在转型管理中担任着重要角色。目前，在我国电动汽车产业社会网络构建过程中政府承担着倡导者、组织者和推动者的角色。从中央政府看，发改委、工信部、财政部和科技部作为示范运营的发起者，同时也是电动汽车产业社会网络构建的倡导者和积极推动者(图 4-6)。

随着示范运营试点城市的不断增多，越来越多的地方政府也逐步参与到电动汽车产业社会网络中(图 4-6)，参与网络的地方政府数量由示范运营初期的 13 个增加到目前的 39 个城市(群)86 个试点。地方政府在当地电动汽车产业社会网络的构建中扮演着重要角色，通过制定各项政策措施鼓励当地各级政府内部相关人员、本地区企事业单位的创新人员、科研单位的专家学者切实加入到电动汽车产业社会创新网络中，组织各类主体之间的合作和交流，从而为参与者创造机会。

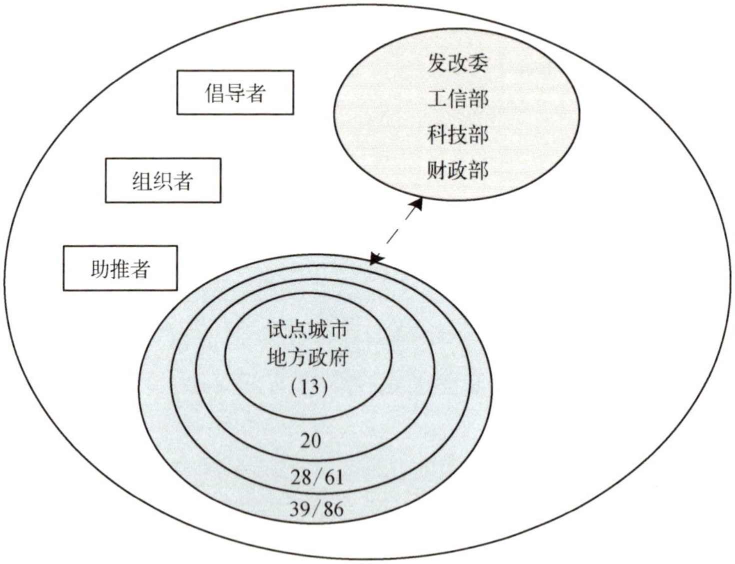

图 4-6　电动汽车产业社会网络中的政府主体

(2) 整车厂商

示范运营期间,整车厂商是电动汽车产业社会网络的重要主体,参与到网络中的整车厂商数量也呈现逐步递增趋势,列入《节能与新能源汽车示范推广应用工程推荐车型目录》的整车厂商已由第一批的 5 家企业扩展到目前的 147 家。

从参与的整车厂商结构看(图 4-7),电动汽车产业社会网络既包括了现行

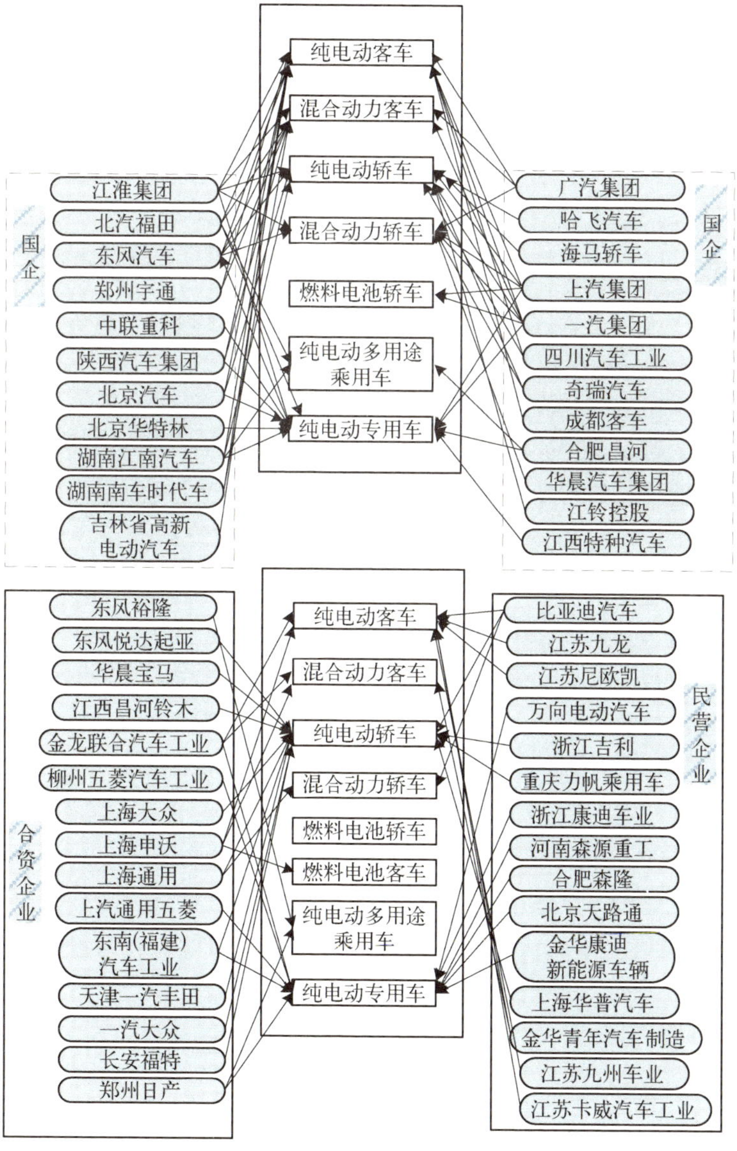

图 4-7　电动汽车产业社会网络中的整车厂商

社会—技术域中在位的传统汽车厂商,同时也包括了新进入厂商;厂商主体主要由国有企业、民营企业和合资企业构成。其中,国企和合资企业大部分为现行社会—技术域中占据市场主导地位的传统汽车厂商;民营企业则既包含了现行域内已经在位的传统汽车厂商,也包含了新进入的厂商。

SNM 理论强调传统大型企业集团参与小生境创新网络对于推动创新具有一定程度的积极作用,然而受所处的社会—技术域主导惯例的影响,其推动小生境创新的程度可能并不彻底,因此吸引现行域之外的新兴主体加入创新网络具有重要意义①。就电动汽车而言,传统大型汽车集团参与到社会网络中,更多的是基于对电动汽车产业未来发展预期所提前做的储备以及政府的政策引导;传统民营汽车厂商参与社会网络的积极性较高,力图凭借已有的整车生产、市场、资金等方面的积累获取电动汽车市场的先发优势,以期在未来电动汽车市场占据重要地位;新进入者则更多的是期望加入汽车行业并在电动汽车市场占据一席之地。

(3) 充换电基础设施运营商和电网企业

电动汽车作为强基础设施依赖型产品,其市场扩散的速度和规模受制于充换电基础设施的建设规模和速度②。在示范运营初期,我国两大电网企业凭借自身在电力供应方面的先天优势率先进入电动汽车产业社会网络中,承担着充换电基础设施建设主体的角色,以期在未来电动汽车充换电市场甚至整个产业链中占据重要地位;2010 年中海油与普天集团联合控股,成立普天海油新能源动力有限公司也开始参与电动汽车基础设施建设。国家电网、南方电网、普天海油在示范运营初期构成了电动汽车充换电基础设施网络的主体(图 4－8);而其他社会资本以及现行社会—技术域中的能源供应基础设施运营商(中石油、中石化等)则由于政策等因素基本被排斥在电动汽车基础设施网络外。

随着示范运营的进展,充换电基础设施的网络规模和结构开始发生变化。2014 年 5 月国家电网发布《关于做好分布式电源并网服务工作的意见》与《关于做好电动汽车充换电设施用电报装服务工作的意见》,明确提出支持社会资本参与慢充、快充等各类电动汽车充换电设施市场,并允许个人在满足一定条件自建

① Raven R. Strategic Niche Management for biomass: a comparative study on the experimental introduction of bioenergy technologies in the Netherlands and Denmark [D]. Eindhoven: Technische Universiteit Eindhoven, 2005.

② Browne D, O'Mahony M, Caulfield B. How should barriers to alternative fuels and vehicles be classified and potential policies to promote innovative technologies be evaluated? [J]. Journal of Cleaner Production, 2012(35): 140－151.

充电桩；2014 年 7 月发布的《国务院办公厅关于加快新能源汽车推广应用的指导意见》进一步强调应鼓励社会资本进入充电设施建设领域（图 4 - 8）。

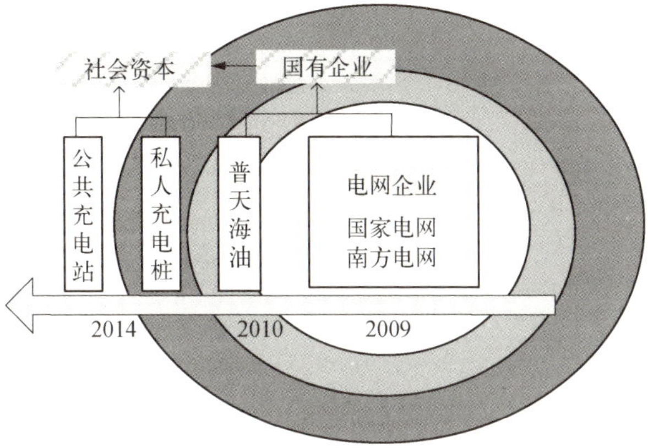

图 4 - 8　电动汽车充（换）电基础设施网络

（4）消费者

SNM 理论认为，消费者，不仅包括企业消费者更包含私人消费者，是推动创新的重要源动力，因此在示范运营过程中，应积极鼓励消费者参与到创新进程中，而不应该将消费者仅仅视为信息的提供者和反馈者（Hoogma & Schot，1999①）。

电动汽车示范运营初期，政府补贴等优惠政策主要针对公交、邮政等公共服务领域，因此，参与到电动汽车产业网络的消费者主要为公共服务机构，如众多试点城市的公交车公司等。随着 2010 年《关于开展私人购买新能源汽车补贴试点的通知》出台，私人消费者也逐渐被纳入电动汽车产业社会网络中。最初参与该网络的私人消费者数量较少，随着 2014 年中央和地方多项补贴、免费牌照、免购置税等优惠政策的出台，私人消费者的数量也逐步增多。然而，需要指出的是，目前参与电动汽车产业社会网络的消费者大多只是停留在产品的购买和使用层次，消费者与汽车厂商等其他主体之间的信息沟通渠道还较为缺乏，虽然个别主体，如中国（上海）电动汽车国际示范城市从 2011 年开始就建立了电动汽车试乘试驾中心，积极鼓励消费者参与电动汽车创新，及时了解消费者的价值主张和需求，但整体来看消费者参与创新进程的深度还较为有限。

---

① Hoogma R, Schot J. How innovative are users? A critique of learning-by-doing and — using [A]. The Fifth International ASEAT Conference, Manchester, 1999.

（5）产业联盟

SNM 理论认为，创新联盟网络的建立对于推动主体之间的技术溢出和合作、信息共享和科研攻关等多方面均具有重要意义。我国电动汽车示范运营开展以来，围绕电动汽车的产业联盟网络也迅速发展。整体来看，我国已建立的电动汽车联盟主要包含地方企业联盟、央企联盟、跨界联盟以及其他联盟。

① 2009 年成立的北京新能源汽车产业联盟是我国第一个新能源汽车产业联盟，同时也是具有代表性的地方企业联盟。该联盟包含整车生产企业（北汽控股）、整车需求企业（北京公交集团）、零部件企业（美国伊顿公司、中信国安盟固利公司）、高校研究单位（中科院电工所、清华大学、北京理工大学）等主体。在北京新能源汽车产业联盟成立后，重庆、吉林、江苏、安徽、河南等地也成立了当地的新能源汽车产业联盟。② 中央企业电动车产业联盟是央企联盟中的代表性主体，该联盟于 2010 年 8 月在国资委的组织下成立，联盟成员主要为整车、电池、充电服务、电机、房地产等领域的国有企业。③ 2014 年 5 月成立的中国电动汽车百人会是跨界联盟中的代表性主体，该联盟成员涉及汽车、能源、信息、交通等多行业、多部门、多学科，主要任务是开展电动汽车行业发展的重大课题研究。

可以看出，我国已成立的产业联盟大多都吸纳电动汽车产业链上不同节点的主体，是定位于电动汽车行业规范和技术标准起草、组织联合科技攻关和技术交流的组织。产业联盟能够在设置准入门槛、约束企业行为方面发挥较大的作用，但不具备实质性的索取权利。另外，已成立的产业联盟大多只包含了现行域内的主体，新进入者联盟内所占比例较为有限。

网络规模和网络主体活动的协同性是评估小生境内社会网络构建的重要标准①。根据上述示范运营期间电动汽车产业社会网络的分析可以看出：① 示范运营初期，电动汽车产业社会网络规模较小，参与的主体也相对较少；随着示范运营的开展，社会网络规模不断扩大，参与主体的数量和类型都随之增多，网络结构不断优化。然而，消费者和新兴主体在社会网络中的作用仍较为有限，现行社会—技术域内的传统主体在电动汽车产业社会网络中仍占据重要地位；② 示范运营期间，电动汽车产业联盟的成立在一定程度上增加了社会网络内主体之间的协同性，然而不同联盟之间，特别是电动汽车地方企业联盟之间的协同性和互动性仍较为有限；传统大型企业、传统民营企业和新兴企业之间活动的一致性

① Hoogma R. Exploiting technological niches：strategies for experimental introduction of electric vehicles［D］. Enschede：Twente University，2002.

和互动性也相对较为有限。

3. 学习进程

学习对于推动转型实现具有重要意义，通过学习不断提高技术水平，掌握市场反应和动态；同时可以对已有的试验和行为进行反思。学习的广泛性和反思性是评估和分析小生境内学习进程的两个关键标准。

(1) 学习的广泛性

Hoogma et al. (2002)①认为广泛的学习对于电动汽车产业的初期发展至关重要，因为其可以推动更多创新性结果的产生。在我国电动汽车示范运营期间，围绕电动汽车展开的学习涉及了众多方面，包括基础设施、政策、市场和技术等，在很大程度上体现了学习的广泛性。

以基础设施方面的学习为例，示范运营初期，受传统汽车产业既定思维惯例的影响，公共充电站的建设及其重要性受到了各界的普遍关注，而私人充电桩的建设却尚未引起重视。然而随着示范运营的开展以及私人购买电动汽车数量的增加，私人充电桩对于电动汽车产业发展的重要性逐渐凸显，众多学者和专家一致认为私人充电桩是未来电动汽车的主要充电方式，而公共充电站则主要起辅助和补充作用②。与此同时，私人充电桩的安装困难也逐渐显露。在此背景下，一些示范城市出台相关政策措施力图解决这一障碍。其中影响较大的是 2014 年 6 月北京市出台的《北京市示范应用新能源小客车自用充电设施建设管理细则》，明确规定了北京市新能源小客车自用充电桩安装的详细流程、步骤、所需材料以及各方责任。2014 年北京市出台的《关于推进物业管理区域新能源小客车自用充电设施安装的通知》又进一步明确小区物业需配合 4S 店和供电所进行场地勘察和现场施工，并提供相应的建筑工程图纸。

除此之外，有关电动汽车充电价格方面的学习也不断深化。在示范运营初期，政府并未出台详细的电动汽车充电价格政策，使得相当一段时间内充电价格处于不确定状态，影响了充电基础设施的运营。随着示范运营的开展，政府在经过多方的讨论、交流和学习后，2014 年 8 月国家发展改革委正式出台《关于电动汽车用电价格政策有关问题的通知》，明确对经营性集中式充(换)电设施用电实行价格优惠，执行大工业电价，并且 2020 年前免收基本电费。居民家庭住宅、住

① Hoogma R, Kemp R, Schot J, et al. Experimenting for sustainable transport: the approach of Strategic Niche Management [M]. London and New York: Spon Press, 2002.

② 叶建红，陈小鸿. 纯电动汽车供能策略研究[J]. 同济大学学报(自然科学版)，2011，39(10)：1531－1536.

宅小区等充电设施用电，执行居民电价。

(2) 学习的反思性

反思性学习是 SNM 强调的另外一个关键的学习进程，强调在电动汽车示范运营过程中，应对整个示范运营不断地进行评估和思考，根据所获得的新经验和新体会对已有的不合理的行为和思维方式及时进行调整，体现以电动汽车产业发展为目标的调整模式。在我国电动汽车示范运营期间，不同主体在基础设施、政策、市场等方面均展开了不同程度的反思性学习。

① 在基础设施准入方面，示范运营初期私人社会资本难以获得基础设施运营商资格；随着示范运营的开展，相关主体逐步意识到基础设施准入开放的必要性，2014 年国务院以及国家电网正式发文鼓励社会资本进入充电设施建设领域。

② 在购车财政补贴政策方面，第一轮示范运营期间，政府按照电池能量标准进行补贴，这意味着续航里程较短的大功率电池能得到更多的补贴。然而，示范运营过程中市场反馈表明消费者更关注的是续航里程。因此，在第二轮示范运营中，补贴标准修改为续航里程，从而更直接地反映市场需求。另外，新的补贴政策中增加了退出机制，这意味着对于尚处于徘徊状态的电动汽车潜在购买者可能会为了抓住利用政策利好时机，在近期内将电动汽车购买意愿付诸行动。

③ 电动汽车的生产准入是整个示范运营期间较受关注的问题。示范运营初期，只有整车制造商有资格申请进入新能源汽车市场，而非整车厂商则被排斥在市场准入之外。随着示范运营的开展，已有整车制造商面临增长压力，增加新的电动汽车生产能力存在一定的必要性。特别是特斯拉的成功在很大程度上表明了非整车厂商发展电动汽车的潜力和创新性；同时，特斯拉专利的开放也在一定程度上提高了非汽车厂商生产制造整车的可能性。基于此，2014 年 11 月发改委公布了《新建纯电动乘用车生产企业投资项目和生产准入管理的暂行规定(征求意见稿)》，提出将降低新能源汽车生产准入门槛，非汽车厂商在符合规定条件下也可以申请新能源汽车生产资质。

图 4－9 显示了我国电动汽车示范运营中小生境三个内在关键进程的整体发展以及相互之间的内在互动性。

从图中可以看出：① 在我国电动汽车示范运营中，电动汽车产业发展期望的鲁棒性、共享性、具体性和清晰性均有较好地体现和发展，而示范运营目标的落空以及电力污染等因素使得电动汽车产业发展期望的合理性和质量性未能得到充分体现。② 社会网络构建方面，随着电动汽车产业链上不同主体的加入，

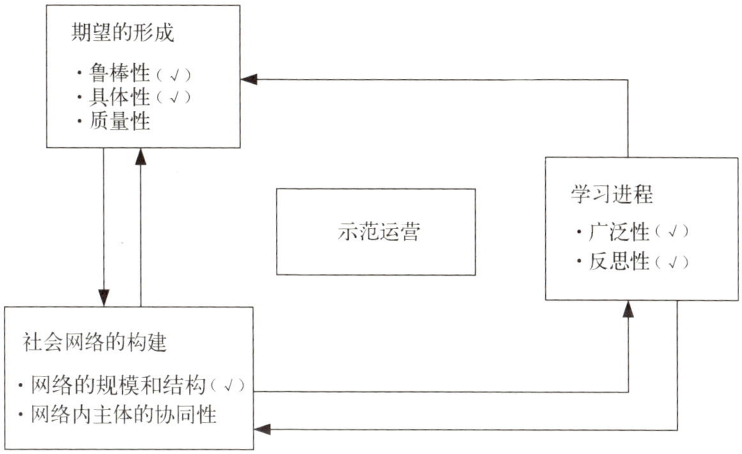

图 4-9　我国电动汽车小生境内在进程的互动性和整体发展

特别是新进入者和消费者的参与，我国电动汽车产业社会网络表现出较好的规模性和结构性，然而网络内不同主体由于自身期望和发展战略的不同，导致主体活动缺乏一定的协同性。③ 学习进程方面，政府、基础设施运营商和汽车厂商等主体在两轮示范运营过程中均表现出广泛的学习以及反思。④ 三个进程之间存在着内在互动性。示范运营期间，电动汽车技术路线及产业化路径等期望的形成在很大程度上增加了主体的信心，从而对社会网络的构建产生了正面积极影响；而社会网络的结构优化又反过来影响了期望的形成。反思性的学习促进了政策和行为的调整，从而影响了电动汽车产业社会网络的规模和结构以及期望的形成，三者之间形成了互馈的内在动态机制。

综合来看，我国电动汽车示范运营整体取得了较好的效果，为电动汽车产业的发展提供了保护空间，推动了围绕电动汽车产业的学习、社会网络和期望的形成。然而示范运营量化目标的落空一方面反映了目标期望本身存在一定的不合理性，另一方面也暴露了我国电动汽车产业在发展过程中仍存在着诸多困难和障碍。基于此，以电动汽车示范运营为背景，深入分析我国电动汽车产业化进程的关键影响因素对于推动电动汽车大规模市场扩散具有重要意义。

4.5 本章小结

本章综合采用 MLP 和 SNM 对我国电动汽车产业发展进行多层次分析，阐释了电动汽车产业发展所面临的场景的推动、社会—技术域的影响以及小生境的保护机制。研究表明：① 能源、环境和产业升级等宏观场景为我国电动汽车产业的发展创造了机遇。② 我国汽车产业仍是以传统汽车为主导的社会—技术域，虽然面临着场景层的外在压力，但仍具有较强的稳定性，这些稳定性体现在传统汽车生产体系的内在惰性，传统汽车本身较高的性价比，消费者已形成的购买惯例、出行模式和偏好，社会和消费者所赋予汽车的符号意义以及已有的城市空间布局和居民住宅布局等方面。我国电动汽车产业的发展必须要考虑社会—技术域的稳定性。③ 小生境层内我国电动汽车示范运营促进了围绕电动汽车的学习进程、社会网络和期望的内在互馈机制的形成。然而，我国电动汽车产业化进程和市场扩散速度依然较为缓慢，示范运营目标的落空，表明产业发展仍存在着诸多障碍。

本章部分内容已形成研究成果“面向新能源汽车的社会—技术域分析及其转型推动研究”和“Exploring the Pathways for System Innovation of EVs in China-From the Multi-level Perspective”，分别发表于《中国软科学》(CSSCI)和 *Proceedings of ISMOT2012*(EI & ISTP 检索)。

第5章 我国电动汽车产业发展的关键影响因素识别

第4章的研究表明，我国电动汽车产业虽然已取得积极进展，然而要想实现大规模的市场扩散仍存在诸多障碍，因此有必要全面识别影响我国电动汽车产业发展的社会—技术因素。同时，第3章的研究表明我国电动汽车现有市场扩散规模与近期产业发展目标还存在巨大差距，面对时间压力和资源的有限性，很难同时消除所有不利因素的影响，因此需要进一步识别和确认关键的社会—技术影响因素。另外，不同的因素之间存在着复杂的内在联系和因果关系，推动电动汽车产业发展必须考虑因素之间的内在关系。因此，本章首先基于社会—技术转型对我国电动汽车产业发展的影响因素进行深入分析；在此基础上，构建关键影响因素识别模型——区间直觉模糊 DEMATEL 模型，分析因素之间的内在联系并确认关键影响因素，特别是最关键影响因素。

5.1 影响产业发展的因素

社会—技术转型理论强调多因素协同演化对于创新发展的重要性。Geels (2002)①基于社会—技术转型视角提出汽车产业的社会—技术布局，该布局包含十个维度：生产系统、汽车产品本身、文化和符号意义、科研、维修和分销网络、市场和消费者习惯、能源补充基础设施、道路和交通系统、政策法规、保险和金融(图4-4)。一方面，这些维度构成了传统汽车产业的社会—技术布局，各维度之间的内在联系维持并强化了传统汽车的主导地位；另一方面，这些维度也

① Geels F W. Technological transitions as evolutionary reconfiguration processes: a multi-level perspective and a case-study [J]. Research Policy, 2002(31): 1257-1274.

构成了电动汽车产业的社会—技术布局，意味着电动汽车要想突破传统内燃机的锁定，实现大规模市场扩散必须完成上述维度的构建并且推动各维度的协同发展。因此，本书在该社会—技术布局框架下，全面分析影响我国电动汽车产业发展的因素和障碍，影响因素和障碍的确定主要采取文献研究法和专家咨询法。

5.1.1 生产系统和产业结构

1. 商业模式创新

创新，特别是非连续性创新是推动产业变革和演化的主要推动力。然而，在某些情况下，单纯的技术创新并不足以打破产业已有的主导逻辑，即使这些技术创新对于经济、社会和环境发展有益（Anand et al.，2010）①。在此情况下，商业模式往往扮演着重要角色，技术创新只有同商业模式创新相结合才能更好地推动产业主导逻辑的变革（Sabatier et al.，2012）②。好的商业模式能够充分挖掘隐藏在新技术内在的价值，从而极大地提高其市场吸引力（Björkdahl，2009）③。

电动汽车同传统汽车相比，具有较大的非连续性和变革性，很难依靠汽车产业现有的商业模式进行市场推广，因为现有的商业模式主要是基于传统汽车的特点而形成的。因此，依据电动汽车自身特点展开的商业模式创新有利于更好地向消费者传递其价值主张，对于电动汽车打破现行域的束缚具有重要作用。在我国电动汽车示范运营过程中，虽然很多试点城市都探索了不同的商业模式，但统一的产业商业模式尚未出现，创新面临诸多障碍。

2. 外企竞争

外企竞争对我国电动汽车产业发展产生了双重影响。一方面，在示范运营中，外资企业不在小生境的保护范围之内。考虑到我国传统汽车的产业基础，政府对于开放电动汽车市场一直保持较为谨慎的态度，其中一个重要原因就在于，过早地开放市场可能会导致外资企业占领国内市场，从而影响尚处于发展初期

① Anand J, Oriani R, Vassolo R S. Alliance activity as a dynamic capability in the face of a discontinuous technological change [J]. Organization Science, 2010, 21(6): 1213 - 1232.

② Sabatier V, Craig-Kennard A, Mangematin V. When technological discontinuities and disruptive business models challenge dominant industry logics: insights from the drugs industry [J]. Technological Forecasting & Social Change, 2012(79): 949 - 962.

③ Björkdahl J. Technology cross-fertilization and the business model: the caseof integrating ICTs in mechanical engineering products [J]. Research Policy, 2009(38): 1468 - 1477.

的国内电动汽车产业。另一方面，外企的进入特别是 2014 年特斯拉强势进入国内市场，在很大程度上吸引了更多消费者对电动汽车的关注和兴趣，并且特斯拉专利的开放也在一定程度上有利于国内企业的技术引进。

3. 利益博弈

第 4 章的研究表明，在电动汽车社会网络内不同主体之间的活动缺乏一致性，主要原因在于主体之间利益诉求的差异化，不同的网络形式或产业布局会对不同主体产生不同的影响(Bakker, 2014①)，从而导致主体之间的利益博弈，包括电网企业之间、电网企业与整车厂商、整车厂商之间、新进入者与在位者等。利益博弈体现了主体之间的相互作用以及对未来不同的预期和感知，这些差异化的利益诉求将会造成沟通和协作障碍，在一定程度上影响电动汽车产业发展进程。

4. 地方保护主义

在示范运营过程中，影响电动汽车产业社会网络构建的一个重要因素就是地方保护主义。由于各地财力的差异、汽车工业基础的不同使得电动汽车在发展过程中出现了区域分割，资源未能实现优化配置，阻碍了电动汽车在全国范围内的生产和推广。基于此，2013 年四部委联合发布《关于继续开展新能源汽车推广应用工作的通知》，明确规定各示范城市推广应用的车辆中外地品牌数量不得低于 30%，不得设置或变相设置障碍限制采购外地品牌车辆。

5.1.2　产品本身

Rogers(1995)②提出创新产品相对于已有产品的比较优势是影响消费者购买决策的一个主要因素。作为满足社会可持续性发展的创新技术，电动汽车是解决我国交通领域内由于传统汽车大规模扩散而引致的环境和能源问题的可行性方案③。然而，尽管电动汽车产品具有这些潜在优势，与传统汽车相比的技术和价格劣势使其难以满足消费者的某些价值主张，影响其大规模扩散。

1. 技术水平

我国电动汽车经过多年发展，技术研发水平已取得较大进展。然而总体来

① Bakker S. Actor rationales in sustainability transitions — Interests and expectations regarding electricvehicle recharging [J]. Environmental Innovation and Societal Transitions, 2014(13): 60 - 74.

② Roger E M. Diffusion of Innovations (4th Ed) [M]. New York: Free Press, 1995.

③ Hao H, Ou X M, Du J Y, et al. China's electric vehicle subsidy scheme: Rationale and impacts [J]. Energy Policy, 2014(73): 722 - 732.

看，仍面临着较为严峻的技术约束（Yang et al.，2013①）。与国外厂商相比，我国仍未掌握电动汽车及其关键零部件的核心技术。另外，考虑到传统汽车和电动汽车生产研发的连续性和累积性，我国在传统汽车市场上相对薄弱的基础在很大程度上也影响了我国电动汽车产业的技术基础。在所有的技术约束中，电池技术是电动汽车大规模商业化面临的关键技术障碍，因为其在很大程度上会影响电动汽车本身的安全性、电池使用寿命、续航里程以及汽车本身的性能②。

2. 产品性能

产品性能是消费者在作出汽车购买决策时所依据的基本标准，然而由于技术水平等因素的约束，目前电动汽车的产品性能与传统汽车相比仍存在一定差距。同时，很多消费者对国内电动汽车的印象仍停留在小型电动汽车层面，认为电动汽车的整体性能不完善，难以满足消费者对汽车所赋予的财富和地位的符号意义。

3. 购买价格

从成本角度看，电动汽车较高的初始购买价格是影响其大规模扩散的一个重要障碍（Hidrue et al.，2011③）。电动汽车产业发展初期实现规模经济的障碍，导致较高的生产成本和价格竞争上的劣势。而对于大多数消费者而言，由于自身经济实力等问题不愿或不能支付如此较高的溢价。特别是对于国内消费者而言，购买价格是影响其购买决策的一个重要决策标准④，因此当电动汽车市场价格与同类传统汽车相比过高时，大规模的市场扩散往往难以实现。

4. 使用成本和维修成本

对于消费者而言，燃油成本是其在购买汽车时的一个重要决策⑤。燃油经济性和较低的使用成本是电动汽车相对于传统汽车的一个重要优势。特别是当石油价格上升从而导致传统汽车的生命周期成本上升时，电动汽车的比较

① Yang L F, Xu J H, Neuhäusler P. Electric vehicle technology in China: an exploratory patent analysis [J]. World Patent Information, 2013(35): 305 - 312.

② Egbue O, Long S. Barriers to widespread adoption of electric vehicles: an analysis of consumer attitudes and perceptions [J]. Energy Policy, 2012(48): 717 - 729.

③ Hidrue M K, Parsons G R, Kempton W, et al. Willingness to pay for electric vehicles and their attributes [J]. Resource and Energy Economics, 2011(33): 686 - 705.

④ 谢淑萍. 中国轿车市场需求缺口的度量及其传导效应研究[D]. 长春：吉林大学，2008.

⑤ Gallagher K S, Muehlegger E J. Giving green to get green? Incentives and consumer adoption of hybrid vehicle technology [J]. Journal of Environmental Economics and Management, 2011, 61(1): 1 - 15.

优势更为明显。然而,对于电动汽车用户而言,虽然其使用成本与传统汽车相比具有较大优势,却可能面临较高的维修保养成本。徐国虎和许芳(2010)① 的研究表明,77%以上的受访者认为维修保养成本是影响其购买决策的重要因素。

5. 环境友好性

第 4 章的研究表明,我国政府推动电动汽车产业发展的重要背景在于电动汽车对于解决空气污染和环境恶化等方面的意义,这也是其他国家政府所强调的。然而与荷兰等国家不同的是,我国目前电力来源主要是煤炭,火力发电占比较高。因此,许多专家学者认为电动汽车只不过是改变了污染的源头而已,并不能有效减缓污染,这将在一定程度上影响消费者,特别是推广初期的环境爱好者对电动汽车的认知和购买决策。

5.1.3 市场和消费者习惯

1. 公众认知

电动汽车要想实现成功的商业化和产业化,必须充分考虑消费者的态度和偏好。创新扩散理论强调大部分消费者在对创新产品足够熟悉之前很少考虑购买新产品②,而目前国内消费者整体对电动汽车的认知和熟悉度较为缺乏,大部分消费者对电动汽车一无所知或了解较少。这意味着在电动汽车产业发展初期,只有一小部分对电动汽车相对了解的创新者会购买电动汽车,而大部分消费者则处于模仿者状态,主要通过后续的口头传播或营销广告等社会传播渠道了解电动汽车。然而,传统汽车经过近百年的发展,依靠口头传播和网络效应已建立起庞大的用户基础,并且在消费者看来,电动汽车和传统汽车属于完全不同类别的产品,因此传统汽车已有的用户基础很难被电动汽车所借用③。这意味着只有当消费者大规模地由传统汽车转向电动汽车时,电动汽车才有可能占据主导地位。

---

① 徐国虎,许芳. 新能源汽车购买决策的影响因素研究[J]. 中国人口·资源与环境,2010,20(11):91-95.

② Kemp R, Schot J, Hoogma R. Regime shifts to sustainability through processes of niche formation: the approach of strategic niche management [J]. Technology Analysis & Strategic Management, 1998, 10(2): 175-196.

③ Bree B V, Verbong G P J, Kramer G J. A multi-level perspective on the introduction of hydrogen and battery-electric vehicles [J]. Technological Forecasting & Social Change, 2010, 77(4): 529-540.

2. 消费者预期风险

根据创新扩散理论，在扩散初期只有小部分创新者会购买，大部分消费者对创新持观望态度；创新产品需要向消费者证明其价值所在，以期获得大规模的市场占有率，然而新技术在发展初期往往由于技术或其他社会因素难以满足消费者的某些价值主张诉求，不能向市场有效地证明其价值，因此消费者对产品的感知风险会影响其购买意愿，这些预期在很大程度上构成消费者购买决策障碍①。在电动汽车扩散初期受技术水平、配套设施以及宣传教育的限制，大部分消费者对电动汽车的安全性、售后服务便利性和维修服务成本均表示担忧，这些消费者会由于怀疑和不确定而放弃购买电动汽车。

对国内消费者来说，对电动汽车的预期风险主要包括安全性、续航里程的担忧、充电的便利性。示范运营期间，电池爆炸事故等因素使得对电动汽车安全性的担忧，成为影响消费者购买决策的重要因素②，媒体的宣传和公众对电动汽车认知的相对缺乏进一步强化了这一预期风险。对续航里程、充电的便利性和充电时间的担忧是消费者对电动汽车另一类重要的预期风险，有研究表明续航里程和充电时间是影响消费者决策的最关键因素③。

5.1.4 基础设施

要素的互补性是复杂技术体系具有内在稳定性的主要原因。汽车和能源供给基础设施之间的互补性意味着能源供给设施网络的完善与否将直接影响消费者从汽车消费中所获得的效用。在我国现行汽车域内，传统汽车凭借其完善的配套设施网络使消费者从传统汽车消费中所获得的效用得以提高，而电动汽车却因网络不完善而影响到消费者的效用满足。示范运营期间，我国电动汽车充换电基础设施建设虽取得一定进展，但整体来看仍不完善。

① 电动汽车配套设施不完善的直接原因在于所谓的“鸡—鸡蛋难题”，即消费者在能源供给设施不完善的情况下不愿购买电动汽车，汽车制造商在没

---

① Kemp R, Schot J, Hoogma R. Regime shifts to sustainability through processes of niche formation: the approach of strategic niche management [J]. Technology Analysis & Strategic Management, 1998, 10(2): 175 - 196.

② 徐国虎，许芳. 新能源汽车购买决策的影响因素研究[J]. 中国人口·资源与环境，2010，20(11)：91 - 95.

③ Skippon S, Garwood M. Responses to battery electric vehicles: UK consumer attitudes and attributions of symbolic meaning following direct experience to reduce psychological distance [J]. Transportation Research Part D: Transport and Environment, 2011(16): 525 - 531.

有完善的配套网络支持下，不愿意大规模生产电动汽车，而能源供应商在没有大量电动汽车市场需求的情况下，不愿意大规模投资基础设施。同时，电动汽车充换电基础设施的建设和运营对资本需求较高，进一步加深了企业的投资风险。

② 标准的缺失也阻碍了配套设施的发展。在现行汽车域中，传统汽车配套设施相关的标准已经建立并相当完善。这些标准属于正式规则，引导和约束着石油企业和整车厂商的行为，使之互为一致。截至 2014 年 9 月初，我国已正式发布了 75 项电动汽车标准，涵盖电动汽车基础通用、整车、电池电机电控等关键总成、基础设施、充电接口和通信协议等各个领域，其中基础设施方面的标准约有 26 项①。可以看出，我国在充电配套基础设施的标准制定方面已取得较大进展，然而，一些标准规定是较为宽泛化的，许多重要领域还需要进一步的详细规范，如电流、电压、功率以及其他细节。此外，有些标准如充电接口只是推荐标准，而非强制性标准，从而可能会导致充电接口的差异。标准的不一致和缺乏使得能源供应商和汽车制造商的行为缺乏正式规则的引导与协调，从而减缓了向电动汽车转型的速度。

③ 私人充电桩的安装困难大大影响了配套设施的发展。安装私人充电桩需要考虑小区电力容量、小区公共用地的占用以及后期的维修保护等问题，这些问题的解决需要电动汽车用户、小区物业管理、小区其他居民、电力企业、汽车厂商、充电桩安装企业等多个主体的协调和配合。然而，不同利益诉求导致主体之间合作和沟通的障碍，极大地影响充电桩的安装进度，并进而影响消费者的购买决策。

5.1.5　政策措施

我国电动汽车产业化发展的直接推动力就是国家的相关扶植政策，已有的发展进程体现了明显的"政策驱动"特征②。作为电动汽车产业的关键主体之一，我国政府从电动汽车产业发展初期就承担着领导者和管理者的角色，出台财政补贴、研发支持等各项政策措施支持电动汽车的产业化。可以说，我国电动汽车产业的发展在很大程度上得益于政府的积极推动。第 3 章的研究表明，我国

① 数据来源：工信部，http://www.miit.gov.cn/n11293472/n11293832/n11293907/n11368223/16136383.html，2014-09-17.

② 卢超，尤建新，戎珂，等.新能源汽车产业政策的国际比较研究[J].科研管理，2014，35(12)：26-35.

目前已基本建立电动汽车产业政策体系，但相关政策措施仍不完善；同时由于监管缺失等问题，使得财政补贴政策实施效果受到影响，中央财政补贴真正落实到初衷的很少，很多主体把争取新能源领域的财政补贴作为其资金的重要来源之一，从而导致真正致力于电动汽车生产和发展的主体较少，甚至出现一些投机现象。

上述研究表明，目前影响我国电动汽车产业发展的因素主要涉及生产系统、汽车产品本身、市场和消费者习惯、能源补充基础设施和政策法规，但这并没有否定保险和金融、文化和符号意义、分销网络、道路和交通系统等因素对电动汽车的影响。例如，从保险看，我国现行汽车域内的车险体系主要是围绕传统汽车建立的，因而不能完全匹配电动汽车的风险状况。然而，这些因素对电动汽车产业发展的影响相对较小或较为间接，如分销网络、道路和交通系统对于电动汽车和传统汽车而言具有通用性；文化和符号意义对电动汽车的影响更多地借助于市场和消费者习惯体现；科研人才的缺乏对电动汽车的影响更多地借助于电动汽车技术水平而体现。

5.2 关键影响因素识别模型(IVIF - DEMATEL)的提出

全面的社会—技术视角分析表明我国电动汽车产业的发展受到诸多因素的影响，然而资源和时间有限性使得同时解决所有障碍具有较高难度和不可行性；同时，不同影响因素之间存在着复杂的互馈机制和动态联系，如鸡—鸡蛋难题；研发、规模经济等生产体系要素—汽车本身—消费者决策—市场销售—生产体系间的互馈机制以及人际传播—消费者决策—市场销售—安装基础—人际传播间的互馈机制等，这意味着关键影响障碍的解决将会进一步推动其他障碍的解决。因此，采用恰当的方法在众多影响因素中识别出关键因素以及与因素的内在联系，对于加快推动我国电动汽车产业发展具有重要意义。

已有研究中电动汽车产业化和大规模市场扩散主要影响因素的确定大多是基于专家访谈、消费者调研和案例研究(Skippon & Garwood，2011①；Egbue &

① Skippon S，Garwood M. Responses to battery electric vehicles：UK consumer attitudes and attributions of symbolic meaning following direct experience to reduce psychological distance [J]. Transportation Research Part D：Transport and Environment，2011(16)：525 - 531.

Long，2012①；Steinhilber et al.，2013②）。然而，这些方法一方面容易受调研对象主观性因素的影响；另一方面，也未能充分考虑不同影响因素之间的内在联系。基于此，本书采取决策试验与评价实验室方法（Decision-making Trial and Evaluation Laboratory，DEMATEL）③对影响我国电动汽车产业发展的关键因素进行识别。DEMATEL 模型是影响因素识别领域的重要研究方法，该方法可以通过因果关系图确定系统各元素的相互关联性，从而从众多影响因素中识别出根本性的影响因素，为管理问题的解决提供决策依据④。通过 DEMATEL 方法，可以将专家组知识转化为结构化模型，然后通过影响关系图将因素之间的因果关系以可视化的形式表现出来，模型结果能够显示每一个因素对电动汽车产业发展的影响程度，进一步分析结构化模型可根据每个因素的影响大小确定关键因素。

传统 DEMATEL 运算过程中，最关键的一步是通过专家调研法确定因素两两之间直接影响程度的大小，评估过程中以确定性的 4 级标度作为评价准则。然而在实际研究中，由于决策问题的复杂性、评价情境的不确定性等客观因素的影响，专家对因素之间影响程度的判断往往是模糊的，很难以精确值的形式给予确定性的判断，这意味着传统 DEMATEL 确定性的评价准则很难反映专家判断的不确定性，从而使得专家往往只能给出较为主观随意的比较结果。在此背景下，许多学者引入模糊逻辑来改进传统的 DEMATEL 方法，以便处理不确定环境下的复杂性问题⑤⑥。然而，已有的改进方法在具体应用中，首先需要将专家的模糊判断通过一系列去模糊化步骤转变为精确值后才能运用 DEMATEL 方法，这种处理方法会导致信息的丢失以及最终结果精确度受损⑦。另外，由于时间限制、缺乏相关经验或数据，在评估过程中专家自身的判断通常存在一定程度

---

① Egbue O，Long S. Barriers to widespread adoption of electric vehicles：an analysis of consumer attitudes and perceptions [J]. Energy Policy，2012(48)：717 - 729.

② Steinhilber S，Wells P，Thankappan S. Socio-technical inertia：understanding the barriers to electric vehicles [J]. Energy Policy，2013(60)：531 - 539.

③ Gabus A，Fontela E. World problems，an invitation to further thought within the framework of DEMATEL [R]. Geneva，Switzerland：Battelle Geneva Research Centre，1972.

④ 崔强，武春友，匡海波. 基于 RBF - DEMATEL 的交通运输低碳化能力影响因素研究[J]. 科研管理，2013，34(10)：131 - 137.

⑤ Zhou Q，Huang W，Zhang Y. Identifying critical success factors in emergency management using a fuzzy DEMATEL method [J]. Safety Science，2011，49(2)：243 - 252.

⑥ Lin C J，Wu W W. A fuzzy extension of the DEMATEL method for group decision-making [J]. European Journal of Operational Research，2004，156(1)：445 - 455.

⑦ Liu H C，You J X，Fan X J，et al. Site selection in waste management by the VIKOR method using linguistic assessment [J]. Applied Soft Computing，2014(21)：453 - 461.

的不确定性,不同专家的评估观点往往存在差异化,并且得出的评估信息类型是不相同的,其中有些信息可能是不确切或者不确定的。而以往基于模糊 DEMATEL 的方法很难将这些不同类型的评估信息包含到决策过程中。

基于此,本书提出区间直觉模糊 DEMATEL(interval-valued intuitionistic fuzzy DEMATEL, IVIF - DEMATEL)模型分析影响电动汽车产业发展因素的内在关系,并进而识别出关键影响因素。借助于 IVIF - DEMATEL 模型,可以系统地从众多社会—技术因素中识别我国电动汽车产业发展的关键影响因素。

5.3 IVIF - DEMATEL 模型的构建

本书通过综合区间直觉模糊数和 DEMATEL 模型,提出识别影响我国电动汽车产业化关键因素的 IVIF - DEMATEL 模型。为更好地理解该模型,本书首先对直觉模糊集、区间直觉模糊集和 DEMATEL 的基本概念及运算法则进行阐释,然后对 IVIF - DEMATEL 模型进行阐释。

5.3.1 直觉模糊集

1965 年 Zadeh 提出了模糊集理论①,Atanassov(1986)②对 Zadeh 模糊集进行了归纳化地扩充和发展,提出了直觉模糊集(IFS),Zadeh 模糊集是直觉模糊集的特殊情形。直觉模糊集的定义如下:

定义 1. 设 $X=\{x_1, x_2, \cdots, x_n\}$ 是一个给定论域,则 X 上的一个直觉模糊集 A 为:

$$A=\{\langle x, \mu_A(x), v_A(x)\rangle \mid x \in X\} \tag{5-1}$$

式中,μ_A: $X \rightarrow [0, 1]$ 和 v_A: $X \rightarrow [0, 1]$ 分别代表 A 的隶属函数 $\mu_A(x)$ 和非隶属函数 $v_A(x)$,且对于 A 上的所有 $x \in X$ 和 $0 \leqslant \mu_A(x)+v_A(x) \leqslant 1$ 都成立。

$$0 \leqslant \mu_A(x)+v_A(x) \leqslant 1 \tag{5-2}$$

---

① Zadeh L A. Fuzzy sets [J]. Information and Control, 1965, 8(3): 338 - 353.
② Atanassov K. Intuitionistic fuzzy sets [J]. Fuzzy Sets and Systems, 1986, 20(1): 87 - 96.

对于 X 中的任意一个直觉模糊集 A，$x \in X$，称 $\pi_A(x) = 1 - \mu_A(x) - v_A(x)$ 为 A 中 x 的直觉指数(intuitionistic index)，它是 x 对 A 的犹豫程度(hesitancy degree)的一种测度。为方便，Xu(2007)①将一个直觉模糊数(IFN)定义为 $\alpha = (\mu_\alpha, v_\alpha)$，其中 μ_α 和 v_α 分别代表 A 的隶属度和非隶属度，且对于 A 上所有的 $\alpha \in X$ 都成立。

设 A 和 B 均为给定论域 X 上的直觉模糊集，则其基本运算法则有：

(1) $A \cap B = \{\langle x, \mu_A(x) \wedge \mu_B(x), v_A(x) \vee v_B(x)\rangle \mid \forall x \in X\}$

(2) $A \cup B = \{\langle x, \mu_A(x) \vee \wedge \mu_B(x), v_A(x) \wedge v_B(x)\rangle \mid \forall x \in X\}$

(3) $\overline{A} = \{\langle x, v_A(x), \mu_A(x)\rangle \mid x \in X\}$

5.3.2　区间直觉模糊集

由于实际决策过程中客观事物的复杂性与不确定性，直觉模糊集中的隶属度有时很难用精确的实数值表示。为此，Atanassov & Gargov(1989)②对直觉模糊集进一步推广，提出了区间直觉模糊集(IVIFS)的概念，并定义了基本的运算法则。IVIFS 的特点在于隶属函数和非隶属函数的值不再是具体的点值，而是区间数。IVIFS 的定义如下：

定义 2. 设 $X = \{x_1, x_2, \cdots, x_n\}$ 是一个给定论域，则 X 上的一个区间直觉模糊集 $\tilde{A}$ 为：

$$\tilde{A} = \{\langle x, \tilde{\mu}_{\tilde{A}}(x), \tilde{v}_{\tilde{A}}(x)\rangle \mid x \in X\} \tag{5-3}$$

式中，$\tilde{\mu}_{\tilde{A}}(x) = [\mu^L_{\tilde{A}}(x), \mu^R_{\tilde{A}}(x)] \subseteq [0, 1]$ 和 $\tilde{v}_{\tilde{A}}(x) = [v^L_{\tilde{A}}(x), v^R_{\tilde{A}}(x)] \subseteq [0, 1]$ 分别代表 A 的隶属度区间和非隶属度区间，且满足条件 $\mu^R_{\tilde{A}}(x) + v^R_{\tilde{A}}(x) \leq 1$，其中 $x \in X$。

对于任意一个元素 $x \in X$，x 属于 A 的区间犹豫度为：

$$\tilde{\pi}_{\tilde{A}}(x) = [\pi^L_{\tilde{A}}(x), \pi^R_{\tilde{A}}(x)] = [1 - \mu^R_{\tilde{A}}(x) - v^R_{\tilde{A}}(x), 1 - \mu^L_{\tilde{A}}(x) - v^L_{\tilde{A}}(x)] \tag{5-4}$$

具体来讲，对于任意一个元素 $x \in X$，如果 $\tilde{\mu}_{\tilde{A}}(x) = \mu^L_{\tilde{A}}(x) = \mu^R_{\tilde{A}}(x)$ 且

① Xu Z S. Intuitionistic fuzzy aggregation operators [J]. IEEE Transactions on Fuzzy Systems, 2007, 15(6): 1179 - 1187.

② Atanassov K, Gargov G. Interval valued intuitionistic fuzzy sets [J]. Fuzzy Sets and Systems, 1989, 31(3): 343 - 349.

$\tilde{v}_{\tilde{A}}(x)=v_{\tilde{A}}^{L}(x)=v_{\tilde{A}}^{R}(x)$，那么区间直觉模糊集退化为通常的直觉模糊集。类似地，为方便，Xu(2007)①将 $\tilde{\alpha}=(\tilde{\mu}_{\tilde{\alpha}},\tilde{v}_{\tilde{\alpha}})$ 定义为区间直觉模糊数(IVIFN)，每一个区间直觉模糊数可简记为 $\tilde{\alpha}=([a,b],[c,d])$，其中，$[a,b]\subseteq[0,1]$，$[c,d]\subseteq[0,1]$ 且 $b+d\leqslant 1$。

定义 3. $\tilde{\alpha}=([a,b],[c,d])$，$\tilde{\alpha}_1=([a_1,b_1],[c_1,d_1])$ 和 $\tilde{\alpha}_2=([a_2,b_2],[c_2,d_2])$ 为任意三个区间直觉模糊数，且 $\lambda=0$。根据 Xu(2007)②的研究，区间直觉模糊数的基本运算法则如下：

(1) $\tilde{\alpha}_1+\tilde{\alpha}_2=([a_1+a_2-a_1a_2,\ b_1+b_2-b_1b_2],[c_1c_2,\ d_1d_2])$

(2) $\tilde{\alpha}_1\cdot\tilde{\alpha}_2=([a_1a_2,\ b_1b_2],[c_1+c_2-c_1c_2,\ d_1+d_2-d_1d_2])$

(3) $\lambda\tilde{\alpha}=([1-(1-a)^{\lambda},\ 1-(1-b)^{\lambda}],[c^{\lambda},\ d^{\lambda}])$

(4) $\tilde{\alpha}^{\lambda}=([a^{\lambda},\ b^{\lambda}],[1-(1-c)^{\lambda},\ 1-(1-d)^{\lambda}])$

通过区间直觉模糊数对不同的语义信息进行对比时，主要借助于该区间直觉模糊数的得分函数和精确函数，其定义如下。

定义 4. 设 $\tilde{\alpha}=([a,b],[c,d])$ 为一个区间直觉模糊数，则该区间直觉模糊数的得分函数 $S(\tilde{\alpha})$ 和精确函数分别如式(5－5)和式(5－6)所示：

$$S(\tilde{\alpha})=\frac{1}{2}(a-c+b-d) \tag{5-5}$$

$$H(\tilde{\alpha})=\frac{1}{2}(a+b+c+d) \tag{5-6}$$

定义 5. 设 $\tilde{\alpha}_1=([a_1,b_1],[c_1,d_1])$ 和 $\tilde{\alpha}_2=([a_2,b_2],[c_2,d_2])$ 为两个区间直觉模糊数，那么③：

(1) 如果 $S(\tilde{\alpha}_1)<S(\tilde{\alpha}_2)$，那么有 $\tilde{\alpha}_1<\tilde{\alpha}_2$；

(2) 当 $S(\tilde{\alpha}_1)=S(\tilde{\alpha}_2)$ 时，如果 $H(\tilde{\alpha}_1)<H(\tilde{\alpha}_2)$，则 $\tilde{\alpha}_1<\tilde{\alpha}_2$；如果 $H(\tilde{\alpha}_1)=H(\tilde{\alpha}_2)$，则 $\tilde{\alpha}_1=\tilde{\alpha}_2$。

根据上述定义可以看出，$\tilde{\alpha}^{+}=([1,1],[0,0])$ 和 $\tilde{\alpha}^{-}=([0,0],[1,1])$

---

① Xu Z S. Methods for aggregating interval-valued intuitionistic fuzzy information and their application to decision making [J]. Control and Decision, 2007, 22(2): 215－219.

② Xu Z S. Methods for aggregating interval-valued intuitionistic fuzzy information and their application to decision making [J]. Control and Decision, 2007, 22(2): 215－219.

③ Zhang X, Xu Z. Soft computing based on maximizing consensus and fuzzy TOPSIS approach to interval-valued intuitionistic fuzzy group decision making [J]. Applied Soft Computing, 2015(26): 42－56.

分别为最大区间直觉模糊数和最小区间直觉模糊数。

为实现对区间直觉模糊数的整合，Xu(2007)①引入了区间直觉模糊数加权平均算子，如下所示：

定义 6. 设 $\tilde{\alpha}_j = ([a_j, b_j], [c_j, d_j])(j = 1, 2, \cdots, n)$ 为一组区间直觉模糊数，$\boldsymbol{w} = (w_1, w_2, \cdots, w_n)^{\mathrm{T}}$ 为属性权重矢量，满足 $w_j \in [0, 1]$ 和 $\sum_{j=1}^{n} w_j = 1$，那么区间直觉模糊数加权平均算子(IVIFWA)可定义为②：

$$\mathrm{IVIFWA}(\tilde{\alpha}_1, \tilde{\alpha}_2, \cdots, \tilde{\alpha}_n)$$
$$= \sum_{j=1}^{n} w_j \tilde{\alpha}_j = \left(\left[1-\prod_{j=1}^{n}(1-a_j)^{w_j}, 1-\prod_{j=1}^{n}(1-b_j)^{w_j}\right], \left[\prod_{j=1}^{n} c_j^{w_j}, \prod_{j=1}^{n} d_j^{w_j}\right]\right) \tag{5-7}$$

特别地，当属性权重取值为 $w = (1/n, 1/n, \cdots, 1/n)^T$，那么 IVIFWA 算子就退化为 IVIFA 算子。

定义 7. 设 $\tilde{\alpha}_1 = ([a_1, b_1], [c_1, d_1])$ 和 $\tilde{\alpha}_2 = ([a_2, b_2], [c_2, d_2])$ 为两个区间直觉模糊数，则它们之间的规范化海明距离、欧几里得距离和广义距离的度量分别如式(5－8)、式(5－9)和式(5－10)所示③：

$$d_H(\tilde{\alpha}_1, \tilde{\alpha}_2) = \frac{1}{4}(|a_1 - a_2| + |b_1 - b_2| + |c_1 - c_2| + |d_1 - d_2|) \tag{5-8}$$

$$d_E(\tilde{\alpha}_1, \tilde{\alpha}_2) = \sqrt{\frac{1}{4}((a_1 - a_2)^2 + (b_1 - b_2)^2 + (c_1 - c_2)^2 + (d_1 - d_2)^2)} \tag{5-9}$$

$$d_G(\tilde{\alpha}_1, \tilde{\alpha}_2) = \left[\frac{1}{2}((|a_1 - a_2| \vee |b_1 - b_2|)^p + (|c_1 - c_2| \vee |d_1 - d_2|)^p)\right]^{1/p}, p \geqslant 2 \tag{5-10}$$

① Xu Z S. Methods for aggregating interval-valued intuitionistic fuzzy information and their application to decision making [J]. Control and Decision, 2007, 22(2): 215－219.

② Xu Z S. Methods for aggregating interval-valued intuitionistic fuzzy information and their application to decision making [J]. Control and Decision, 2007, 22(2): 215－219.

③ Xu Z S, Chen J. An overview of distance and similarity measures of intuitionistic fuzzy sets [J]. International Journal of Uncertainty, Fuzziness and Knowledge-Based Systems, 2008, 16(4): 529－555.

5.3.3 DEMATEL

DEMATEL 方法最初是美国巴特尔纪念研究院的科学与人类事物项目组于 1972 年至 1976 年期间提出的，可对系统的复杂因果关系进行可视化显示，并明确系统的根本性影响因素[①][②]。DEMATEL 方法基于图论和矩阵论理论将多重影响因素进行分类，确定每个因素所属种类(原因组还是结果组)，并通过分析系统中各因素之间的直接和间接关系，更好地理解因素之间的逻辑结构关系，在解决具有相互交织特点的复杂问题方面具有较强的应用性。DEMATEL 方法已被广泛应用于分析决策问题中因素之间的因果关系和相互影响(Jeng & Tzeng，2012[③]；Bai & Sarkis，2013[④]；Li et al.，2014[⑤])。本书已有研究显示，电动汽车产业化是一个复杂的系统，受众多社会—技术因素的影响，这些因素之间存在内在影响关系，因此采用 DEMATEL 方法对影响我国电动汽车产业发展的各项社会—技术因素进行分类分析，并确定关键影响因素具有可行性。然而，目前该方法仍未被应用于电动汽车产业发展的领域。具体而言，DEMATEL 方法的主要步骤如下：

步骤 1：确定原始直接影响矩阵

首先，邀请与问题评价领域相关的专家组成专家组，然后专家对两两因素之间的直接相互影响程度进行评估，影响程度大小可用数字“0”到“4”来表示，其中，“0”代表没有影响，“1”代表有较低影响，“2”代表影响程度中等，“3”代表影响程度较高，“4”代表影响程度非常高。根据专家的评估结果可获得原始直接影响矩阵 $\mathbf{Z}=[z_{ij}]_{n\times n}$。

步骤 2：定义归一化的直接影响矩阵

归一化的直接影响矩阵 $\mathbf{X}$，即 $\mathbf{X}=[x_{ij}]_{n\times n}$，$0\leqslant x_{ij}\leqslant 1$ 可通过式(5-11)和

① Govindan K, Kannan D, Shankar K M. Evaluating the drivers of corporate social responsibility in the mining industry with multi-criteria approach: a multi-stakeholder perspective [J]. Journal of Cleaner Production, 2014(84): 214-232.

② Patil S K, Kant R. A hybrid approach based on fuzzy DEMATEL and FMCDM to predict success of knowledge management adoption in supply chain [J]. Applied Soft Computing, 2014(18): 126-135.

③ Jeng D J F, Tzeng G H. Social influence on the use of clinical decision support systems: revisiting the unified theory of acceptance and use of technology by the fuzzy DEMATEL technique [J]. Computers & Industrial Engineering, 2012, 62(3): 819-828.

④ Bai C G, Sarkis J. A grey-based DEMATEL model for evaluating business process management critical success factors [J]. International Journal of Production Economics, 2013, 146(1): 281-292.

⑤ Li Y, Hu Y, Zhang X, et al. An evidential DEMATEL method to identify critical success factors in emergency management [J]. Applied Soft Computing, 2014(22): 504-510.

(5 - 12)计算得到：

$$\boldsymbol{X} = \frac{Z}{s} \tag{5-11}$$

$$s = \max\left\{\max_{1\leqslant i\leqslant n}\sum_{j=1}^{n} z_{ij}, \max_{1\leqslant j\leqslant n}\sum_{j=1}^{n} z_{ij}\right\} \tag{5-12}$$

式中，s 代表原始直接影响矩阵中，每行和每列影响程度总和的最大值。

步骤 3：定义全关联矩阵

在获得归一化的直接影响矩阵 $\boldsymbol{X}$ 后，可通过加总所有直接和间接影响获得全关联矩阵 $\boldsymbol{T} = [t_{ij}]_{n\times n}$，具体计算公式如下：

$$\boldsymbol{T} = \lim_{k\to\infty}(\boldsymbol{X} + \boldsymbol{X}^2 + \cdots + \boldsymbol{X}^h) = \boldsymbol{X}(\boldsymbol{I} - \boldsymbol{X})^{-1} \tag{5-13}$$

式中，$\boldsymbol{I}$ 为单位矩阵。

步骤 4：构建影响关系图

基于全关联矩阵 $\boldsymbol{R}$ 和 $\boldsymbol{C}$，然后通过 $\boldsymbol{R}+\boldsymbol{C}$ 和 $\boldsymbol{R}-\boldsymbol{C}$ 的值绘制影响关系图。具体来讲，$\boldsymbol{R}$ 和 $\boldsymbol{C}$ 的具体计算公式如下：

$$\boldsymbol{R} = [r_i]_{n\times 1} = \left[\sum_{j=1}^{n} t_{ij}\right]_{n\times 1} \tag{5-14}$$

$$\boldsymbol{C} = [c_j]_{n\times 1} = \left[\sum_{i=1}^{n} t_{ij}\right]_{1\times n}^{T} \tag{5-15}$$

式中，r_i 代表因素 i 对系统其他所有因素直接影响和间接影响的总和，因而 r_i 被称为系统因素的影响度；c_j 代表系统中所有其他因素对因素 j 的直接影响和间接影响总和，因而被称为系统因素的被影响度。

将 r_i+c_i 定义为因素的突出度，代表因素 i 影响度和被影响度的总和，即体现了因素 i 对整个系统的影响程度，也体现了系统其他因素对因素 i 影响程度的总和。r_i+c_i 越大，证明该因素 i 在系统中的重要性就越大。类似地，r_i-c_i 定义为因素的关联度，代表因素 i 对系统的净影响度，可以用来区分原因组和结果组。如果 $r_i-c_i>0$，则因素 i 属于原因组；如果 $r_i-c_i<0$，则因素 i 属于结果组。

5.3.4　IVIF - DEMATEL 模型

量化确定影响因素之间的关系以及基于专家评估确定我国电动汽车产业发展的关键影响因素可以看作是一种群决策行为。面对复杂系统，专家在评估时往往以语言术语的形式表达自己的评估结果，而非精确值。专家在对影响因素的内在关系进行评估时，由于自身专业知识和背景的差异，其评估信息可能会表现为不同类型，而且有些评估信息可能是不精确和不确定的。在这种情况下，传统的 DEMATEL 方法不能直接应用来识别电动汽车产业发展的关键影响因素。因此，本书基于区间直觉模糊法和 DEMATEL，构建 IVIF－DEMATEL 模型来分析影响我国电动汽车产业发展的关键因素。

图 5－1 描述了 IVIF－DEMATEL 模型的具体内容。首先，通过 IVIF 表达专家主观判断中的模糊概念；然后，使用 IVIFWA 算子综合每位专家对因素影响程度的评估，形成专家组评估；在此基础上，使用 DEMATEL 方法获得影响我国电动汽车产业发展的关键因素。

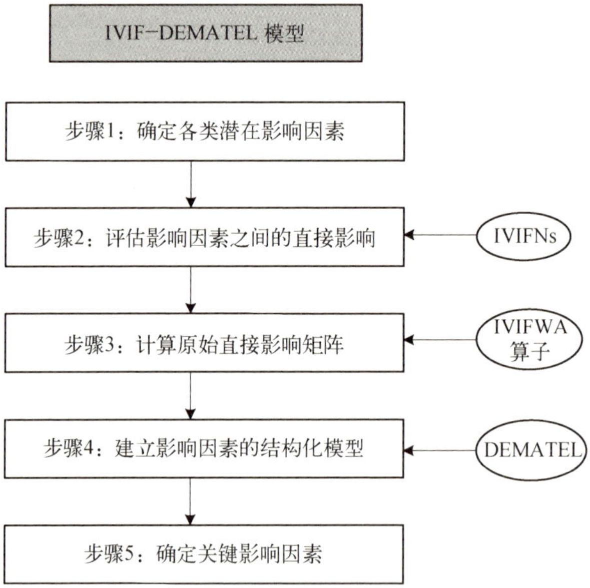

图 5－1　IVIF－DEMATEF 模型流程图

具体来讲，IVIF－DEMATEL 方法的实施流程和内容如下：

步骤 1：确定影响研究对象的潜在影响因素

该步骤是实施 IVIF－DEMATEL 方法的前提和准备，通过文献研究和专家咨询等方法确定影响研究对象的各类潜在因素。

步骤 2：邀请每位专家评估影响因素之间的直接影响程度

在该步骤中，邀请相关研究领域的专家进行问卷调查，对影响因素两两之间的直接影响程度进行评估，从而获得每一个因素对其他因素影响程度大小的语义评估。如前所述，由于评估的主观性和信息不完全性等，专家对因素之间影响程度的评估信息不可避免地会出现不同类型的不确定性。在此背景下，通过区间直觉模糊集理论可以有效获取不同类型的评估信息，并且可以将不同类型的不确定性整合在统一的框架下。在具体评估过程中，专家根据表 5－1 中的语言术语表达因素影响程度的不同评价等级，然后针对每位专家的语义评估矩阵，将矩阵中的要素根据表 5－1 转化为对应的 IVIFNs。

表 5－1　因素之间直接影响程度的语言术语

语 言 术 语	区间直觉模糊数(IVIFNs)
非常高(VH)	〈[0.80, 0.90], [0.05, 0.10]〉
高(H)	〈[0.55, 0.70], [0.10,0.20]〉
稍微高(MH)	〈[0.45, 0.60], [0.15, 0.30]〉
中等(M)	〈[0.30, 0.50], [0.20, 0.40]〉
稍微低(ML)	〈[0.25, 0.40], [0.35, 0.50]〉
低(L)	〈[0.10, 0.30], [0.45, 0.60]〉
非常低(VL)	〈[0.00, 0.10], [0.70, 0.90]〉

步骤 3：综合专家的评估结果，得到原始影响矩阵

在该步骤中，基于式(5－7)的 IVIFWA 算子将每位专家的评估矩阵整合为专家群组评估矩阵，然后将群组评估矩阵中所得到的集体性 IVIFNs 要素根据式(5－5)和式(5－6)转化为精确值，从而得到原始影响矩阵 $\boldsymbol{Z}=[z_{ij}]_{n\times n}$，其中 z_{ij} 就代表影响因素 i 对影响因素 j 的直接影响程度大小。

步骤 4：绘制影响关系图 IRD，构建影响因素的结构化模型

在该步骤中，首先基于式(5－11)至式(5－15)将步骤 3 所得到的原始影响矩阵 $\boldsymbol{Z}$ 转化为全关联矩阵 $\boldsymbol{T}$，然后计算每个影响因素的重要度(突出度)和净影响度(关联度)，在此基础上绘制影响关系图，以可视化形式表现影响因素的结构化关系和重要度。

步骤 5：分析影响因素的结构，确定关键影响因素

在该步骤中，根据指数 r_i，c_i，r_i+c_i，r_i-c_i 以及可视化 IRD 对每一个影响因素深入分析，根据每一个影响因素在系统中的位置，可确定哪些因素对系统影响比较大，哪些因素能够在很大程度上推动系统的改善，这类因素即为关键影响因素。

5.4 IVIF-DEMATEL 模型的应用

本书将基于构建的 IVIF-DEMATEL 模型对我国电动汽车产业发展的影响因素进行分析研究，以期识别出关键影响因素以及因素之间的内在联系。

5.4.1 专家评估信息

电动汽车产业是一个复杂的系统，其成功的产业化和大规模扩散不仅仅依赖于技术的发展，技术只是汽车产业系统中的一个结构性构成要素，电动汽车产业的发展还需要其他体制和经济等多维要素的相互作用和协同发展。本书 5.1 节以社会—技术转型理论为基础，以汽车产业的社会—技术布局为框架，采用文献研究和专家咨询法，确定了我国电动汽车产业发展的整体影响因素体系，共包含 14 项影响因素，如表 5-2 所示。

表 5-2 我国电动汽车产业化影响因素集

序 号	影 响 因 素
F1	技术水平
F2	商业模式
F3	外企竞争
F4	地方保护主义
F5	不同主体的利益博弈
F6	购买价格
F7	电动汽车性能
F8	使用成本
F9	维修保养成本
F10	公众认知
F11	电动汽车环境友好性
F12	消费者的预期风险
F13	充换电基础设施
F14	政府政策

这 14 个影响因素涉及生产、技术、市场、基础设施、政策措施、消费者习惯、汽车的文化意义等多个方面，较为全面、系统地显示了影响电动汽车产业化的各类因素。这些影响因素之间的内在联系一方面维持并强化了传统汽车的主导地位，另一方面也体现了电动汽车产业在上述维度方面发展的不足。因此本书以表 5－2 中的影响因素作为 IVIF－DEMATEL 方法中专家评估的对象。

为了对表 5－2 中我国电动汽车产业发展的 14 个影响因素之间的内在联系进行有效评估和衡量，并保证评估的全面性、准确性和代表性，本书首先选择了 20 位电动汽车领域的专家，在此基础上根据每位专家在汽车行业的工作年限、专家的职位职称、专家所在单位性质、电动汽车产业链的完整性等标准最终确定了对 7 位电动汽车领域的专家进行访谈和调研。

这 7 位专家分别来自企业、政府和科研单位，体现了电动汽车产业发展所需要的产学研相结合的特点；专家所在单位的地点包含了上海、深圳和杭州三个城市，这三个城市均为我国第一批电动汽车示范运营城市中的双试点城市和第二批示范运营城市，其电动汽车产业发展状况在全国表现较为突出，如表 5－3 所示①；另外，所有专家均具有副高以上职称或在本单位内担任领导职位；均多年从事电动汽车产业的相关研究或工作，并且企业专家均有 10 年以上汽车行业的工作经验。再次，所访谈的企业专家来自电动汽车产业链的不同环节，既包括了整车厂商，也包括了基础设施服务商；既包含了传统汽车行业的在位者，也包含了电动汽车行业的新进入者；既包含了国有企业，也包含了民营企业。因此，

表 5－3　专家背景信息

编　号	所在单位类型	单位所在地点	职位/职称
1	大学	上海	教授
2	大学	上海	教授
3	企业	上海	总工程师/博导
4	企业	上海	技术总监
5	企业	上海	总经理
6	政府	深圳	副主任/研究员
7	政府	杭州	副主任

① 为保密起见，隐去专家所在单位的具体名称。

本书所选取的7位专家具有典型的代表性，能在很大程度上保证评估的全面性和准确性。

由于每位专家均代表了不同的主体类型，因此本书在综合专家的评估信息时，赋予每位专家相同的权重。在具体评估过程中，为消除精确性评估的困难，专家同意采用七级评价等级语言术语进行评估，如下所示：

$$S=\{s_1=\text{非常高(VH)},\ s_2=\text{高(H)},\ s_3=\text{稍微高(MH)},\ s_4=\text{中等(M)},\ s_5=\text{稍微低(ML)},\ s_6=\text{低(L)},\ s_7=\text{非常低(VL)}\}$$

专家基于上述语言术语所作出的语义评价，代表了表5-2中因素两两之间的直接影响程度，7位专家的评估结果详见附录4。

5.4.2 模型计算结果

获取每位专家对表5-2中我国电动汽车产业发展影响因素之间的影响程度评估信息后，根据本书所构建的IVIF-DEMATEL模型实施流程，首先将每位专家的语义信息评估矩阵中的语言术语元素根据表5-1转化为相对应的IVIFNs，从而获取影响因素两两之间的直接影响程度；然后基于式(5-7)将每位专家的评估矩阵整合为专家组评估矩阵，并根据式(5-5)和式(5-6)将组评估矩阵中IVIFNs转化为精确值，从而得到影响我国电动汽车产业发展因素的原始影响矩阵$\boldsymbol{Z}$，如表5-4所示。

原始影响矩阵中的数值代表因素之间的直接影响程度，例如因素F1(电动汽车技术水平)对F2(商业模式)的直接影响度为4.857，因素F2对F1的直接影响度为3.714。

在获取原始影响矩阵后，进一步基于式(5-11)至式(5-13)将矩阵$\boldsymbol{Z}$转化为全关联矩阵$\boldsymbol{T}$，如表5-5所示。

然后，基于全关联矩阵$\boldsymbol{T}$，根据式(5-14)和式(5-15)计算影响我国电动汽车产业发展的每一个因素的$\boldsymbol{R}+\boldsymbol{C}$和$\boldsymbol{R}-\boldsymbol{C}$值，计算结果如表5-6所示。以影响因素F1(电动汽车技术水平)为例，从表中可以看出，该因素对其他因素的总影响程度为4.997，其他因素对F1的总影响程度为4.522。因此，影响因素F1的突出程度为9.519，净影响度为0.475。

根据表5-6中$(r_i+c_i,\ r_i-c_i)$的值，可绘制影响关系图IRD，如图5-2所示。图5-2清晰地显示，我国电动汽车产业发展的影响因素整体被分为上下两组(以横轴为界)，分组标准即为每一影响因素的r_i-c_i值。当r_i-c_i的值大于

表 5-4　原始影响矩阵 *Z*

	F1	F2	F3	F4	F5	F6	F7	F8	F9	F10	F11	F12	F13	F14
F1	0.000	4.857	5.000	4.000	3.429	6.714	6.714	5.857	5.857	3.286	4.857	5.429	3.429	3.000
F2	3.714	0.000	4.857	5.429	6.143	5.000	3.143	5.143	5.143	4.429	3.571	4.429	5.857	5.000
F3	5.000	3.571	0.000	3.714	2.714	5.000	4.714	3.429	3.429	4.000	2.143	3.571	3.143	4.429
F4	4.571	5.286	4.714	0.000	4.714	5.000	4.000	3.857	2.571	3.286	2.571	2.429	4.143	6.286
F5	5.000	6.000	3.143	5.286	0.000	4.714	2.571	4.714	3.571	2.571	3.429	3.429	5.143	5.429
F6	4.429	5.714	5.000	3.143	4.429	0.000	4.286	5.143	4.571	5.429	2.571	4.429	3.143	4.000
F7	5.000	5.000	4.429	2.571	3.143	5.667	0.000	5.143	4.429	5.286	3.286	5.143	4.571	3.571
F8	4.857	5.429	4.143	2.571	4.286	3.857	3.571	0.000	3.571	3.571	3.286	2.429	3.571	3.714
F9	4.286	4.714	3.714	2.571	2.714	3.714	2.571	4.143	0.000	4.000	2.286	3.286	2.286	2.857
F10	3.429	4.000	3.857	3.000	2.571	4.143	1.714	3.000	2.714	0.000	2.000	5.000	2.857	4.429
F11	4.286	4.286	3.143	2.857	3.714	3.714	2.429	3.429	2.429	3.857	0.000	2.857	3.000	4.857
F12	4.857	4.143	3.714	3.143	3.000	4.429	3.571	4.143	3.286	4.571	2.429	0.000	3.714	4.286
F13	3.000	6.286	4.571	3.429	5.000	3.857	3.143	4.571	3.000	5.143	3.000	5.000	0.000	6.000
F14	3.714	6.143	5.571	5.714	5.286	4.143	2.571	4.571	3.143	5.286	4.000	4.143	5.286	0.000

表 5-5 全关联矩阵 T

	F1	F2	F3	F4	F5	F6	F7	F8	F9	F10	F11	F12	F13	F14
F1	0.310	0.426	0.381	0.323	0.335	0.424	0.349	0.400	0.353	0.352	0.291	0.364	0.329	0.360
F2	0.360	0.357	0.378	0.344	0.372	0.398	0.297	0.387	0.340	0.364	0.272	0.348	0.362	0.388
F3	0.319	0.339	0.251	0.268	0.270	0.337	0.272	0.305	0.267	0.302	0.211	0.284	0.271	0.317
F4	0.337	0.392	0.343	0.238	0.322	0.363	0.282	0.336	0.276	0.316	0.235	0.290	0.309	0.369
F5	0.350	0.409	0.328	0.319	0.262	0.366	0.268	0.354	0.296	0.312	0.252	0.309	0.328	0.365
F6	0.344	0.405	0.354	0.289	0.324	0.301	0.292	0.361	0.311	0.352	0.240	0.325	0.301	0.345
F7	0.356	0.401	0.350	0.284	0.310	0.385	0.234	0.366	0.313	0.355	0.253	0.340	0.324	0.344
F8	0.317	0.364	0.309	0.254	0.292	0.322	0.256	0.255	0.269	0.295	0.227	0.268	0.278	0.308
F9	0.280	0.320	0.274	0.228	0.243	0.288	0.218	0.284	0.192	0.272	0.192	0.252	0.233	0.266
F10	0.267	0.309	0.275	0.233	0.240	0.292	0.205	0.267	0.230	0.214	0.186	0.274	0.240	0.287
F11	0.290	0.327	0.276	0.241	0.267	0.298	0.223	0.284	0.236	0.280	0.166	0.255	0.252	0.304
F12	0.318	0.348	0.305	0.262	0.275	0.330	0.257	0.315	0.266	0.310	0.216	0.233	0.280	0.317
F13	0.324	0.414	0.348	0.295	0.333	0.356	0.275	0.353	0.288	0.349	0.246	0.333	0.257	0.374
F14	0.350	0.430	0.378	0.340	0.352	0.377	0.281	0.369	0.304	0.366	0.271	0.335	0.346	0.307

表 5-6　*R* 和 *C* 的计算结果

影响因素	*R*	*C*	*R*+*C*	*R*−*C*
F1	4. 997	4. 522	9. 519	0. 475
F2	4. 967	5. 243	10. 210	−0. 276
F3	4. 013	4. 551	8. 564	−0. 538
F4	4. 408	3. 919	8. 327	0. 490
F5	4. 518	4. 197	8. 715	0. 321
F6	4. 544	4. 837	9. 381	−0. 292
F7	4. 614	3. 708	8. 322	0. 906
F8	4. 015	4. 636	8. 651	−0. 622
F9	3. 542	3. 938	7. 480	−0. 396
F10	3. 519	4. 438	7. 958	−0. 919
F11	3. 700	3. 259	6. 959	0. 441
F12	4. 033	4. 211	8. 244	−0. 178
F13	4. 546	4. 110	8. 656	0. 437
F14	4. 805	4. 653	9. 458	0. 152

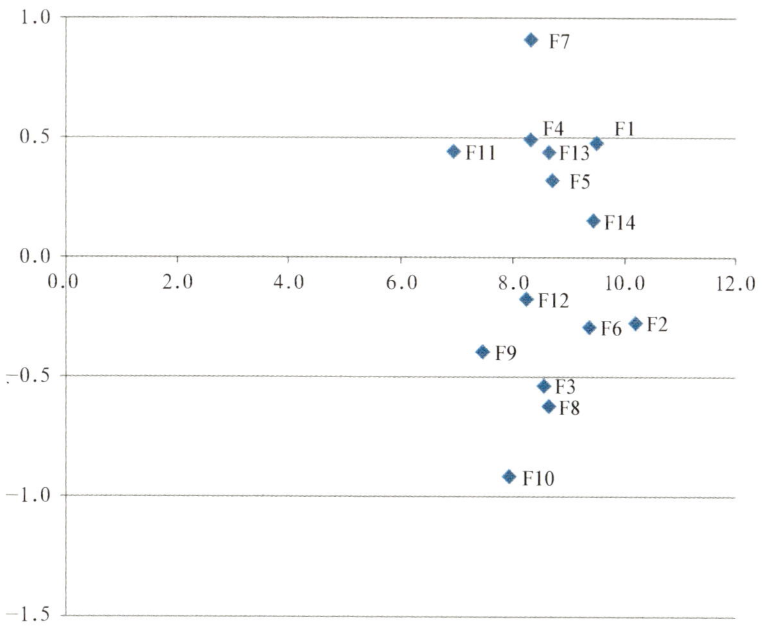

图 5-2　影响关系图 IRD

零，影响因素即位于横轴上方，表明影响因素属于原因组；当 $r_i - c_i$ 的值小于零，影响因素即位于横轴下方，表明影响因素属于结果组。可以看出，影响我国电动汽车产业发展的因素中共有 7 个属于原因组：F1（电动汽车技术水平）、F4（地方保护主义）、F5（主体的利益博弈）、F7（电动汽车性能）、F11（电动汽车环境友好性）、F13（充电基础设施）、F14（政府政策）；其余 7 个影响因素则属于结果组：F2（商业模式）、F3（外企竞争）、F6（购买价格）、F8（使用成本）、F9（维修保养成本）、F10（公众认知）、F12（消费者的预期风险）

5.5 影响产业发展的关键因素

根据表 5-6 和图 5-2 的模型计算结果，本书对我国电动汽车产业发展的每一个影响因素进行深入分析和讨论，确定关键影响因素及其中的最关键影响因素。

5.5.1 商业模式(F2)

(1) 模型计算结果显示，商业模式在 14 项因素中具有最大的突出度，$r_i + c_i$ 的值为 10.210，表明商业模式在我国电动汽车目前的产业化进程中发挥的作用最大，具有极高的重要性。

(2) 模型计算结果显示，商业模式对其他因素的影响度达到 4.967，在 14 项影响因素中位居第二，仅次于电动汽车技术水平，这表明电动汽车产业商业模式的创新将会在很大程度上推动其他制约因素的解决，并进而影响我国电动汽车产业化进程。结合表 5-4 原始影响矩阵 **Z** 中的数值可以看出，商业模式对其他因素的影响中，对主体之间的利益博弈（F5）和充换电基础设施建设（F13）的影响最大；同时，与其他所有因素对 F5 和 F13 的影响度比较，商业模式对这两个因素的影响也是最大的。这表明，商业模式创新对于打破不同主体的利益博弈，促进主体之间的合作具有重要意义；而且，有效的商业模式创新将会推动我国充换电基础设施建设，有效缓解电动汽车产业发展配套设施不足的问题。另外，商业模式对使用成本（F8）和维修保养成本（F9）的影响也较大，与其他所有因素对 F8 和 F9 的影响度比较，商业模式对这两个因素的影响程度位居第二。

(3) 模型计算结果显示，商业模式的被影响程度达到 5.243，在 14 项影响因素中位居第一，$r_i - c_i$ 的值略小于零，通过对表 5-4 原始影响矩阵 **Z** 中的数值进行分析可以发现，政府政策措施（F14）、不同主体的利益博弈（F5）、充换电基础设施(F13)等因素对我国电动汽车产业商业模式创新施加了较大影响,这与我国电动汽车产业商业模式创新实践相符。在我国电动汽车产业商业模式发展及创新过程中,政府扮演着十分重要的角色。一方面,政府分别从战略规划、产业规划和专项规划三个层面指出了电动汽车产业发展的方向和阶段性目标,为电动汽车产业商业模式的路线选择提供了指导。另一方面,许多地方政府直接参与和指导电动汽车产业商业模式创新,模式的选择带有浓厚的政府色彩,政府主管部门对商业模式的认知和偏好、政府的相关政策规定都会在很大程度上影响商业模式的创新结果。不同主体之间的竞争和利益博弈也会在很大程度上影响商业模式创新,因为不同主体的利益诉求和战略发展目标会影响主体的创新行为和参与行为,从而对电动汽车产业商业模式结构产生影响。

总的来看,我国电动汽车产业商业模式在所有因素中具有最大的突出度和重要性,与系统中其他因素的关系最为密切,商业模式创新能极大地推动其他制约因素的解决,因此可以确认为影响我国电动汽车产业发展的最关键因素。

5.5.2　技术水平(F1)

(1) 模型计算结果显示,电动汽车技术水平在所有因素中的突出度为第二,r_i+c_i的值为 9.519,表明技术发展在我国电动汽车产业发展中极高的重要性。

(2) 模型计算结果显示,技术发展水平对其他因素的影响度达到 4.997,在所有因素中位居第一,这表明电动汽车技术水平的发展和完善将会推动众多障碍的消除,从而推动我国电动汽车产业的发展。结合表 5-4 原始影响矩阵 **Z** 中的数值可以看出,技术发展水平对所有其他因素的影响中,对汽车购买价格(F6)和电动汽车性能(F7)的影响最高,其次是电动汽车的使用(F8)和维修保养成本(F9)。同时,与其他所有因素对 F6-F9 的影响度比较,技术发展水平对这四项因素的影响也是最大的。这表明,未来电动汽车技术水平的提高将会大大降低电动汽车的购买价格,完善电动汽车性能,降低电动汽车维修保养成本,从而提高消费者对电动汽车的预期,扩大电动汽车的市场规模。

(3) 模型计算结果显示,技术水平的 r_i-c_i值为 0.475,属于原因组影响因素,表明电动汽车技术水平对其他因素的影响大于其他因素对自身的影响。因此,可以确认技术水平为我国电动汽车产业发展的关键影响因素。

5.5.3　政策措施(F14)

(1) 模型计算结果显示,政府的政策措施在 14 项因素中的突出度位居第三，r_i+c_i的值为 9.458，表明政府政策措施在我国电动汽车产业发展中起着十分重要的作用。

(2) 模型计算结果显示，政策措施对其他因素的影响度达 4.805，在所有因素中位居第三，且 r_i-c_i的值为 0.152，属于原因组影响因素。这表明我国电动汽车产业政策的完善度和实施效果度会在很大程度上影响其他因素的发展。结合表 5-4 原始影响矩阵 **Z** 中的数值可以看出，政策措施对商业模式(F2)、外企竞争(F3)、地方保护主义(F4)、不同主体的利益博弈(F5)、公众对电动汽车的认知(F10)、充换电基础设施(F13)有明显的影响。其中，与其他所有因素对 F4 的影响度比较，政策对该项因素的影响是最大的，这表明打破地方保护主义主要依赖于政府的政策措施。另外，与其他所有因素对 F10 的影响度比较，政策对该项因素的影响度位居第二，这表明提高公众对电动汽车的认知需要政府加强宣传力度，推动电动汽车知识的普及，提高消费者在示范运营中的参与度。

(3) 模型计算结果显示，政策措施的 r_i-c_i的值为 0.152，属于原因组影响因素，表明政策措施的完善能在很大程度上推动其他制约因素的化解。因此，可以确认政策措施为影响我国电动汽车产业发展的关键因素。

5.5.4 电动汽车性能(F7)

(1) 模型计算结果显示，电动汽车性能在 14 个因素中的突出度较低，r_i+c_i的值为 8.322，在 14 个因素中位居第十。然而，电动汽车性能的关联度在所有因素中位居第一，r_i-c_i的值为 0.906，在图 5-2 中位置最高，这意味着电动汽车性能对整个系统所施加的影响与其所受影响的差距最大，改善电动汽车性能可以在很大程度上推动其他因素的改善，进而推动我国电动汽车产业发展。

(2) 模型计算结果显示，电动汽车性能对其他因素的影响度为 4.614，在所有影响因素中位居第四。结合表 5-4 原始影响矩阵 **Z** 中的数值可以看出，电动汽车性能对其他因素影响中，对汽车购买价格(F6)、使用成本(F8)、公众认知(F10)和消费者预期风险(F12)四个因素的影响较大。与其他所有因素对 F6、F8、F10、F12 的影响度比较，电动汽车性能对这四项因素的影响度位居第二，这意味着，要想提高公众对电动汽车的认知，特别是降低消费者对电动汽车的预期风险，电动汽车本身的性能还需要不断完善和提高。因此，可以确认电动汽车性能是我国电动汽车产业发展的关键影响因素。

5.5.5 充换电基础设施(F13)

(1) 模型计算结果显示，充换电基础设施在所有因素中的突出度位居第六，

r_i+c_i的值为 8.656;同时,该因素的 r_i-c_i 值为 0.437,属于原因组,在所有因素中的关联度位居第五,而且充换电基础设施在原因组的所有因素中,突出度较高,位居第四。这表明充换电基础设施在我国电动汽车产业发展中的重要性,同时也表明充换电基础设施的完善可以大大推动其他制约因素的解决。

(2) 结合表 5-4 原始影响矩阵 **Z** 中的数值可以看出,与其他所有因素对商业模式(F2)的影响度比较,充换电基础设施对该项因素的影响度最大,这意味着处理好充换电基础设施环节对于我国电动汽车产业商业模式创新至关重要。考虑到商业模式为影响我国电动汽车产业发展的最关键因素,可以确认充换电基础设施也是我国电动汽车产业发展的关键影响因素。

5.6　本 章 小 结

本章基于汽车产业社会—技术布局框架对影响我国电动汽车产业发展的因素进行了全面分析。在此基础上,集成区间直觉模糊集和 DEMATEL 构建了关键影响因素识别模型 IVIF-DEMATEL,进一步识别因素之间的内在联系,确认影响电动汽车产业发展的关键因素,特别是最关键因素。研究结果表明:① 影响我国电动汽车产业发展的因素主要涉及生产体系和产业结构、电动汽车产品本身、市场和消费者习惯、充换电基础设施和政府政策措施五个维度。② IVIF-DEMATEL 模型的计算结果表明:商业模式、电动汽车技术水平、政府政策措施、电动汽车性能、充换电基础设施是影响我国电动汽车产业化的关键因素。其中,商业模式的突出度最大,表明商业模式在我国电动汽车产业发展中发挥的作用最大,合理的商业模式能够有效破除相关制约因素。

本章部分内容已形成研究成果"Understanding Socio-technical Barriers to Sustainable Mobility-Insights from Demonstration Program of EVs in China",发表于《Problemy Ekorozwoju/Problmes of Sustainable Developmet》(SSCI)。

第6章

基于最关键因素的商业模式创新实践及障碍分析

第5章的研究表明，在现有技术水平下，商业模式对其他因素的影响最大，商业模式的创新将在很大程度上推动其他障碍的破解。商业模式是影响我国电动汽车产业发展的最关键因素，有效的商业模式能够对电动汽车产业化起到很好的推动作用。因此，如何推动我国电动汽车产业商业模式创新成为重要命题。基于此，本章首先从理论上分析商业模式创新对我国电动汽车产业发展的必要性；其次，围绕我国电动汽车示范运营中的商业模式创新实践，归纳梳理出五种典型的创新模式；最后，以“深圳模式”为案例，基于价值网络中不同主体的利益获得视角，量化分析我国电动汽车产业商业模式创新的主要障碍。

6.1 创新的必要性

商业模式的概念很早就已出现，是20世纪90年代以来，随着互联网的兴起，商业模式越来越成为学者和企业家关注的对象。其中，商业模式、创新与技术发展已成为商业模式的一个重要研究领域①。然而，该研究领域中已有研究大多从单个企业的角度探讨商业模式与创新技术的商业化，Johnson & Suskewicz(2009)②指出在技术创新背景下，基于整个产业角度研究商业模式的重要性。对于电动汽车而言，虽然已有学者探讨了电动汽车的商业模式，然而从

① Zott C, Amit R, Massa L. The business model: recent developments and future research [J]. Journal of Management, 2011, 37(4): 997-1018.

② Johnson M W, Suskewicz J. How to jump-start the clean tech economy [J]. Harvard Business Review, 2009, 87(11): 52-60.

产业角度深入分析电动汽车产业商业模式创新的必要性和重要意义的研究却相对较少。深入阐述电动汽车产业商业模式创新的必要性有利于为后续创新研究提供支撑。

6.1.1　非连续性创新需要新的商业模式

通常来讲如果一种技术创新是连续性创新，是对现有产品版本的改进或质量的提升，那么凭借原有的基础设施仍然可以使新产品进行正常的商业化运营，对于这种新技术一般不需要进行商业模式创新①。然而，电动汽车相对于传统汽车而言却属于非连续性创新，汽车本身的技术、构造、基础设施、能源供给等方面都发生了根本性变革，这些变革对市场规则、竞争态势具有决定性影响，甚至导致产业重新洗牌。因此，传统汽车产业的商业模式并不适用于电动汽车。

另外，传统汽车和电动汽车对于消费者而言属于两种完全不同的产品类别，电动汽车的出现，使得消费者评价汽车优劣的维度发生变化，消费者在购买电动汽车时更多考虑的是充电的便利性、续航里程、安全性等因素。鉴于此，作为有别于传统汽车的非连续性创新，电动汽车必须探索出适合自身特点的商业模式。

6.1.2　突破电动汽车的技术瓶颈

随着国内外市场竞争的加剧以及知识经济的到来，企业的研发力度不断增大，随之而来的是各类创新性技术和产品的不断涌现，但其中真能实现商业化并创造出预期价值的技术和产品却较少。严格来讲，技术本身并没有唯一确定的客观价值，隐藏在技术内的经济价值需要通过商业模式以某种形式实现。同样的技术如果商业化的方式不同，产生的经济价值也不同，对消费者的需求满足也不尽相同。实际上，一项普通的技术创新如果能借助好的商业模式创造的价值可能要大于一项好的技术但却依靠的是平庸的商业模式。

从全世界范围看，电动汽车特别是电池生产技术同以往相比已取得较大进展，但与传统汽车相比，其技术水平仍不完善，由此导致过高的购置成本、较短的续航里程、较长的充电时间，再加上不完善的充换电基础设施以及售后维修服务等因素从而极大地影响了电动汽车的扩散速度。由于短期内电动汽车关键技术

① Cooper L G. Strategic marketing planning for radically new products [J]. Journal of Marketing, 2000, 64(1): 1-16.

水平难以获得巨大突破，因而如何在现有的技术约束下推动电动汽车的产业化进程已成为关键问题。

6.1.3 建立电动汽车产业的自我强化机制

技术锁定理论认为技术锁定是一种路径依赖，这种依赖往往起源于某一偶然性的历史事件，使得技术获取初始的市场优势（David，1993①）。这种初始市场优势通过自我强化机制产生“滚雪球（snowballing effect）”效应，最终使该项技术获取市场的主导地位，从而使社会锁定于该技术②。对于传统汽车而言，各种内部自我强化机制如图 6－1 所示，包括规模经济机制、学习效应机制、网络外部性机制和适应性预期机制，这些机制的自我强化作用最终导致了传统汽车的主导地位③。因此，突破传统汽车技术锁定的关键在于建立电动汽车自身的强化机制，弱化并逆转传统汽车的自我强化机制。

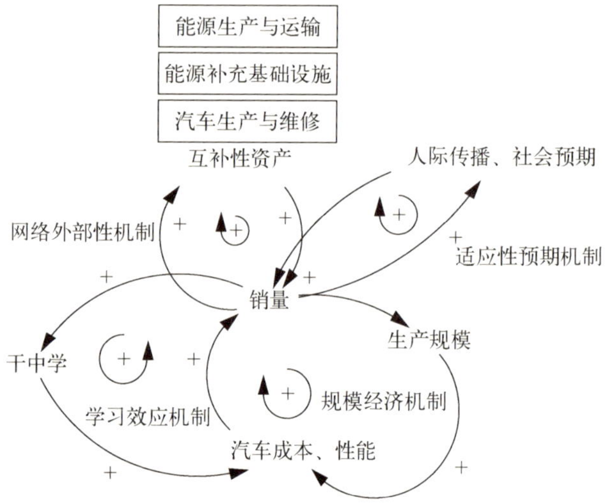

图 6－1 传统汽车的锁定机制

① David P A. Path-dependence and predictability in dynamic systems with local network externalities: a paradigm for historical economics [A]. In: Foray D., Freeman C. (eds.): Technology and the wealth of nations: the dynamics of constructed advantage [C]. Printer Publishers: London, 1993: 208－231.

② Arthur W B. Competing technologies, increasing returns, and lock in by historical events [J]. The Economic Journal, 1989, 99(394): 116－131.

③ Struben J, Sterman J D. Transition challenges for alternative fuel vehicle and transportation systems [J]. Environment and Planning B: Planning and Design, 2008(35): 1070－1097.

商业模式创新是建立电动汽车产业自我强化机制的重要途径。因为在创新过程中，价值网络的重构可以推动电动汽车网络外部性机制的建立；价值主张和市场细分的创新，可提高消费者对电动汽车的适应性预期机制，推动电动汽车的市场扩散；并通过收入模式等要素的创新带动规模经济和学习效应机制的建立和强化，最终使得电动汽车获得初始市场优势，并通过自我强化机制形成正反馈效应。

6.2　典型实践分析

小生境层内电动汽车示范运营的一个重要目的就是通过商业模式创新探索市场对电动汽车的反应，推动技术、市场、配套设施的协同性。迄今为止，众多试点城市都已展开了不同程度的商业模式创新及尝试，其中比较具有代表性的模式包括换电租赁、融资租赁、整车销售、定向购买、共享租赁五种类型①②。

6.2.1　换电租赁

示范运营中，较为典型的换电租赁模式为杭州市的电动出租车商业模式，如图 6－2 所示。图中实线表示的产品/服务流和虚线表示的资金流将不同主体联系起来。在该商业模式中，整车制造商——众泰和海马，电力能源供应商——国家电网，换电站运营商——杭州市电动汽车服务有限公司，充电设施供应商——杭州大有科技发展有限公司，电动出租车公司——杭州新能源出租车公司，电池供应商——万向电动汽车有限公司以及政府，出租车司机和消费者构成了电动汽车的价值网络。其中，电动出租车公司为主要客户和细分市场，价值主张的创新主要体现在电池租赁。通过电池与整车所有权的分离，降低了电动出租车公司的购买成本及电池维护成本；换电站运营商通过为出租车提供换电服务获取服务收入③；同时可以利用谷峰电价差异降低运营成本并获得政府的电池租赁补贴。该商业模式的综合特点为“裸车销售＋电池租赁＋换电”。

---

① 国务院发展研究中心产业经济研究部，中国汽车工程学会，大众汽车集团(中国). 中国汽车产业发展报告(2012)[M]. 北京：社会科学文献出版社，2012.

② 国务院发展研究中心企业研究所. 我国对电动汽车商业模式创新的探索及应采取的政策[R]. 2012.

③ 定价模式主要采取里程计费模式，换电费用为每公里 0.5 元。

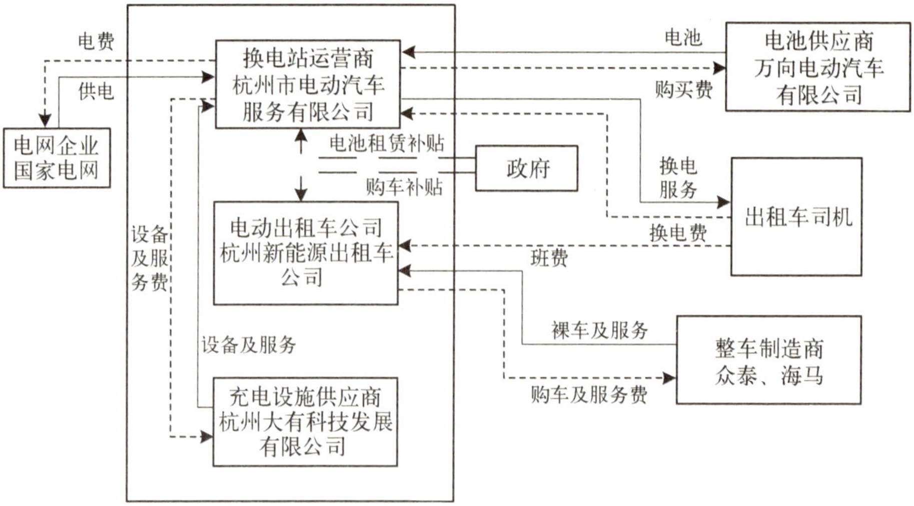

图 6－2　换电租赁商业模式

6.2.2　融资租赁

示范运营中,较为典型的融资租赁模式是深圳市的电动公交车商业模式,如图 6－3 所示,产品/服务流和资金流将不同主体联系起来,实现了该商业模式中供给方和需求方的有效对接。模式中的价值网络主要包括五类主体:供给方——裸车公交车供给方(五洲龙集团和比亚迪公司)和电池供给方(五洲龙集

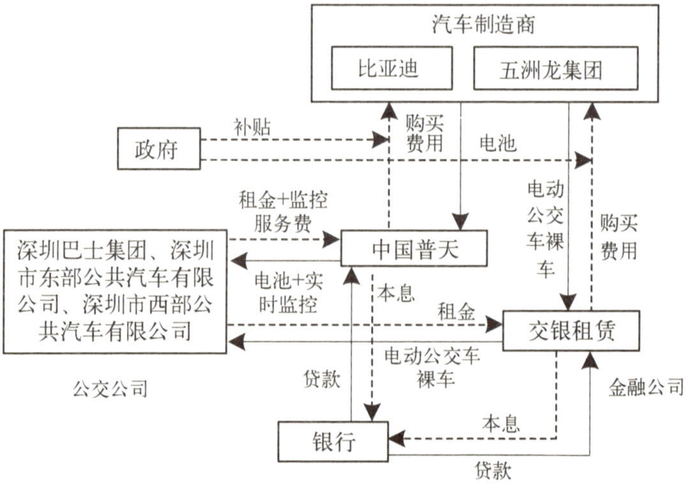

图 6－3　融资租赁商业模式

团和比亚迪公司)，目标客户——深圳巴士运营公司(深圳巴士集团、深圳市东部公共汽车有限公司、深圳市西部公共汽车有限公司)，交易第三方——融资租赁方(交银金融租赁有限责任公司，简称"交银租赁"和中国普天信息产业股份有限公司，简称"中国普天")，交易第三方——银行、政府。

该模式中，价值主张的创新体现在通过融资租赁解决了电动公交车价格过高而引致的交易障碍，从而实现了多方共赢。具体而言，在该模式中交银租赁出资从整车制造商处购买裸车，中国普天出资从整车制造商处购买电池，然后以整车的方式租赁给公交公司运营，租赁时间为八年，在租赁期三方参与利益分成。租赁期内，裸车和电池分别归交银租赁和中国普天所有，租赁期满则整车所有权归公交公司所有。八年的运营时间内，电池厂商承诺的四年质保期过后，将由普天负责电池的正常使用和维护。同时根据中央和深圳市的补贴政策，交银租赁和中国普天还将获得相应的购车和电池补贴；交银租赁和中国普天在获得补贴之后的其余购买费用，则从银行贷款。除租赁收入外，中国普天还通过向客户提供电动公交车运行的实时监控服务而获取服务费。该商业模式的综合特点为"融资租赁＋车电分离＋实时监控"。

6.2.3　整车销售

示范运营中，电动汽车整车销售模式与传统汽车产业的商业模式类似，即整车制造商向终端消费者提供包含电池的整车，消费者通过支付购车成本获得整车所有权；充电站运营商为消费者提供充电服务，同时消费者也可以利用私人充电桩满足电动汽车的充电需求；私人充电桩的安装目前主要由汽车厂商或汽车厂商指定的第三方服务机构完成。我国大多试点城市中，私人电动汽车消费市场的商业模式即为整车销售，如比亚迪、荣威 550 等。该商业模式价值主张创新的关键是降低电动汽车的生命周期成本：一方面通过财政补贴降低消费者的购车成本；另一方面借助于其他优惠政策，如免费牌照、专用停车位、免购置税等进一步降低电动汽车的使用成本，再加上电动汽车的燃油经济性，从而实现电动汽车从购买到使用的整个生命周期成本的下降。

6.2.4　定向购买

示范运营中，较为典型的定向购买模式为合肥市的私人电动汽车商业模式，如图 6－4 所示。该商业模式的价值网络由整车制造商——江淮汽车，充电桩运营——国家电网，电动汽车消费者——江淮汽车、电动汽车产业链相关企业、国家电网单位员工，财政补贴提供者——中央政府、地方政府、整车厂商和消费者所在单位。

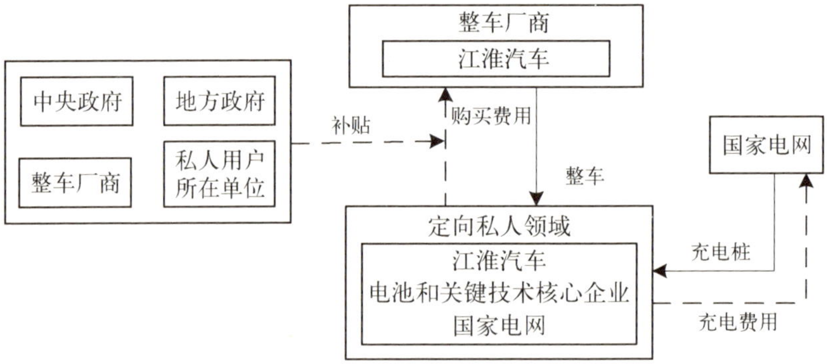

图 6－4　定向购买商业模式

从市场细分看，该商业模式主要以私人领域为其主要消费市场，但其销售渠道主要采取定向销售的模式，客户主要集中于电动汽车产业链的上下游企业以及相关科研等事业单位，例如江淮汽车集团、电池和关键技术核心企业以及国家电网公司的内部员工，而非纯粹地依赖市场渠道进行销售。从价值主张看，创新较多地体现在低成本以及充电的便利性。由于定向购买模式下，特定的消费者用车的线路和用途相对单一，充电地点固定，因此通过在上班地点集中安装充电桩的方式有效地解决了充电基础设施不完善的问题；另外在该商业模式下的“三级四次”①补贴政策为消费者提供了低成本的价值主张。

6.2.5　共享租赁

示范运营中，许多试点城市，如杭州和上海等都开展了电动汽车分时共享租赁模式的探索。本书主要以杭州市的电动公交分时共享租赁为例介绍该创新模式。如图 6－5 所示，在该模式中，由吉利控股集团和康迪科技集团共同投资成立的浙江康迪电动汽车有限公司负责租赁用车辆的生产；双方共同投资成立的左中右电动汽车服务有限公司负责整个租赁业务的运营。市场细分和目标客户主要分为两类：与租赁运营商合作的杭州主要酒店的客户以及其他非定点客户。

① “三级四次”补贴是指中央政府、合肥市地方政府以及整车制造商和定向购买消费者所在单位的补贴。

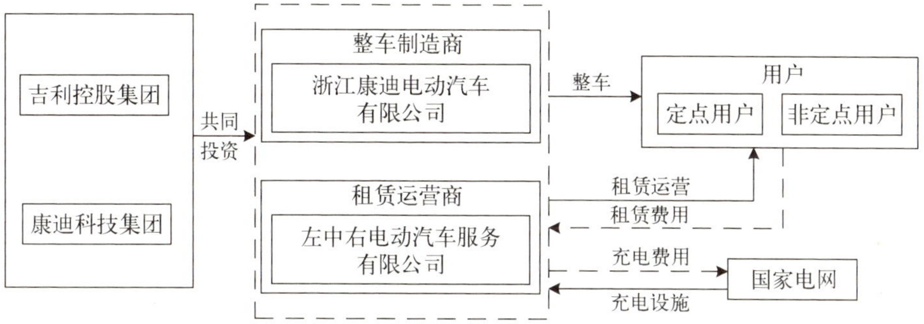

图 6-5　共享租赁商业模式

该商业模式的价值主张创新主要体现在便利性以及成本优势。消费者凭有效身份证和驾驶证即可租用电动汽车，租赁费用为每小时 20 元，续航里程为 80～100 公里，消费者可选择 2 人和 4 人座，从而可以通过“拼车”节省租赁成本。消费者在租赁过程中，如果电量过低且找不到租赁点可拨打 24 小时救援车队，中途所耗电费为免费；如果在租车过程中遇到故障由保险公司理赔。

综合来看，示范运营中各试点城市依据自身特点和基础探索了不同类型的商业模式，然而大多商业模式是在地方政府主导下形成的，依赖于政府补贴而非商业化运营，目标客户大多以公共服务领域为对象，私人领域涉及较少。商业模式实践分析表明，我国电动汽车商业模式在创新过程中仍有诸多不足。

6.3　创新障碍——以深圳为例

深入分析商业模式创新障碍是有效提出创新路径和创新方法的前提，目前国内有关研究大多侧重于定性描述，而从价值网络主体的经济性出发，定量分析创新障碍的研究却相对缺乏。深圳作为我国示范运营的“双试点”城市，所探索的电动出租车商业模式在全国范围内具有较强的示范效应和代表性；另外，对深圳商业模式的实地调研所获取的数据为研究提供了支撑。因此，本书以该模式为例，在案例分析的基础上提出我国电动汽车产业商业模式创新所面临的主要障碍。

6.3.1　“深圳模式”的价值网络

深圳电动出租车商业模式创新始于 2010 年深圳巴士集团和比亚迪共同

出资组建深圳鹏程电动出租车公司。该模式的特点可概括为“整车＋充电”，具体如图 6－6 所示。模式中的价值网络由整车制造商——比亚迪，电力能源供应商——南方电网，充电站运营商——南方电网和普天力能，充电设施供应商——比亚迪和奥特迅，鹏程电动出租车公司、出租车司机、政府以及乘客所组成。

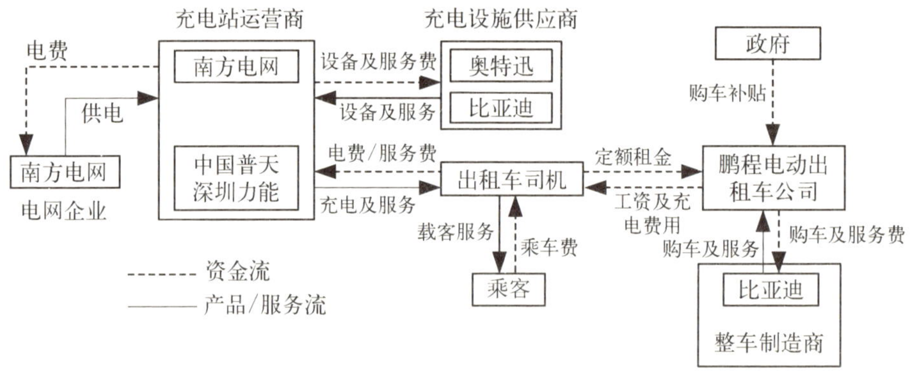

图 6－6　深圳电动出租车商业模式图

6.3.2　价值网络主体的经济性分析

随着市场竞争的日趋激烈以及分工的不断深化，商业模式中价值创造活动的实现逐渐由单个企业本身的价值链活动转向各主体之间的价值网络合作[①]，许多研究也开始从网络视角探讨商业模式。价值网络的重构是我国电动汽车产业商业模式创新过程中所面临的关键环节，新的主体将进入电动汽车价值网络；同时价值网络的结构和形式也在很大程度上决定了该网络向消费者所传递的价值主张。然而，在重构电动汽车产业价值网络的过程中，需要注意[②]：价值网络作为众多主体构成的联合体，所有主体的通力合作和共同努力有利于创造出更高的经济价值，价值网络中的企业主体及其合作正逐步成为价值网络中新的核心体。网络整体价值最终还原为结点企业价值和结点顾客价

① Allee V. Reconfiguring the value network [J]. Journal of Business Strategy, 2000, 21(4): 36－39.

② Hearn G, Pace C. Value-creating ecologies: understanding next generation business systems [J]. Foresight, 2006, 8(1): 55－65.

值[①]，从本质上来讲，如果商业模式不能给价值网络中的主体带来利润或效用，那么这些主体维系价值网络的动机会降低，从而导致商业模式创新障碍。

然而已有的文献往往过分强调顾客价值的创造和传递，而非企业自身的价值实现；过于聚焦于网络整体价值而非参与者个体利益[②]。就电动汽车产业而言，整车制造商、充换电设施运营商、零部件供应商等主体之间需要通力合作，同时确保各主体实现自身利益，这是电动汽车产业商业模式创新的关键。企业建构电动汽车产业价值网络的最终目的是盈利，如果价值网络不能给相关企业带来利润，那么其维系该商业模式的动机和积极性就会降低。然而，目前已有的关于电动汽车产业商业模式的研究以价值网络各主体的利益为视角进行研究的较少，即使在电动汽车产业商业模式创新实践中，也较多地聚焦于顾客价值的实现和价值主张的创新。虽然，顾客价值的实现是企业实现其自身利益的重要前提，但并非充分条件。在某些情况下，即使企业为顾客创造了价值，但其自身却未必能从中获益[③]。基于此，本书主要以价值网络为视角，深入分析深圳电动出租车商业模式价值网络中不同主体的利益获得，从而分析该商业模式的可持续性及创新障碍。

在深圳电动出租车商业模式价值网络中（图 6－6），供电企业南方电网、整车制造商比亚迪、设备和零部件供应商的交易与定价模式同各自传统的模式相比，并未发生实质性变革，因此本书主要以消费者、出租车司机、鹏程电动出租车公司以及南方电网（充电站运营商）为主要研究对象。

1. 电动出租车消费者

在该模式中消费者即为电动出租车乘客，其效用的高低主要取决于所支付的乘车费用[④]。目前，消费者乘坐电动出租车的费用按照普通出租车标准执行，但却不需要支付燃油附加费。根据深圳市出租小汽车油价运价联动机制规定，乘客所支付的燃油附加费往往同油价相联系（表 6－1），2012 年 3～8 月期间燃油附加费最高曾达到 4 元。由此可以看出，深圳电动出租车商业模式中，消费者主体的经济性较明显。可以预期，如果未来石油价格提高，燃油

① Kothandaraman P, Wilson D T. The future of competition value-creating networks [J]. Industrial Marketing Management, 2001, 30(4): 379－389.

② 梁运文，谭力文. 商业生态系统价值结构、企业角色和战略选择[J]. 南开管理评论，2005，8(1)：57－63.

③ 王琴. 基于价值网络重构的企业商业模式创新[J]. 中国工业经济，2011(1)：79－88.

④ 调研结果显示：如果价格相同，在满足乘客的交通需求上，电动出租车和传统燃油车没有显著差异。

附加费必然会随之变化，由此乘坐电动出租车的消费者的经济性将会更为突出。

表 6－1 深圳市燃油附加费变化(2012 年 3～8 月)[①]

油价变化时间	油价变化趋势	燃油附加费变化时间	变化结果
2012.03.20	上升	2012.03.22	由 3 元增加为 4 元
2012.05.10	下跌	2012.05.14	由 4 元下降为 3 元
2012.07.11	下跌	2012.07.13	由 3 元下降为 2 元
2012.08.10	上升	2012.08.12	由 2 元增加为 3 元

2. 电动出租车司机

出租车司机本身经济性的高低取决于驾驶出租车所获得的净收入。深圳市传统出租车和电动出租车司机的收入构成模式类似，即“基本工资＋提成”，其具体指标如表 6－2 所示。从表中可以看出，目前服务于深圳鹏程电动出租车公司的司机基本收入为：基本工资 4 000 元/月/车（两名驾驶员）＋安全服务奖 1 000[②]元/月/车＋出租车经营收入；电动出租车司机的基本支出为：五险一金 121 元/月/车＋劳动月缴定额租金（俗称的“份子钱”）21 600 元/月/车＋经营过程中的耗电量。

根据表 6－2 中的数据可以计算，电动出租车司机与传统出租车司机的净收入差别为“500＋五险一金/月/人（传统出租车）－燃油附加费/月/人”元。电动出租车用电费用的下降在很大程度上抵消了较高的定额租金，使得电动出租车司机的净收入和传统出租车司机相比大致相同甚至略高[③]。根据调研显示，目前深圳市电动出租车司机的收入和传统出租车司机基本持平，未来随着石油价格的上升以及由此导致的用油费用的增加，电动出租车司机的经济效益将会更加明显。另外，电动出租车司机在休闲时间方面要优于传统出租车司机。

① 数据来源：新浪网，http://news.sina.com.cn/c/2012－08－11/051924948463.shtml，2012－08－11.

② 安全服务奖需要每月零投诉。

③ 由于充电时间等因素使得目前深圳电动出租司机的实际工作时间比传统燃油车出租司机更短，且工作时间相对规律。

表 6－2　电动出租车和传统出租车司机收入/支出表

		电动出租车	传统出租车
收入指标	基本工资	2 000 元/月/人	1 320 元/月/人
	运营收入	按里程数	按里程数＋燃油附加费
	安全服务奖	500 元/月/人	680 元/月/人
支出指标	定额租金	1.08 万元/月/人	0.6 万元/月/人
	电/油费	基本免费①	4 921 元/月/人②
	五险一金	121 元/月/人	*
其他指标	运营里程数	450 公里/天/辆	450 公里/天/辆
	耗电/油量	26 千瓦时/百公里	9 升/百公里
	车辆配备	2 人/辆	2 人/辆

数据来源：新能源汽车试点城市调研；* 代表数据不详。

3. 电动出租车公司

深圳鹏程电动出租车公司经济性的高低主要取决于所获得的经营利润，调研期间该公司共有 300 辆电动出租车投入运营，每辆车配备两名司机，其收入支出结构与传统出租车公司类似(图 6－7)。

① 从营运收入看，鹏程公司与传统出租车公司的主要差别在于定额租金收入。前者的单车定额租金收入为 2.16 万元/月；而传统出租车公司仅为 1.2 万元/月。

② 从初始投资成本看，两者的差别主要在于营运牌照成本和购车成本。目前深圳市传统出租车营运牌照实行有偿使用制度，每辆出租车的营运牌照费约为 130 万元，运营权期限为 30 年。而根据深圳市相关规定，电动出租车公司可享受免运营牌照费用的优惠。目前深圳市传统出租车主要为桑塔纳 3000、起亚赛拉图、丰田花冠等，每辆车的平均售价为 10 万元左右。鹏程公司所购买的出租车全部为 BYDE6，其市场价为 29.98 万元，根据中央和深圳市购车补贴规定，每辆车可获得 12 万的购车补贴。

③ 从运营管理成本看，两者的差别主要在于充电成本和维修保养成本。传

① 用电费用目前主要由鹏程电动出租车公司承担。
② 根据 2011 年 11 月 12 日深圳 93＃汽油(深国 IV)计算，油品单价为 8.1 元/升。

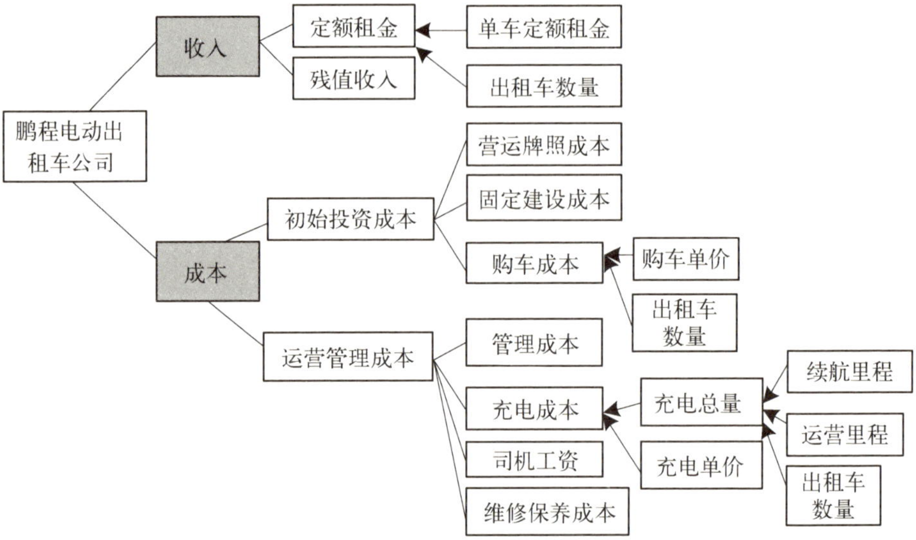

图 6－7　深圳电动出租车公司收入支出图

统出租车公司基本不负担燃油费用；而鹏程公司每月则需承担 3 500 千瓦时以内的充电费用，超出部分由司机负责。根据表 6－2 相关数据可得电动出租车平均每天用电量约为 117 千瓦时，每月的充电需求量约为 3 510 千瓦时，单位平均充电价格为0.63元/千瓦时，因而鹏程公司需支付用电成本 2 205 元/月/辆。传统出租车每月的维修成本约为 1 500 元；根据鹏程公司和比亚迪公司的相关规定，比亚迪负责电动出租车的售后维修，其中电池保修期为 4 年，但由于零配件成本整体较高，维修时间较长而导致维修的机会成本较大，因而目前电动出租车的维修成本约为传统出租车的 3 倍。

综合来看，在相同的营运规模和出租车使用期限内（一般为 5 年），鹏程电动出租车公司的净利润远高于传统出租车公司，即使在没有政府购车补贴的情况其利润收入仍然较高，因而可以看出电动出租车运营公司具有较强的盈利能力。根据相关报道，2013 年 5 月鹏程电动出租车公司已开始盈利①。

4. 充电站运营商

目前深圳市充电站运营商主要为普天力能和南方电网，本书根据调研结果，

① 资料来源：人民网，http://scitech.people.com.cn/n/2014/0505/c1007－24974330.html，2014－05－05.

以深圳市南方电网管理下的某一充电站为研究对象①，该主体的收入支出相关参数如图 6－8 所示。充电站的成本主要包括初始投资成本和运营管理成本，其中购电成本主要受购电单价和购电总量两个参数的影响。充电站的收入主要包括充电（服务）收入和资产残值，其中充电收入主要受充电单价、充电需求以及充电站总负荷等参数的影响。

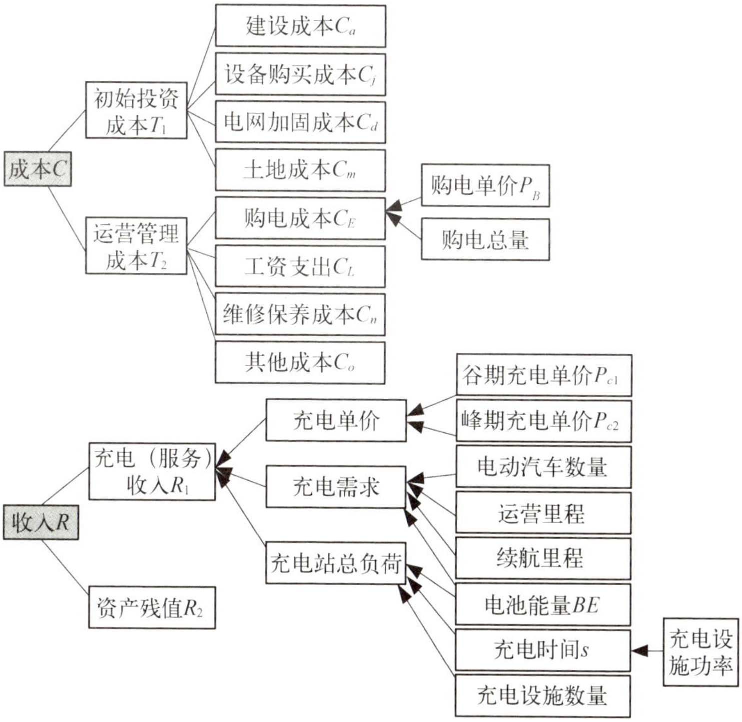

图 6－8　深圳充电站收入支出图

（1）分析方法

盈亏平衡分析目前被广泛应用于分析投资方案的可取性及其经济性，其中动态盈亏平衡分析法通过引入基准收益率考虑了资金的时间价值，从而实现了真正意义的盈亏平衡②。由于充电站运营商的主要收入来源为充电（服务）收入，因此本书以充电站每天所服务的电动出租车数量作为盈亏平衡点（BEP），并

① 本部分所用数据，部分来自调研，部分根据我国充电站市场做出的假设。为保密起见，本书隐去充电站的名称。

② 任红松，叶凯，黄娟，等. 投资项目动态盈亏平衡分析及 EXCEL 计算方法[J]. 技术经济与管理研究，2007(6)：10－11.

假设充电站购电总量等于充电需求总量，充电站每天所服务的电动出租车的数量均等，结合图 6－7 相关参数及动态盈亏平衡模型，可得充电站 BEP 计算公式如(6－1)所示。其中 NPV 表示净现值，NCF 表示净现金流量，t 表示第 t 年，r 表示基准收益率，n_1 表示项目建设期，L 表示项目寿命期，BEP_X 表示动态盈亏平衡点，a 表示谷期充电的出租车比例，b 表示峰期充电的出租车比例，其余参数含义可参照图 6－8。

$$NPV = \sum_{t=0}^{L+n_1} NCF_t(P/F,\ r,\ t) = 0$$

即

$$\underbrace{\sum_{t=0}^{n_1}\frac{T_{1t}}{(1+r)^t}+\sum_{t=n_1+1}^{L+n_1}\frac{T_{2t}}{(1+r)^t}}_{\text{现金流出现值}}=\underbrace{\sum_{t=n_1+1}^{L+n_1}\frac{R_{1t}}{(1+r)^t}+\frac{R_2}{(1+r)^{L+n_1}}}_{\text{现金流入现值}}$$

$$\underbrace{C_m}_{\text{土地成本}}+\underbrace{\sum_{t=1}^{n_1}\frac{C_{at}+C_{jt}+C_{dt}}{(1+r)^t}}_{\text{其他初始投资成本}}+\underbrace{\sum_{t=n_1+1}^{L+n_1}\frac{P_B\times BEP_X\times BE\times 365}{(1+r)^t}}_{\text{购电成本}}\underbrace{\sum_{t=n_1+1}^{L+n_1}\frac{C_{Lt}+C_{nt}+C_{ot}}{(1+r)^t}}_{\text{其他运营管理成本}}$$

$$=\underbrace{\sum_{t=n_1+1}^{L+n_1}\frac{(a\times P_{c1}+b\times P_{c2})\times BEP_X\times BE\times 365}{(1+r)^t}}_{\text{充电收入}}+\underbrace{\frac{R_2}{(1+r)^{L+n_1}}}_{\text{残值收入}}$$

$$BEP_X=\frac{\sum_{t=1}^{n_1}\frac{C_{at}+C_{jt}+C_{dt}}{(1+r)^t}+\sum_{t=n_1+1}^{L+n_1}\frac{C_L+C_n+C_o}{(1+r)^t}+C_m-\frac{R_2}{(1+r)^{L+n_1}}}{\sum_{t=n_1+1}^{L+n_1}\frac{(a\times P_{c1}+b\times P_{c2})\times BE\times 365}{(1+r)^t}-\sum_{t=n_1+1}^{L+n_1}\frac{P_B\times BE\times 365}{(1+r)^t}} \tag{6－1}$$

(2) 参数赋值及盈亏平衡

充电站收入支出相关参数的调研数据如表 6－3 所示。根据文献[107—108,188]①②③并参考其他相关行业，本书设充电站寿命期为 10 年，年基准收益

① Schroeder A, Traber T. The economics of fast charging infrastructure for electric vehicles [J]. Energy Policy, 2012(43): 136－144.

② Li Z, Ouyang M G. The pricing of charging for electric vehicles in China-dilemma and solution [J]. Energy, 2011(36): 5765－5778.

③ 国务院发展研究中心产业经济研究部，中国汽车工程学会，大众汽车集团(中国). 中国汽车产业发展报告(2012)[M]. 北京：社会科学文献出版社，2012.

率为 10%。所调研充电站主要采用直流充电方式，有 6 台直流充电机，输出功率为 30 kWh（千瓦时），每辆车的充电时间 s 为 2 小时①，充电站 24 小时营业，因而每天最多能服务 72 辆电动汽车。充电站的初始投资成本主要包括建设成本、设备购买成本、电网改造成本②，平均分摊在 3 年建设期内。充电站目前共有 8 名操作工，1 名管理人员，根据深圳市 2012 工资指导价③可得工资支出约为 15.56万元/年。目前该商业模式中的电费核算体系初步确定实行分时电价制（TOU），其中 23:00—07:00 为谷期，其余时间为峰期，大部分出租车司机集中充电时间为中午和晚上，谷期和峰期充电比例基本一致。

表 6-3　充电站收入支出相关参数④

成本/收入	参　　数	数　　值
初始投资成本	充电站建设期 n_1	3 年
	充电站寿命期 L	10 年
	充电机输出电流	300 A
	充电机输出电压	100 V
	充电机功率	30 千瓦时
	电池能量 BE	60 千瓦时
	充电时间 s	2 h
	充电机数量	6 台
	充电站最大负荷	72 辆/天
	初始投资成本 T_1	700 万元
运营管理成本	购电单价 P_B	0.6 元/千瓦时
	工人工资成本 C_L	15.56 万元/年
	维修保养成本 C_n	2 万元/年
	其他成本 C_o	2 万元/年

① 在实际充电过程中，出租车往往在还有剩余电量时充电，但为了分析简单起见，假设出租车充电时，电池电量为零，所需充电时间为电池充满的时间。

② 根据深圳市相关优惠政策，目前充电站土地使用暂为免费。

③ 深圳新闻网，http://news.sznews.com/content/2012-04/16/content_6657907.htm，2012-04-16.

④ 数据来源：新能源汽车示范城市调研，有些参数是本书通过计算而得。

续 表

成本/收入	参　　数	数　　值
营业收入	谷期充电价格 P_{c1}	0.249 5 元/千瓦时
	谷期充电比例 a	1/2
	峰期充电价格 P_{c2}	1.006 4 元/千瓦时
	峰期充电比例 b	1/2
残值收入	残值率	10%

根据动态盈亏平衡模型(公式 6－1)及表 6－3 中相关数据，可得充电站盈亏平衡图(图 6－9)。图 6－9 显示盈亏平衡点 BEP_X 等于 2 301 辆，即所调研充电站每天需为 2 301 辆电动汽车充电，才能在项目期内实现盈亏平衡。

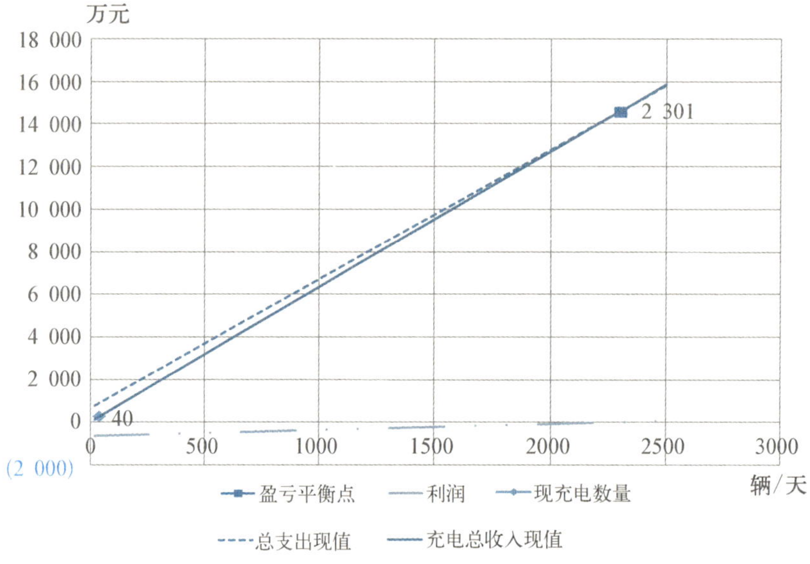

图 6－9　充电站的盈亏平衡分析图

该盈亏平衡点在现有参数下不具备可实现性。首先，调研期间充电站每天实际服务的电动汽车数量约为 40 辆，远低于盈亏平衡点；其次，所调研充电站最大负荷量为 72 辆/天，远低于盈亏平衡点；再次，调研期间深圳市电动出租车数量较少，总运营数量约为 300 辆，每辆电动出租车平均每天需要充电两次①，即

① 本书所说的充电两次，是指在电池耗尽后充电，并且每次均充满电池。

300 辆电动出租车意味着实际每天 600 辆的充电需求，即使不考虑深圳市其他充电站的竞争，这一需求总量仍远低于该充电站的盈亏平衡点。因而在现有参数赋值下，该充电站难以在项目期内实现盈亏平衡。

(3) 敏感性分析

为进一步分析不同参数的变化对充电站运营商盈利能力的影响，本书选取一些关键参数进行敏感性分析。

① 购电和充电差价。目前深圳市充电价格标准为 TOU，因而本书所说的差价主要是谷峰期购电价格平均之后的差价。图 6 - 10 显示，随着充购电差价的幅度增加，BEP_X呈现指数型下降趋势。当差价由初始的 0.02 元上升为 0.12 元时，BEP_X由初始的2 301 辆迅速下降为 515 辆。整体来看，当平均充电价格高于购电价格 0.89 元左右时(图中实线的右半部分)，充电站的盈亏平衡点低于其每天的最高负荷量，从而具备盈利的可能性；当平均充电价格高于购电价格 1.6 元左右时(图中虚线的右半部分)，充电站的盈亏平衡点低于所调研充电站目前每天实际的充电量，从而具备盈利的现实性。因而可以得出结论，在其他参数不变的情况下，充电和购电差价需大于或等于 1.6 元，该充电站才能实现盈利。

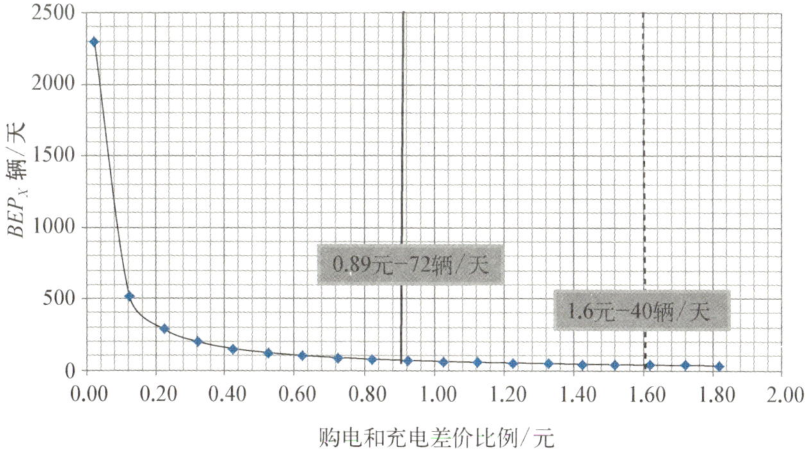

图 6 - 10　不同购电充电差价的敏感性分析

② 充电站成本。充电站初始投资成本的下降，将会减少充电站运营商的成本支出，从而导致盈亏平衡点下降。根据图 6 - 11 所示，当初始投资成本的下降比例由 10%提高为 80%，BEP_X仅由 2 103 辆下降为 716 辆，仍远远超过充电站

目前的最高负荷量和实际充电量。由此可以得出，充电站初始投资成本的下降虽然降低了盈亏平衡点，但在没有其他参数优化的情况下，仍不足以使充电站盈利能力上升，敏感性较差。

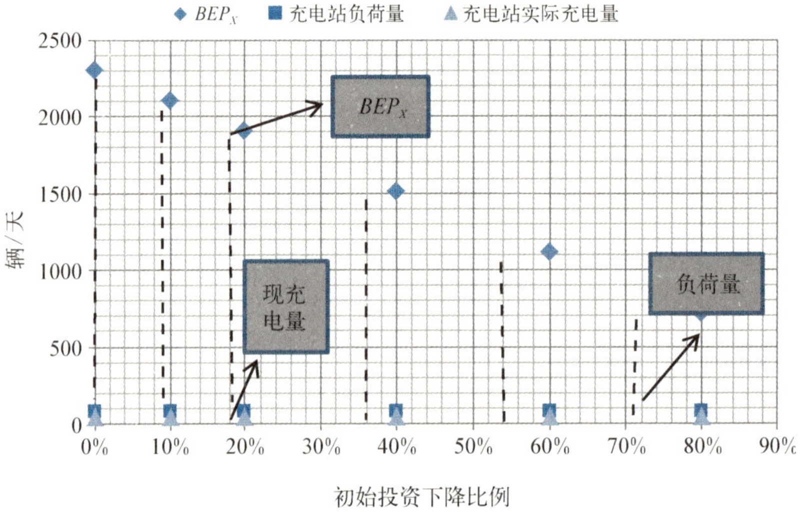

图 6－11　初始投资成本的敏感性分析

③ 充电时间和充电需求。充电时间的长短将直接影响充电站的总负荷，从而影响其盈利性的潜在可能。过长的充电时间既会影响消费者购买电动汽车的效用满足，也会影响充电站运营商的盈利能力，也是目前影响电动汽车市场扩散的重要因素。充换电商业模式的一个关键区别即在于充换电时间。随着电池技术的改善以及充电技术的提高，未来电动汽车的充电时间将会大幅下降。由表 6－4 可以看出，充电时间的下降使得充电站的负荷水平迅速上升，负荷总量弹性随着充电时间的下降而不断提高，当每辆车的充电时间只需 5 分钟时，充电站每天的总负荷量可满足 2 304 辆电动汽车的充电需求，从而提高了充电站的盈利潜力。

表 6－4　不同充电时间条件下的负荷量

充电时间(分钟)	120	90	60	30	15	5
充电站负荷总量(辆/天)	96	128	192	384	768	2 304
弹性系数	1.33	1.5	2	2	2.9	

充电时间的下降虽然使得充电站的负荷总量提高，但如果充电的总需求量较少，则充电站负荷程度的提高对项目盈利能力的影响仍然较为有限，因而充电需求总量的提高对于充电站运营商的盈利是至关重要的。调研期间深圳电动出租车运营总量为 300 辆，预计未来会增加投入，目前深圳市出租车总量约为 1.4 万辆，因而可以预期电动出租车有较大的增长空间。随着电动汽车市场化进程的加快以及对传统汽车的替代程度加强，未来充电站的充电需求量将会大幅度上升，从而提高充电站的预期利润水平。

④ 项目周期。项目周期的变化将会影响到项目整体经营时间，从而影响项目的整体盈利性。在初始参数设置中，本书假设项目周期为 10 年，但在实际运营过程中，充电站的经营时间可能会远远超过 10 年，因此本书分别假设项目周期为 15 年、20 年、25 年和 30 年，不同情况下 BEP_X 如图 6－12 所示。由图可以看出，当项目周期由初始的 10 年提高为 30 年，充电站的盈亏平衡点仅由 2 301 辆下降为 1 651 辆，变化幅度较小，且盈亏平衡点相对于充电站负荷量以及出租车总量而言仍然较高，因而在其他初始参数不变的情况下，该参数的敏感性较低。

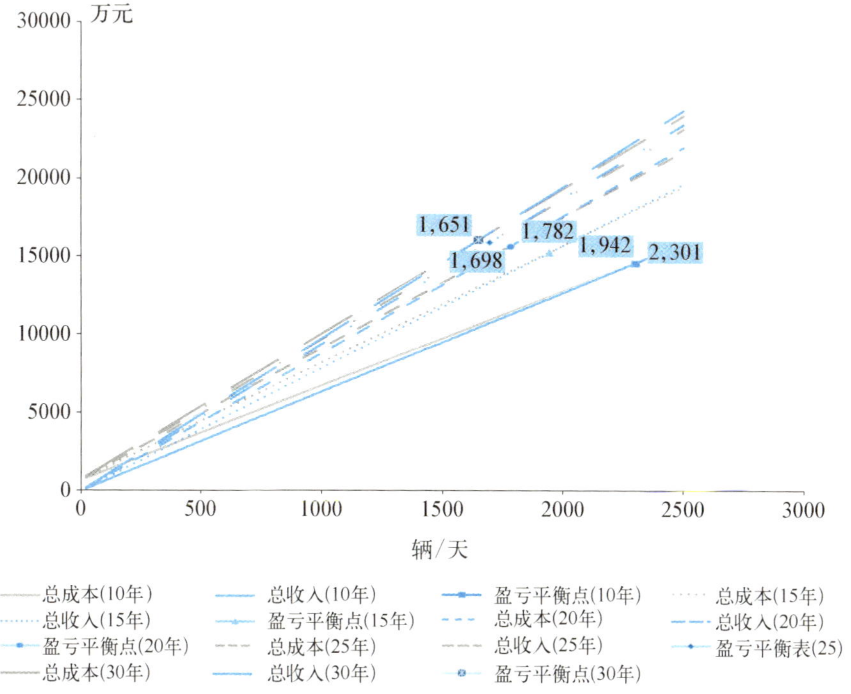

图 6－12　项目周期的敏感性分析

根据上述分析可以得出，目前充电站运营商难以实现盈利，其中充电和购电的成本差、充电时间以及充电需求总量是影响其盈利的关键参数，而充电站的初始投资成本以及项目周期等因素对充电站盈利能力的影响较低。

6.3.3 商业模式创新的主要障碍

本书通过大量的新能源汽车试点城市商业模式调研和分析得知：目前我国各试点城市所实施的电动汽车产业商业模式价值网络结构大致与图 6-6 类似，主要包括供电企业、充换电站运营商、汽车运营商(如出租车公司、公交公司等)、整车制造商以及设备、零部件供应商，因此对其他模式主体经济性分析的结果也大致相同。基于分析结果以及国内电动汽车产业商业模式创新实践可以看出，目前我国电动汽车产业商业模式创新过程中依然存在着诸多不足和障碍。需要指出的是商业模式创新障碍具有动态变化性，一些影响创新的因素可能会随着时间与条件的变化而发生变化。目前来看，影响我国电动汽车产业商业模式创新的障碍主要包括以下几个方面。

1. 缺乏理论指导和科学规划

电动汽车产业商业模式创新需要建立在对产业商业模式内涵、要素和创新特点等理论内容清晰界定的基础上。然而，目前我国电动汽车产业商业模式创新主要由各地方政府主导，普遍缺乏一套科学和系统的规划。商业模式创新过程中，许多试点城市未能结合本地区的特点进行详细论证，只是简单地选择充电或换电模式，没有在清晰、系统的创新体系指导下关注商业模式的各个环节及其衔接问题。如果这些问题不考虑，商业模式创新很难获得进一步的突破。

2. 利益分配机制重构障碍

价值网络是商业模式的重要构成要素，然而考虑到不同主体之间战略的差异性以及主体之间复杂的内在联系，电动汽车产业价值网络重构并非易事。电动汽车产业商业模式创新涉及众多主体，价值网络构建的关键就是要决定哪些主体将参与到电动汽车产业价值网络以及如何建立合适的利益分配机制。主体之间能否建立长期稳定的合作关系关键则在于商业模式中的每个商业主体是否都是利益获得者。如果某一商业模式不能给其中的一些主体带来利润，那么这些主体维系该商业模式的动机会降低，从而导致商业模式创新障碍。

“深圳模式”和其他试点城市的商业模式表明，我国电动汽车产业价值网络重构过程中，各主体之间面临着利益的重新分配和博弈问题。但目前我国还尚未围绕商业模式运营建立一套使各方受益的利益分配机制，从而影响了相关主体的积极性，使得主体之间不能形成合力，导致价值网络重构的障碍并进而影响我国电动汽车产业商业模式创新。

3. 价值主张创新障碍

电动汽车能否真正实现商业化最终还需要市场的检验，并最终落实于终端消费者。商业模式只有满足了消费者的某种或某些效用需求，才能实现隐藏在新技术或新产品中的市场效益。通常情况下，新技术或新产品的价值主张往往体现在更低的成本或更高的性能等方面。而电动汽车无论是在购买价格、使用性能、配套服务等各方面都不优于传统汽车，使得电动汽车商业模式创新过程中面临着价值主张创新障碍。另外消费者在传统汽车产业商业模式下所形成的一些既定的消费习惯和认知规则也会进一步影响电动汽车的价值主张创新，从而影响其商业模式的选择和推广。

"深圳模式"和其他试点城市的实践表明，大多试点城市在商业模式创新过程中主要通过购车补贴或免费车牌等优惠政策向消费者传递低购买价格的价值主张，同时强调油电差价所带来的低使用成本的价值主张。然而，"深圳模式"的研究表明，电动汽车产业商业模式创新的成功及其可持续性受充换电环节的约束性明显，充电环节是整个价值网络中盈利能力最差的一环，商业化运营的基础薄弱。因此，一定的充电和购电差价是维持电动汽车产业商业模式可持续发展的重要变量。虽然目前学术界和业界普遍认为，相比于较高的燃油费用，电动汽车低廉的充电费用是其与传统汽车竞争的重要优势，但这不具备现实性。如果不存在一定的充电和购电差价，充电站的投资和运营就不具备利润空间，从而导致价值网络结构存在"空洞"。在电动汽车产业化推广过程中，过多强调电动汽车使用成本这一价值主张并不具备可持续性。电动汽车较低的使用成本主要依赖于较低的充电价格，但过低的充电价格却影响了充电站运营商的获利能力，从而使得电动汽车产业商业模式难以持续发展。过度寄望于低廉的充电价格，一定程度上会影响商业模式各主体利益的平衡，从而造成商业模式创新障碍。

4. 传统汽车产业商业模式的阻力

传统汽车产业商业模式对电动汽车产业商业模式创新的障碍主要体现在两个方面：占优逻辑所引致的认知障碍和既有利益所引致的变革障碍。

1986 年普拉哈拉德和贝蒂斯在其著作《占优逻辑：多样性与绩效的新链接》中首次提出占优逻辑概念，强调占优逻辑的存在使得相关主体沿着惯有的认知路径进行搜索，会在很大程度上限制发展战略的创新以及盈利模式的变革，从而阻碍创新的发展①。“深圳模式”和其他试点城市的商业模式创新实践表明，目前我国电动汽车产业商业模式创新仍然在很大程度上局限于传统汽车产业商业模式框架，未能充分挖掘电动汽车与传统汽车的差异；并且已有的认知惯例和占优逻辑使得众多行为主体未能充分意识到电动汽车产业商业模式创新的复杂性、系统性和动态性。电动汽车产业商业模式创新是涉及多个领域、多个行为主体、多阶段协同演化的动态变化过程。因此在整个电动汽车产业商业模式创新过程中，不仅需要主体内部资源能力的配套，还需要主体之间的合作。

电动汽车产业商业模式的创新是在传统汽车产业内部产生的，因而不可避免地受到传统汽车商业模式的影响。商业模式创新需要大量的资源支持，而这些资源大部分被传统汽车现有的商业模式所占有。由于传统汽车产业商业模式仍是众多主体主要的利润来源，因而电动汽车产业商业模式创新并未成为某些主体考虑的关键问题。电动汽车产业商业模式创新需要对众多主体的组织结构和价值链活动进行变革，但这些适用于传统汽车产业商业模式的组织结构和价值链已在某种程度上形成一种“惰性”和既得利益，因而很难在短期内发生变革。

6.4 本章小结

本章从非连续性创新、突破技术瓶颈和建立自我强化机制三个维度对电动汽车产业商业模式创新的必要性进行研究，系统总结和梳理了我国电动汽车示范运营试点城市的商业模式创新实践，重点分析了换电租赁、融资租赁、整车销售、定向购买、共享租赁五种典型模式。第 4 章的研究表明，示范运营过程中不同主体之间的协同性是影响示范效果的重要因素，因此，本章进一步以深圳电动出租车商业模式创新为例，基于价值网络视角，对网络内主体的经济性进行了量化分析，以探究我国电动汽车产业商业模式创新的主要障碍。研究表明：① 我国电动汽车产业商业模式创新缺乏系统化的理论指导。② 价值网络重构障碍是我国电动汽车产业商业模式创新亟待解决的重要命题，同时，围绕商业模式运营建立一套使网络内各主体受益的利益分配机制也成为必然要求。③ 已有的认知惯例和占优逻辑使得众多行为主体未能充分意识到电动汽车产业商业模式

① Chesbrough H. Business model innovation: opportunities and barriers [J]. Long Range Planning, 2010(43): 354 - 363.

创新的复杂性、系统性和动态性。

本章部分内容已形成研究成果“基于价值网络的电动汽车商业模式创新研究”和“Business Model Innovation for Electric Vehicle in China”，分别发表于《科学学与科学技术管理》(CSSCI)和 *Proceedings of IEMI2012* (EI & ISTP 检索)。

第7章 我国电动汽车产业商业模式创新设计

第 6 章的研究结果表明，我国电动汽车产业商业模式创新仍面临着诸多障碍，特别是缺乏理论指导和对商业模式创新复杂性、系统性和动态性的认知。因此，本章在已有商业模式研究的基础上，对电动汽车产业商业模式的内涵和构成要素进行界定和分析，提出电动汽车产业商业模式创新的两阶段模型，并在构建的理论框架下，以情景法为导向提出电动汽车产业商业模式创新的具体方法和步骤，以期突破商业模式创新的障碍和约束，为助推我国电动汽车产业发展提供参考。

7.1 创新的理论基础

电动汽车产业商业模式创新需要充分考虑电动汽车自身特点和产业发展阶段，构建有针对性的电动汽车产业商业模式创新内涵等理论框架是开展商业模式创新的重要前提和基础。

7.1.1 电动汽车产业商业模式的内涵

第 2 章的文献研究表明，商业模式的概念很早就已出现，但直至目前关于商业模式的内涵并未形成统一的定义①，许多学者往往在没有对商业模式进行清晰界定的基础上就开展对商业模式的研究②。

---

① Zott C, Amit R, Massa L. The business model: recent developments and future research [J]. Journal of Management, 2011, 37(4): 997 - 1018.

② Patelia G, Giaglis G M. Technology innovation-induced business model change: a contingency approach [J]. Journal of Organizational Change Management, 2005, 18(2): 167 - 183.

商业模式本质上包含了静态和动态两个视角，静态视角以类型学为基础研究商业模式构成要素的内在联系及其对产业和产业内企业的影响。然而单纯的静态视角难以展示商业模式创新的发展演化过程①。对电动汽车而言，技术创新是诱发其商业模式创新的最根本动力，这意味着技术的变化将会对商业模式创新产生影响。电动汽车技术不断发展变化的特点及其产业化的阶段性特征决定了电动汽车产业商业模式创新的阶段性和动态性②。因此，电动汽车产业商业模式的内涵不仅应包含静态视角，还应体现动态视角。

虽然在已有研究中，学者往往根据自己的研究目的对商业模式进行不同的定义，但大多研究都认为商业模式反映了如何通过商业模式的构成要素创造、传递和实现消费者的价值主张，同时也实现企业自身的价值③④，这一概念虽然不特别针对电动汽车产业商业模式，但也可以借鉴。基于此，本书在 Timmers (1998)⑤、Dubosson-Torbay et al. (2002)⑥和 Teece(2010)⑦研究的基础上提出，基于静态视角的电动汽车产业商业模式是由不同要素组成的架构，该架构详细阐述了各个主体以及每个主体的角色，以及如何借助该架构向一个或多个细分市场创造和传递价值，以便企业产生利润并获得持续性收入来源。基于动态视角的电动汽车产业商业模式则更加强调不同要素所组成的架构的演化。

7.1.2　电动汽车产业商业模式要素的“3—7”构成体系

电动汽车产业商业模式的定义表明，明确商业模式构成要素是理解内涵的关键。已有研究中关于构成要素的界定通常有两种方法：事先统一界定法和基于研究对象具体界定法。事先统一界定法的优点是可以在统一框架下对不同企业进行比较，但其缺点是假设不同研究对象的商业模式构成要素是完全一样的，

---

① Demil B, Lecocq X. Business model evolution: in search of dynamic consistency [J]. Long Range Planning, 2010(43): 227 - 246.

② Gärling A, Thøgerson J. Marketing of electric vehicles [J]. Business Strategy and Environment, 2001, 10(1): 53 - 65.

③ Demil B, Lecocq X. Business model evolution: in search of dynamic consistency [J]. Long Range Planning, 2010(43): 227 - 246.

④ Tikkanen H, Lamberg J A, Parviner P, et al. Managerial cognition, action and the business model of the firm [J]. Management Decision, 2005, 43(6): 789 - 809.

⑤ Timmers P. Business models for electronic markets [J]. Electronic Markets, 1998, 8(2): 3 - 8.

⑥ Dubosson-Torbay M, Osterwalder A, Pigneur Y. eBusinessmodel design, classification and measurements [J]. Thunderbird International Business Review. 2002, 44(1): 5 - 23.

⑦ Teece D J. Business models, business strategy and innovation [J]. Long Range Planning, 2010(43): 172 - 194.

忽略了研究对象的具体特点；而根据基于对象具体界定法的优缺点则恰好相反①。基于此，Demil & Lecocq（2010）②提出“部件—要素（Components-Elements）”界定法，该方法首先提出商业模式构成的重要部件，在此基础上根据研究对象的特点确定每一部件所包含的具体要素，从而既避免了事先统一界定法的缺点，又可以实现研究对象的横向对比。

本书借鉴“部件—要素”界定法，通过对电动汽车产业商业模式创新实践全方位的考察和抽象总结，并在参考已有研究中关于构成要素观点的基础上③④⑤⑥⑦，提出电动汽车产业商业模式要素的“3—7”构成体系，如图 7-1 所示。其中“3”代表三个部件界面，客户界面、合作伙伴界面和组织结构界面，“7”代表部件界面所包含的七个具体要素，价值主张、市场细分、价值网络、伙伴关系、成本结构、收入模式和价值链。“3—7”构成体系包含了企业自身、消费者和企业之间三个界面，覆盖了从生产到消费的整个产业链条，界面内所包含的要素体现了不同学者关于商业模式构成要素的共性看法，是一个逻辑较为严密的概念框架，从而能够较为全面地对电动汽车产业商业模式创新进行解释。

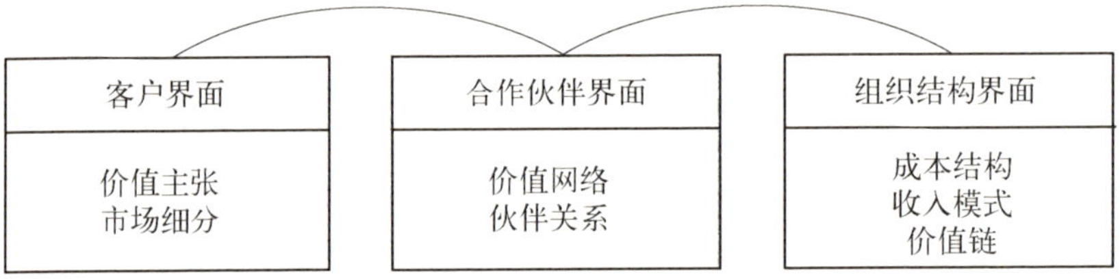

图 7-1　电动汽车产业商业模式要素的“3—7”构成体系

① Siggelkow N. Evolution toward fit [J]. Administrative Science Quarterly, 2002, 47(1): 125-159.

② Demil B, Lecocq X. Business model evolution: in search of dynamic consistency [J]. Long Range Planning, 2010(43): 227-246.

③ Osterwalder A. The business model ontology-aproposition in a design science approach [D]. Switzerland: University of Lausanne, 2004.

④ Chesbrough H, Rosenbloom R S. The role of the business model in capturing value from innovation: evidence from Xerox Corporation's technology spin-off companies [J]. Industrial and Corporate Change, 2002, 11(3): 529-555.

⑤ Teece D J. Business models, business strategy and innovation [J]. Long Range Planning, 2010(43): 172-194.

⑥ 原磊. 商业模式体系重构[J]. 中国工业经济，2007(6)：70-79.

⑦ Demil B, Lecocq X. Business model evolution: in search of dynamic consistency [J]. Long Range Planning, 2010(43): 227-246.

(1) 客户界面。该界面包含价值主张和市场细分两个要素，前者是指企业通过向消费者提供基于技术的产品或服务，从而为消费者创造价值，后者则强调向哪些消费者传递价值主张，明确技术对于哪些消费者来说是有用的，消费者出于何目的使用该技术。商业模式的基础就在价值主张，只有当消费者的需求被满足、客户的价值被创造，企业才能实现自身的利润。

(2) 合作伙伴界面。该界面包含价值网络和伙伴关系两个要素，前者描述了商业模式所包含的主体及其在网络中的地位和角色，后者则侧重于描述如何处理主体之间的关系从而实现共赢。该界面反映了为实现价值主张的创造和传递而需要的主体合作。

(3) 组织结构界面。该界面聚焦于企业内部，包含成本结构、收入模式和价值链三个要素。成本结构指企业为创造和传递价值主张所必须支付的；收入模式描述的是企业通过各种收入流获利的方式，收入和成本的差异构成了企业的利润来源；价值链描述的是企业为创造和传递价值主张所必需的各种内部活动和资源的安排与配置。

7.1.3　电动汽车产业商业模式创新的两阶段概念框架

如前所述，电动汽车产业商业模式的内涵包含了静态和动态双重视角，因此其创新不仅强调“3—7”构成体系内各要素的建立，同时也强调各要素的发展和演化。已有商业模式创新的研究大多以企业为研究对象，选取财务维度作为创新分析的切入点，强调企业根据自身资源、战略、学习和外部环境的变化而改变自身的商业模式①②。很明显，这种以企业为基本分析单位的商业模式创新并不适合于电动汽车产业，而且难以体现外部环境变化对商业模式创新的影响。因为电动汽车技术改变了传统汽车的动力系统结构，电驱动取代了传统的发动机，从而引起了汽车产业整个价值链和价值网络的变革与重置。一些新的主体将加入电动汽车产业商业模式的价值网络中，如电网企业、充换电基础设施运营商、新的整车厂商和电池等零部件供应商。同时，某些原属于传统汽车社会—技术域的行为主体将退出电动汽车新的价值网络，或者在新的价值网络中其原有的地位或角色可能会发生变化，主导地位可能会受到挑战。因此，当考虑电动汽车

---

① Patelia G, Giaglis G M. Technology innovation-induced business model change: a contingency approach [J]. Journal of Organizational Change Management, 2005, 18(2): 167 - 183.

② Desyllas P, Sako M. Profiting from business model innovation: evidence from pay-as-you-drive auto insurance [J]. Research Policy, 2013, 42(4): 101 - 116.

产业商业模式创新时，首先面临最基本的问题就是谁拥有电池和整车的所有权？哪些主体将参与新的价值网络？哪些主体将退出？哪些主体负责充换电基础设施的运营？很明显，该阶段的商业模式创新更多地强调产业层面而非企业层面，更多地关注哪些主体将加入价值网络以及在网络中的地位而非主体内部的价值链活动。基于此，本书提出电动汽车产业商业模式创新的两阶段概念框架，如图 7－2 所示。

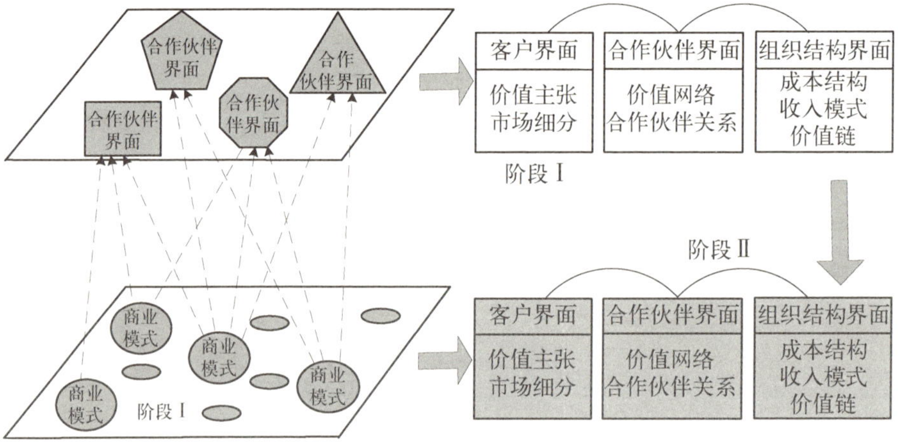

图 7－2　电动汽车产业商业模式创新的两阶段概念框架

图 7－2 阐释了电动汽车产业商业模式创新所体现的静态和动态两个视角。从动态视角看，图 7－2 显示创新需要经历两个阶段：阶段Ⅰ和阶段Ⅱ，其中阶段Ⅰ指电动汽车产业商业模式创新应首先侧重于产业层面，阶段Ⅱ则强调电动汽车商业模式创新主要侧重于企业层面。从静态视角看，图 7－2 显示无论是阶段Ⅰ还是阶段Ⅱ，电动汽车产业商业模式创新的主要内容都是基于“3—7”构成体系，但每一个阶段创新内容的侧重点有所不同。阶段Ⅰ，电动汽车产业链和价值网络还不完善，哪些主体能够进入电动汽车产业价值网络？哪些主体将在新的网络中占据主导地位？这些问题尚不明确。这些不确定性使得很难基于某一核心企业的视角研究商业模式创新，因此这一阶段电动汽车产业商业模式创新的内容应主要侧重于从产业层面构建“3—7”体系中的客户界面、合作伙伴界面和组织结构界面，特别是合作伙伴界面，如图 7－2 右上部分所示。阶段Ⅰ不同的商业模式创新结果将会导致不同的电动汽车价值网络，如图 7－2 左部分不同形状的价值网络，并直接决定哪些主体能够进入电动汽车产业价值网络，甚至也会对这些主体在第二阶段的创新产生间接影响。阶段Ⅱ的商业模式创新则进入

到企业层面，创新的内容侧重于从企业角度构建“3—7”体系中的客户界面、合作伙伴界面和组织结构界面，特别是客户界面和组织结构界面。企业需要考虑如何通过内部价值链活动的整合，并借助于外部价值网络，为消费者创造、传递并实现企业独特的价值主张。需要注意的是，本书所提出的两阶段概念框架虽然强调创新主体和创新运作层面的变化，但同时也包含已有文献中的动态含义，即每一个阶段内的商业模式创新都要根据内外部环境的变化和已有知识的积累不断地演变。

7.2　创新的路径

两阶段概念框架的动态视角表明电动汽车产业商业模式创新的过程是一个逐步探索的动态变化过程。这意味着，电动汽车产业商业模式创新的基本路径也应该考虑静态和动态视角的一致性。基于此，本书在“3—7”构成体系和两阶段概念框架下，结合我国电动汽车产业商业模式创新实践提出电动汽车产业商业模式创新的阶段性路径，如图 7－3 所示。整体来看，电动汽车产业商业模式创新的基本路径包含三个阶段：探索阶段、开发阶段和进一步探索阶段。

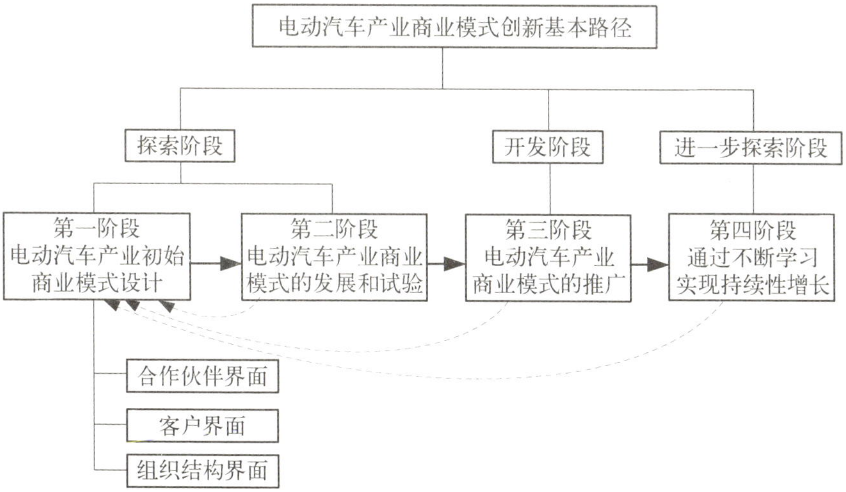

图 7－3　电动汽车产业商业模式创新的基本路径

（1）探索阶段——初始商业模式的设计

电动汽车产业商业模式的设计和提出是商业模式创新的起始点，创新模式的提出需要对电动汽车市场、终端消费者、竞争者、合作者等产业背景有较为深刻的理解并且能够打破现行社会—技术域的惯例思维束缚。根据有关企业家精神和组织学习方面的文献，电动汽车产业初始商业模式往往是在各个城市或区域中，由某一个或某几个商业化的主导者首先提出。从静态视角看，该阶段电动汽车产业商业模式构成要素将进行变革和重构。根据两阶段概念框架，该阶段创新的主要内容是如何构建基于“3—7”体系的商业模式要素，特别是合作伙伴界面。

(2) 探索阶段——商业模式的发展和试验

设计出新的电动汽车产业商业模式后，还需要判断这一模式在实践应用中的合理性。因而在第一阶段所提出的初始商业模式需要在该阶段将进行应用和试验。

在这一阶段，学习过程是至关重要的，要注意保持组织内的学习机制和知识管理，保持不同主体之间的知识流动和互动机制。同时还应保持商业模式选择的开放性，因为不断变化的内外部因素可能会影响到电动汽车市场、终端消费者感知、企业内部的成本结构等因素，某些商业模式在最初提出的时候可能并不具有明显的优越性，但在未来可能具有较强的潜力，因此需要保持选择的开发性。从图 7 - 3 中可以看出，第一阶段和第二阶段之间形成不断地往复，一旦某种商业模式被实践证明是不可行的，那么将重新提出新的电动汽车产业商业模式，再进行不断地尝试、试验、学习和选择。

(3) 开发阶段——电动汽车产业商业模式的推广

经过前两个阶段的设计、试验等过程，最终确定一个可行的电动汽车产业商业模式。在这一阶段，已确定的商业模式将会在更大范围内进行推广，新的模式所涉及的流程、主体以及主体之间的相互关系将会在这一阶段逐步地确定下来，并实现制度化。在该阶段，较为可行的电动汽车产业商业模式在推广过程中，可能会面临不同的情境，出现新的变化，因此如图 7 - 3 所示，阶段三和阶段一之间同样形成闭合回馈，在推广过程中所获得的新信息和新知识将会重新在阶段一进行反馈，从而对商业模式构成要素的不同组合进行调整。

(4) 开发和进一步探索阶段——通过不断的学习实现持续性增长

虽然在第三阶段，有关电动汽车产业商业模式已经基本确定并开始大范围推广，但这并不意味着商业模式探索和创新的结束。电动汽车本身技术和信息技术的不断发展、社会政治经济和商业环境的变化等因素可能会促进商业模式的进一步发展。一方面，在电动汽车产业发展的不同时期可能会出现不同的商业模式①；另一方面，随着电动汽车产业化的进程，商业模式创新将从行业层面的创新逐步转向企业层面的创新，如两阶段概念框架所强调的，各个企业为取得更大的竞争优势，将会不断致力于新的商业模式创新。

7.3　创新的方法

两阶段概念框架和商业模式创新路径表明，商业模式要素的构建是创新的主要内容，也是创新的逻辑起点。因此，本书所构建的电动汽车产业商业模式创新方法以“3—7”体系所包含的界面，特别是合作伙伴界面作为创新的主要内容。

7.3.1　方法的提出

两阶段概念框架和电动汽车产业商业模式创新的基本路径表明，商业模式设计是整个创新的起始，商业模式要素的构建是创新的主要内容。尽管商业模式创新的重要性被越来越多的学者所强调，目前有关商业模式创新的研究主要围绕着创新动力、创新阻力、创新机理、创新要素等理论内容展开②或者只是提供了一个创新的概念性框架，而结合商业模式创新要素研究创新具体方法和步骤的文献仍相对匮乏③。Pramataris et al.（2001）④采用了一组分析工具，研究了数字互动电视技术对广告业商业模式的影响，并提出商业模式创新的十个具体步骤。Auer & Follack(2002)⑤结合组织学习理论和系统理论，提出了商业创新的三个阶段和七个具体步骤。然而这些文献具有的共同假设是当技术变革引发商业模式创新时，企业所面临的是一个较为稳定的产业环境，所提供的方法是一个相对严格的线性商业模式创新步骤。因此，当产业处于较为动荡和复杂的环境时，这些方法并不能很好地适应创新需求。在组织变革的理论研究中，众多

① 叶强，王贺武．关于电动汽车商业模式系统的理论思考[J]．中国科技论坛，2012(1)：44－48.

② 周文泳，胡雯，陈康辉，等．低碳背景下制造业商业模式创新策略研究——以卡特彼勒公司为例[J]．管理评论，2012，24(11)：20－27.

③ Patelia G，Giaglis G M. Technology innovation-induced business model change：a contingency approach [J]. Journal of Organizational Change Management，2005，18(2)：167－183.

④ Pramataris K，Papakiriakopoulos D，Lekakos G，et al. Personalized interactive TV advertising：the IMEDIA business model [J]. Journal of Electronic Markets，2001，11(1)：17－25.

⑤ Auer C，Follack M. Using action research for gaining competitive advantage out of the internet's impact on existing business models [A]. Proceedings of the 15th Bled Electronic Commerce Conference eReality：Constructing the eEconomy，Slovenia，2002.

学者都已强调在动态变化、不稳定的环境中，以将来为导向进行思考和创新的必要性与重要性，而情景方法是在不确定和复杂的环境下一个有效的战略设计方法①。基于此，本书将以“3—7”构成体系为理论基础，结合 Pateli & Giaglis (2005)②的研究，以情景法为导向提出在技术创新和行业变革的背景下，电动汽车产业商业模式创新的具体方法和步骤。

7.3.2 方法的描述

电动汽车产业商业模式创新方法建立在对已有相关文献整合的基础上，以情景法为基础，采用步骤导向型为主要设计方法，如图 7-4 所示。

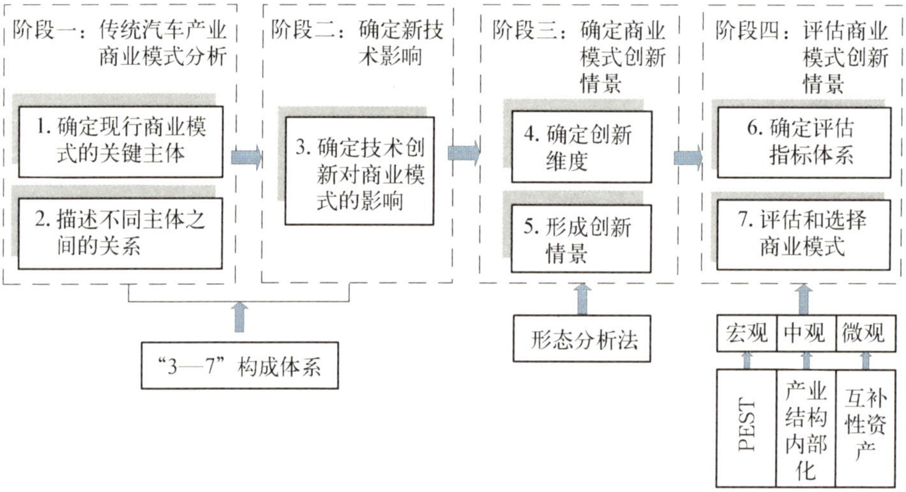

图 7-4　电动汽车产业商业模式创新方法

1. 传统汽车产业商业模式分析

电动汽车产业商业模式创新需要对传统汽车产业商业模式进行深入分析，以便了解现有的产业环境，并且可以建立评估技术创新和行业变革影响的基准。

(1) 确定传统汽车产业商业模式的关键主体。这一步是整个创新流程的起始点，通过对关键主体的描述，可以确定整个商业模式创新流程中的重点研究对象。然而已有研究大多忽略了该步骤，从而使得后续创新情景的提出缺乏针对性。

① Morris M, Schindehutte M, Allen J. The entrepreneur's business model: toward a unified perspective [J]. Journal of Business Research, 2005(58): 726-735.

② Patelia G, Giaglis G M. Technology innovation-induced business model change: a contingency approach [J]. Journal of Organizational Change Management, 2005, 18(2): 167-183.

（2）描述不同主体之间的关系。通过这一步骤可以明确不同主体在整个产业中的地位及其角色，掌握在现有价值网络结构下，商业模式为消费者所提供的价值主张。

2. 确定新技术影响

这一阶段主要是确定电动汽车技术本身对商业模式创新的影响，重点是分析电动汽车技术对现行社会—技术域内传统汽车产业商业模式特别是关键主体的影响，包括有利的和不利的影响，从而确定电动汽车技术对整个商业模式结构可能带来的变革。该阶段和上一阶段的分析主要在电动汽车产业商业模式"3—7"构成体系的框架下进行。

3. 确定商业模式创新情景

该阶段主要是结合情景分析法，设计和描述各种可能的电动汽车产业商业模式创新情景，特别是通过对价值网络变革情景的分析形象化展示新的商业模式。已有研究在确定商业模式创新情景，未给出建立不同情景的具体方法，从而使得创新方法在实践应用中存在局限性。基于此，本书采用形态分析法，以一种系统、全面的方法来分析电动汽车产业商业模式创新情景。

形态分析法是系统创新的一种主要方法，由瑞典学者茨维基提出，首先将研究对象或问题分为不同的维度或组成部分，然后对每一个维度单独进行研究，分别提供每一个维度的各种解决办法或方案。最后将所有维度的解决方案结合在一起形成总体方案。在初级阶段所形成的总方案中可能有些方案是不可行的，去掉不可行的方案后，将所有可行的总方案进行比较，最终确定一个最佳的总方案。

具体来讲，形态分析法可以分为五个步骤：① 明确提出问题，并加以解释；② 把问题分解成若干个维度或基本组成部分，每个维度都有明确的定义，并且有其特性；③ 建立一个包含所有基本组成部分的多维矩阵（形态模型），矩阵中应包含所有可能的总的解决方案。如图 7－5 所示，图中所研究的对象分为三个维度或组成部分，其中维度 1 包含五种解决方案：P_{11}、P_{12}、P_{13}、P_{14}、P_{15}；维度 2 包含五种解决方案：P_{21}、P_{22}、P_{23}、P_{24}、P_{25}；维度 3 包含三种解决方案：P_{31}、P_{32}、P_{33}；将三个维度的所有解决方案组合在一起，即形成所研究问题的总研究方案，比如 $P_{13}+P_{24}+P_{33}$。④ 检查这个矩阵中所有的总方案是否可行，并加以分析和评价；⑤ 对各个可行的总方案进行比较，从中选出最佳的总方案。

根据形态分析法，电动汽车产业商业模式情景的建立具体可分为两个步骤：

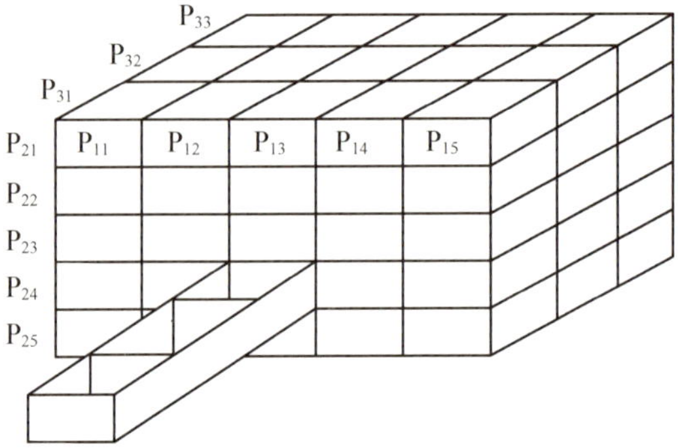

	维度1	维度2	维度3
每个维度的解决方案	P_{11}	P_{21}	P_{31}
	P_{12}	P_{22}	P_{32}
	P_{13}	P_{23}	P_{33}
	P_{14}	P_{24}	
	P_{15}	P_{25}	

图 7-5 形态分析法

（1）确定商业模式创新维度。商业模式创新需要以多维形态矩阵为基础，探索各种可能的创新组合。因此需要根据电动汽车产业商业模式创新的相关理论及我国电动汽车产业商业模式创新实践，确定创新维度。

（2）形成商业模式创新情景。这一步要确定电动汽车产业商业模式不同维度的创新内容，并对不同维度的创新内容进行一致性分析和整合，从而形成整个商业模式创新情景。以情景法为基础的电动汽车产业商业模式创新可以在对各种创新进行实践前对各种创新进行“试验”，从而降低创新风险。

4. 评估商业模式创新情景

第 6 章研究表明，我国电动汽车产业商业模式创新过程中面临的一个关键障碍在于价值网络重构过程中的利益分配机制，因此经过形态分析方法所得到的电动汽车产业商业模式创新情景能否符合网络主体的自身发展需求以及电动汽车产业未来发展，还需要进行具体评估。

（1）建立评估指标体系

Morris et al. (2003)①强调，商业模式评估的关键在于评估商业模式的匹配性，包括内部匹配性和外部匹配性。前者强调商业模式与企业自身的匹配，而后者强调商业模式与外部环境之间的匹配。另外，已有战略管理研究表明，企业所

① Morris M, Schindehutte M, Allen J. The entrepreneur's business model: toward a unified perspective [J]. Journal of Business Research, 2005(58): 726-735.

处的产业环境对企业的战略绩效具有重要意义;而企业战略和商业模式之间存在密切联系①。这意味着,产业环境将会对商业模式创新产生重要影响。因此,本书认为要想实现对电动汽车产业商业模式的全面评估,需要从宏观(外部环境)、中观(产业层)、微观(企业自身)三个层次建议相应的评估指标。

① 外部宏观环境会对产业变革产生深刻影响,甚至在某种程度上决定了产业变革的成功与否。目前,PEST(Political, Economic, Social-cultural, Technological)分析法作为一种重要的战略分析工具,已被广泛地应用于外部宏观环境的分析②。近年来,一些学者也开始将 PEST 框架应用于商业模式的情景分析,如 Gnatz et al. (2012)③基于 PEST 框架体系研究了印度健康保险行业的未来发展情景。基于此,本书以 PEST 作为衡量电动汽车产业商业模式创新情景的宏观层指标。

② 中观层次主要指与产业本身相关的因素。本书基于 Pateli & Giaglis(2005)④的研究,选取产业结构、交易成本与内部化成本的平衡两大因素作为评估指标。产业结构强调所采用的新商业模式将处于什么样的产业环境中:垄断、寡头或竞争;交易成本与内部化成本的平衡则主要强调构建新的合作关系所引致的成本与企业内部化相关资源和活动所引致的成本之间的比较。

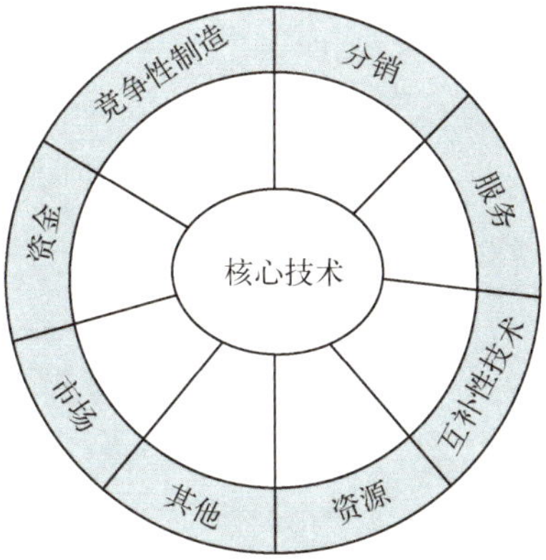

图 7-6　互补性资产的构成

③ 微观层次主要指与具体企业自身相关的因素。根据互补性资产理论,创新是企业获得竞争优势的重要手段,但企业要想从创新中获益,必须拥有能够将创新引入市场的互补性资产,包括专业化制造能力、分销渠道、服务网络和互补性技术等因素(图 7-6)⑤。对于电

① Spanos Y E, Lioukas S. An examination into the causal logic of rent generation: contrasting Porter's competitive strategy framework and the resource-based perspective [J]. Strategic Management Journal, 2001, 22(10): 907-934.

② Cooper L G. Strategic marketing planning for radically new products [J]. Journal of Marketing, 2000, 64(1): 1-16.

③ Gnatzy T, Moser R. Scenario development for an evolving health insurance industry in rural india: INPUT for business model innovation [J]. Technological Forecasting & Social Change, 2012, 79(4): 688-699.

④ Patelia G, Giaglis G M. Technology innovation-induced business model change: a contingency approach [J]. Journal of Organizational Change Management, 2005, 18(2): 167-183.

⑤ Teece D J. Reflections on Profiting from Innovation [J]. Research Policy, 2006, 35(8): 1131-1146.

动汽车产业商业模式创新而言，这意味着价值网络内的主体要想成功实施新的商业模式并从中获利，也必须有互补性资产的配套和支撑。基于此，本书以互补性资产作为微观层的评估指标。

(2) 评估和选择商业模式

由于不同企业的战略目标存在差异，因此其对电动汽车产业商业模式的评估和偏好也不尽相同。这一步主要是借助于各类指标，描述支撑新的商业模式所需要的各种条件，从而帮助评估和选择。

7.3.3 方法的应用

1. 传统汽车产业商业模式分析

传统汽车产业的商业模式是以整车制造商为主导、其他利益主体(零部件供应商、加油站运营商、汽车经销商、维修服务商)和消费者组织的价值网络。这些主体之间的关系如图 7-7 所示。

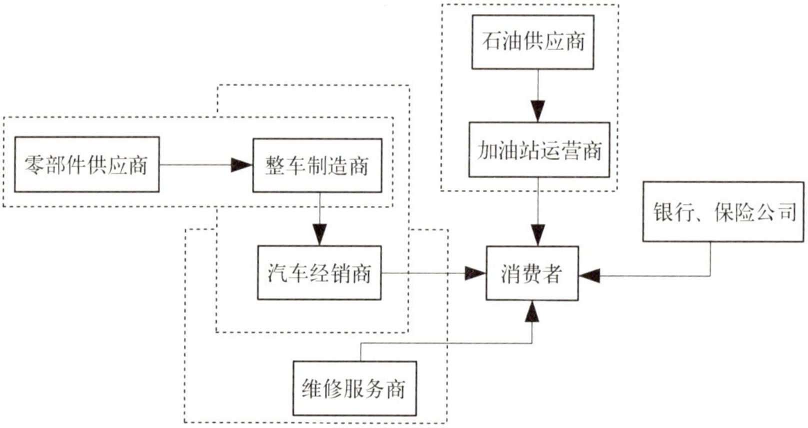

图 7-7 传统汽车产业价值网络

(1) 整车制造商和零部件供应商：在传统汽车产业商业模式中，整车制造商占据价值网络中的主导地位，整车制造商和部分关键零部件供应商获取了价值网络中的主要收益。目前我国汽车产业正呈现集中化趋势，一些整车制造商通过掌握关键零部件，实现了上下游的整合。

(2) 整车制造商和汽车经销商：传统汽车产业经过长时间的发展已形成了较为完整的销售体系。目前国内汽车的销售模式呈现多样性，但整体以 4S 店为主。4S 店采用特许经营模式，经营商与整车制造商之间建立了紧密的产销关系。

(3) 汽车经销商和维修服务商：在传统汽车产业价值网络中，维修服务商在利益分配格局中占据着越来越重要的地位。目前,国内传统汽车产业的维修服务模式整体趋势仍以4S店为主。整车制造商、汽车经销商和维修服务商以4S店为中介实现了利益共享。

(4) 石油供应商和加油站运营商:汽车作为强基础设施依赖性产品和网络外部性产品,其为消费者提供效用满足的高低,在很大程度上受到能源补给基础设施网络完善与否的影响。目前传统汽车产业中,加油站网络布局已较为完善,中石油和中石化等石油供应商通过自营和特许经营的方式占据了加油站市场的主导地位。

(5) 从价值网络中各主体之间的收入分配看,传统汽车产业已形成较为固定的收入分配机制:整车制造商(和汽车经销商)获得消费者所支付的销售收入;维修服务商和加油站运营商各自获取消费者所支付的维修服务费用和加油费用。

2. 确定电动汽车创新技术的影响

电动汽车的产生和发展有深刻的能源、环境等社会背景,电动汽车技术在很大程度上会对传统汽车产业商业模式带来深刻影响,原有模式中主体之间的收入分配机制及其相互之间的关系将会发生变革,如表7-1所示。

表7-1 电动汽车技术对传统汽车产业商业模式的影响

传统汽车价值网络关键主体	主要影响(有利和不利)
整车制造商	为新进入者以及传统汽车产业中处于劣势的在位者创造了机遇;为传统汽车产业中处于主导地位的在位者提供了机遇和挑战;打破了整车制造商与加油站经营商之间已形成的战略平衡,整车制造商在现行价值网络中的主导地位可能会面临挑战
零部件供应商	为新的零部件供应商,特别是电池生产商创造了机遇;传统汽车产业中的一些零部件供应商可能将被迫退出或转型调整
汽车经销商	传统汽车产业的汽车经销商将面临挑战,新的销售渠道和销售模式可能会建立
维修服务商	原有的维修服务内容必须进行变革,同时新的维修服务模式和网络可能会建立
石油供应商	退出新的价值网络,电力供应商将取代其原有的位置
加油站运营商	加油站运营商或利用已有的网络布局进行变革,适应电动汽车的充换电需求;或将会退出新的价值网络
银行、保险公司	由于电动汽车价高的价格以及技术的不成熟性,可能会提高银行、保险公司在新的价值网络中的地位

3. 建立电动汽车产业商业模式创新情景

电动汽车产业商业模式创新维度的确立需要充分考察哪些因素会受到“电动”这一概念的影响，以及哪些因素将有利于推动电动汽车的扩散和产业化。综合已有文献以及电动汽车产业发展实践可以看出，电动汽车产业商业模式创新过程中主要考虑的内容包括：电池和裸车、充换电基础设施、电动汽车与电网的整合以及电池的回收。而这几个因素分别对应了电动汽车产业链的四个环节：汽车销售环节、充换电环节、售后服务和电池回收环节。基于此，本书将电动汽车产业商业模式创新分为销售、充换电、售后和回收四个维度，并分别确定不同维度上可供选择的方案以及这些方案的综合(图 7-8)。

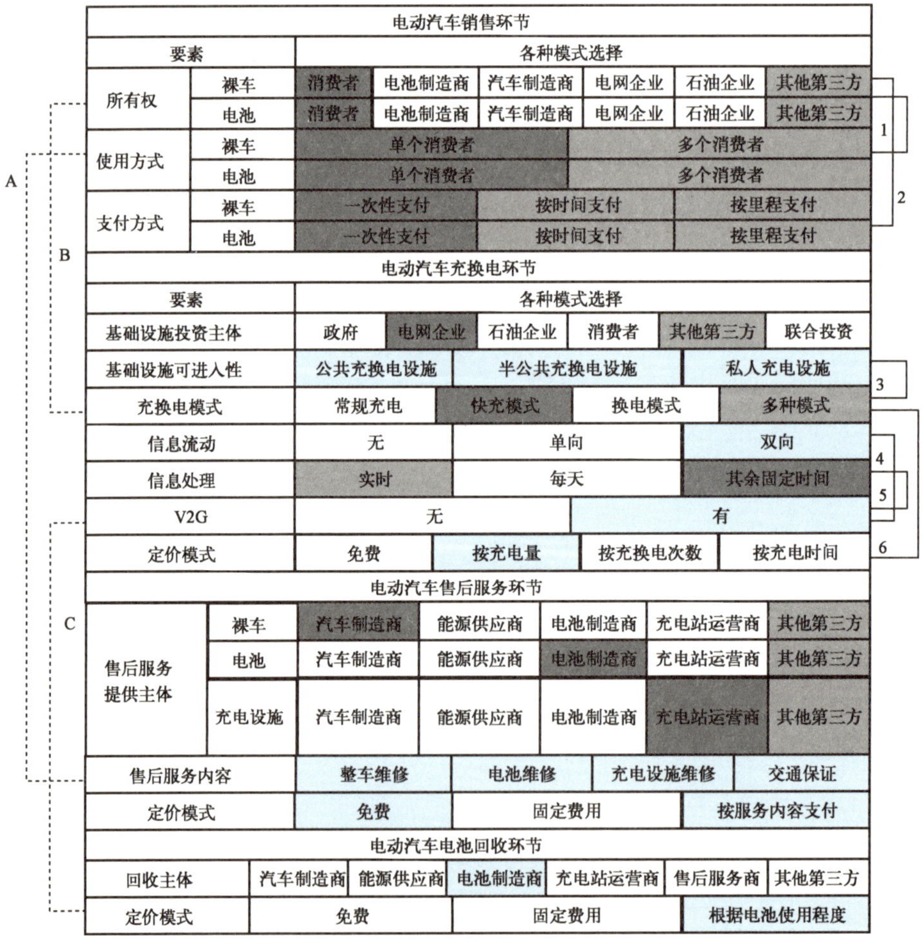

图 7-8 电动汽车产业商业模式创新情景

（1）电动汽车销售环节

在电动汽车销售环节，最基本的问题就是汽车和电池的所有权归属。在传统汽车产业商业模式中，消费者拥有整车的所有权。但在电动汽车产业商业模式中，由于电动汽车过高的价格和可持续交通概念的深入，电池和汽车的所有权可能分属于不同的主体。随着我国电动汽车产业准入门槛的调整，一些新的利益主体也可能会加入到电动汽车销售环节。另外，在销售环节还涉及使用方式和支付方式的变革，这两者的创新内容在很大程度上取决于电动汽车所有权的创新。

（2）电动汽车充换电环节

这是电动汽车产业商业模式创新的关键环节，是影响模式可持续性发展的关键。该环节涉及的创新要素主要包括充换电设施投资主体、充换电设施可进入性、充换电模式、信息的流动和处理、V2G 和定价模式。

① 目前我国充换电基础设施的建设允许社会资本进入，因此未来哪一类组织将成为基础设施的关键运营商还不确定，这在很大程度上依赖于政府的政策规定以及各主体之间的利益博弈，未来可能会出现不同的运营主体同时并存的局面。

② 充电设施的可进入性一般可分为三类：公共、半公共和私人。公共充电设施类似于传统汽车商业模式中的加油站；半公共充电设施对公众有一定的限制性，比如位于办公场所、商场的设施；私人充电设施主要供电动汽车用户单独使用。

③ 充电模式主要有三种：常规充电（慢充）、快速充电和更换电池，充电模式的选择与汽车销售模式有密切联系。

④ 随着信息通讯技术的发展，充电环节信息的流动和处理逐渐成为一个关注的热点。这在很大程度上能对整个充电过程进行有效控制和监督，掌握充电信息。

⑤ 随着 V2G（Vehicle-to-Grid）概念的不断深入，建立电网与电动汽车可交换电力的环节也是电动汽车充电环节商业模式建立需要考虑的重要要素。V2G 可实现电力由电动汽车回售与电网，从而增加用户收益；电力公司可借由 V2G 调控峰、谷用电，提高电网运行效率与可靠性以及再生能源大规模并网的可能性。

⑥ 收费模式与充电模式的选择密切相关，大多学者均强调按照电量收费。目前，我国有关电动汽车充电定价的相关政策规定已经出台。

(3) 电动汽车售后服务环节

该环节是电动汽车产业商业模式向用户传递服务价值并提高客户忠诚度的重要手段，主要涉及售后服务的提供主体、售后服务的内容以及定价模式。其中，交通保证是指服务提供商保证消费者无论何时，其交通出行需求总能得到满足。

(4) 电池回收环节

随着电动汽车普及率的提高，报废电池的数量也将大大上升，能否有效回收利用将直接影响整个产业的可持续发展和国家节能减排战略的有效实施。目前关于电池回收的市场基础基本上处于空白状态，未来发展方向存在较大不确定性。该环节所涉及的商业模式创新要素主要包括电池回收主体以及定价模式。

(5) 不同维度的整合

根据形态分析法，上述各个维度不同商业模式要素的创新内容可以进行不同的组合，每一种组合代表了一种电动汽车产业商业模式情景。由于销售、充换电等维度本身是一个整体，相互之间存在依赖性，因此在将不同维度的方案进行整合时，需要以全局的观点考察这些方案之间的内在一致性。图 7－8 左边的虚线列举了不同维度的方案之间存在的相互依赖性：如单个消费者的使用方式意味整车和电池维修对消费者效用的提供而言是关键(虚线 A)；电网企业对电池所有权的拥有意味着换电模式的可能(虚线 B)；V2G 的存在将在很大程度上影响电池回收的定价模式(虚线 C)。右边的实线则列举了同一维度内方案之间的相互依赖性：如单个消费者对整车所有权的拥有意味着使用方式为单个消费者，支付方式为一次性支付(实线 1 和 2)；私人充电设施意味着常规充电模式的选择(实线 3)；V2G 是否存在则在很大程度上影响了信息的流动和处理(实线 4 和 5)；常规充电意味着很难以充换电次数作为定价机制(实线 6)。

4. 商业模式创新情景评估和选择

面对多个商业模式创新情景，网络内主体需要根据相关指标体系进行评估和筛选，从而使新的商业模式能够符合其未来市场竞争的战略定位并能维持其可持续发展。根据前文所述的评估指标以及电动汽车产业商业模式创新实践，本书重点选取宏观(PEST)、中观(产业结构和内部化)、微观(资金、分销渠道和售后服务)作为评估指标体系，并以 2 种情景为例进行对比评估和分析。

(1) 产品服务导向型商业模式

该模式由图 7－8 中深灰色和淡蓝色框架内容组成，其与传统汽车产业商业模式相似，以产品—汽车为核心，整车制造商在价值网络中仍处于主导地位，其价值网络如图 7－9(a)所示。

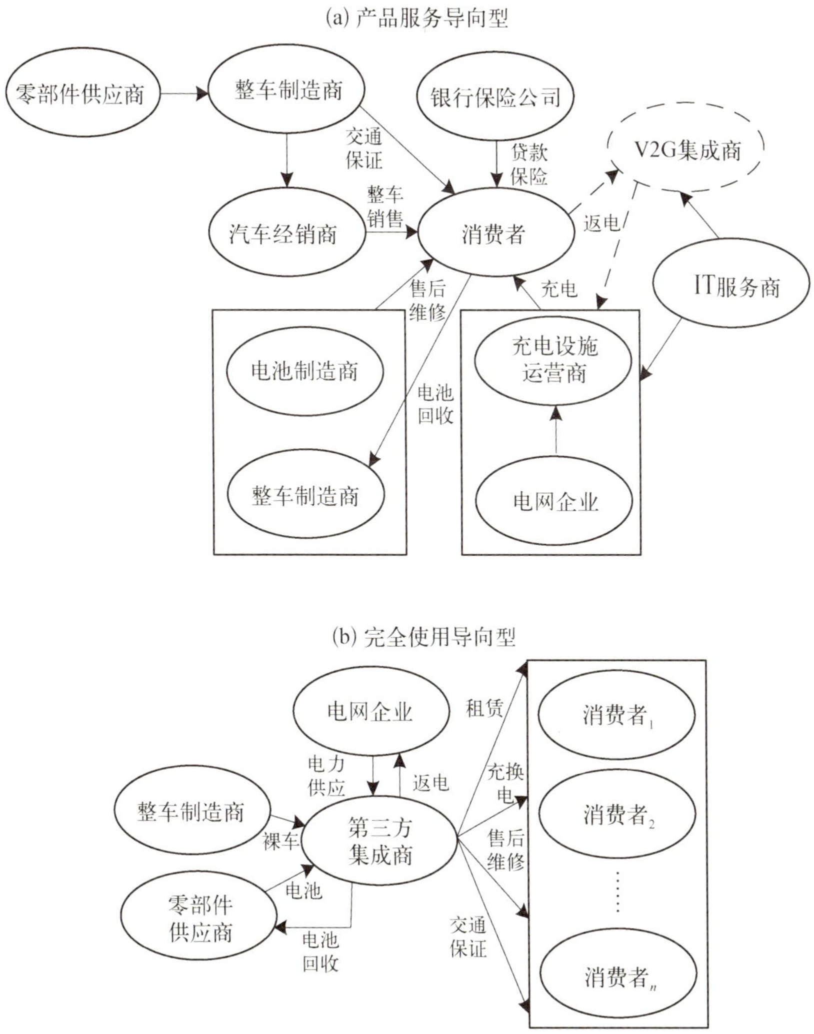

图 7－9　电动汽车产业商业模式创新情景

但该模式与传统汽车产业商业模式也存在很大区别：一方面电网企业将取代原来的能源供应商，成为新的能源供应商和充电基础设施运营商。另一方面新的商业模式提高了服务导向性，快充模式降低了充电的时间，提高了消费者交通移动需求的便利性；信息的双向流动意味着消费者可以快速准确地获知有关电池使用以及充电设施方面的信息；V2G 的实施意味着消费者可以通过 V2G

集成商(或自身)向电网返电,提高其收入;电池制造商和整车制造商在规定时间内免费维修电池及裸车大大降低了用户的使用成本;交通保证意味着消费者无需因为续航里程而担心出行,整车制造商可以通过提供传统汽车等方式满足用户的长途出行需求。支撑该模式的指标需求条件如表 7-2 左列所示,由于电动汽车购买价格较高,该模式需要消费者有较高的收入水平和购买能力;另外该模式中,上下游不同环节由不同主体承担,意味着将相关活动内部化的成本较高。

表 7-2　电动汽车产业商业模式创新情景评估

		支撑第一种情景所需的条件	支撑第二种情景所需的条件
宏观	政治	政府需通过财政激励措施,提高价格吸引力;并确定充换电基础设施运营商主体资格	政府开放充换电基础设施市场,创造自由竞争的市场环境
	经济	普遍较高的收入水平和购买力	收入水平和购买力适中
	社会—文化	消费者改变其原来的出行习惯,适应短途和长途不同的出行模式	消费者改变其原有的购车习惯,汽车更多体现了环保和可持续发展的社会含义
	技术	快充技术的支撑;智能电网技术的完善;信息通信技术的支撑	提高换电的安全性;智能电网技术的完善;信息通信技术的支撑
中观	行业结构	汽车行业的寡头垄断和充电行业的完全垄断	行业的竞争程度很高,多个第三方集成商和充电设施商
	成本平衡	交易成本高于内部化成本	交易成本低于内部化成本
微观	销售渠道	整车制造商厂商需要建立完善的销售网络	第三方企业需要有较为稳定的合作伙伴关系;完善发达的租车网点
	售后服务	整车制造商和电池制造商需要建立完善、统一的售后服务网络	第三方企业需要有较为稳定的合作伙伴关系;完善发达的租车网点
	资金	整车制造商需要投入资金用于传统汽车等交通工具的保有,从而为消费者提供交通保证	第三方企业需要大量的投资用于购买裸车、电池,建立充换电基础设施等

(2) 完全使用导向型商业模式

该模式由图 7-8 中浅灰色和淡蓝色框架内容组成,其与传统汽车产业商业模式相比差异较大,不再以产品为其核心导向,而是以服务作为整个商业模式的核心竞争力,整车制造商在价值网络中的主导地位被取代,其价值网络图如

图7－9(b)所示。该价值网络中，将出现新的第三方集成商，拥有整车的所有权，将电动汽车租赁给消费者使用，并负责所有的售后服务。充电设施市场的开放性较强，不同的组织均可进入该市场进行竞争；充电模式是多种方式并存，可以满足消费者的多样需求。该模式的核心价值主张在于交通保证，第三方集成商要借助于完善的租赁网点、完善的充电设施网络和充足的汽车投入量满足消费者的交通需求。支撑该模式的指标需求条件如表7－2的右列所示，由于该模式整体以第三方集成商为主体，在购车、销售和服务各环节，第三方集成商需要与不同的主体建立稳定的合作关系或联盟。

7.4　案例：深圳电动汽车产业商业模式创新

本部分进一步以深圳为例深入分析所提出的电动汽车产业商业模式创新设计在实践应用的可行性和有效性。Sosna et al.(2010)[①]认为当某一案例本身具有唯一性和启示性，那么选取单一案例作为可行性的阐释具有合理性。深圳是我国电动汽车"十城千辆"示范运营项目中的双试点城市之一，同时也是第二批电动汽车示范运营城市，是国内新能源公交车商业模式创新的领导城市。自2009年以来，深圳市在电动出租车和电动公交车领域已探索了两种不同类型的商业模式，这两种模式在我国电动汽车示范运营中具有很强的代表性，并且在国内首次实现了规模商业化运营。在商业模式创新的推动下，深圳市新能源汽车市场扩散取得了积极的进展，截至2013年底深圳累计推广各类新能源汽车6 363辆，投放量居全球首位。其中，公交行业推广新能源汽车3 900辆(新能源公交车3 050辆，纯电动出租车850辆)，占全市公交、出租车总数的12.6%[②]。基于此，本书以深圳电动汽车产业商业模式创新为例，以时间为划分标准对深圳电动汽车产业商业模式创新过程进行分析，以此深入论证本书所提出的"3—7"体系和两阶段概念框架的科学性与可行性。

7.4.1　2009年——商业模式创新的初始和准备阶段

2009年初，随着第一轮"十城千辆"示范运营工程的开展，深圳作为第一批

---

① Sosna M, Trevinyo-Rodríguez R N, Velamuri S R. Business model innovation through trial-and-error learning-the naturhousecase [J]. Long Range Planning, 2010, 43(2－3): 383－407.

② 数据来源：凤凰网，http://finance.ifeng.com/a/20140417/12140284_0.shtml，2014－04－17.

试点城市开始了其电动汽车产业商业模式创新的探索，并且于2009年底成立了深圳市节能与新能源汽车示范推广领导小组管理示范运营。

(1) 市场细分。"十城千辆"工程本身侧重于公交、出租、公务、市政、邮政等领域的示范推广。就深圳市而言，一方面，公交车和出租车数量虽然只占其机动车总量的1.1%，但行驶里程和污染物排放量却占到20%以上①。公交车和出租车领域的电动化在很大程度上能够减缓深圳市的环境污染程度；另一方面，基于安全性、可控性、新能源汽车的技术水平以及市场接受程度等因素的考虑，深圳市在示范推广初期，选择公交车和出租车作为电动汽车产业商业模式创新的市场细分对象，借助公交领域实现产业带动，然后逐步推广到私人电动汽车市场。

(2) 价值网络。2009年6月，工信部发布《新能源汽车生产企业及产品准入管理规则》，规定了新能源汽车企业和产品的准入条件；2009年7月，第一批《节能与新能源汽车示范推广应用工程推荐车型目录》发布，只有纳入《目录》的新能源汽车才能获得示范运营的财政补贴。比亚迪公司和五洲龙集团位于深圳市，且其生产的电动乘用车和电动出租车均列入《目录》，满足新能源汽车企业和产品的准入条件。因此，深圳市重点选取比亚迪和五洲龙作为深圳市电动汽车商业模式价值网络中电动汽车的生产商和供应商。南方电网成立于2002年12月，主要负责投资、建设和经营管理广东省、广西壮族自治区、云南省、贵州省和海南省五省(区)的输配电业务。随着深圳市电动汽车示范运营的开展，南方电网积极与政府、科研院所以及企业合作，并于2009年获得深圳市充电基础设施运营商资格。截至2009年底，南方电网已制定7项充电技术相关标准，并在深圳布局了两座充电站和134个充电桩。

可以看出，2009年深圳市电动汽车产业商业模式创新初始阶段主要侧重于确定哪些主体将进入新的电动汽车价值网络中以及主要的市场推广对象。

7.4.2 2010年——商业模式的设计和发展阶段

2010年深圳市电动汽车产业商业模式创新进入正式的设计阶段，其中电动出租车商业模式在该阶段正式形成。

(1) 价值主张。与传统汽车相比，电动汽车本身的初始购买价格较高。为提高电动汽车对消费者的市场吸引力，2010年6月，四部委联合发布《关于开展

---

① 数据来源：新浪网，http://gd.sina.com.cn/szfinance/chanjing/2014-06-09/07332289.html，2014-06-09.

私人购买新能源汽车补贴试点的通知》，对深圳、杭州、上海、长春和合肥五个城市的私人购买新能源汽车进行财政补贴。随后，深圳市发布《私人购买新能源汽车补贴政策》，规定深圳市购买电动车、插电式混动车可享受国家与地方 1∶1 的补贴政策。通过财政补贴降低电动汽车初始购买价格，同时结合电动汽车较低的使用成本，从而使得电动汽车的全生命周期使用成本低于传统汽车，这是深圳市在推广电动汽车过程中为消费者传递的一个重要价值主张。

（2）市场细分。在该阶段，深圳市进一步确定东部公交集团公司、西部公交集团公司和巴士集团公司作为电动公交车示范推广的主要客户。2010 年 5 月，深圳巴士集团和比亚迪共同出资成立深圳鹏程电动出租车公司，该公司成为深圳市电动出租车示范推广的主要客户。

（3）价值网络和伙伴关系。第 5 章的研究表明，充换电基础设施是影响我国电动汽车产业化进程的关键因素。从全国范围看，电网公司是充换电基础设施的主要参与主体，南方电网在深圳示范推广初期也加入其充换电市场。为提高充换电基础设施网络的完善程度，深圳市在该阶段进一步采取"特许经营"的方式，引入中国普天进入深圳市充电基础设施市场，与南方电网共同承担着基础设施运营商的角色。其中，南方电网主要为电动出租车和其他私人消费者提供充电服务，负责面向社会的充电站和充电桩的建设；普天则主要侧重于建设充电站，为电动公交车提供充换电服务。

在该阶段，深圳市基本完成了电动出租车价值网络的构建，在该网络中比亚迪承担着电动出租车的生产商、供应商和维修商的角色，南方电网承担着充电站运营商和电力供应商的角色，充电设施供应商由比亚迪和奥特迅共同承担，鹏程电动出租车公司则是电动出租车的购买者。

可以看出，2010 年深圳市电动汽车产业商业模式在设计和开发过程中仍然主要侧重于确定哪些主体将进入新的电动汽车价值网络中以及价值主张和细分市场的确定。

7.4.3　2011 年——商业模式的进一步设计和发展阶段

为进一步解决电动公交车价值网络构建过程中初始价格过高以及由此导致的资金不足问题，加强深圳大运会电动汽车示范效应，2011 年 7 月，在深圳市政府的组织和协调下，东部公交集团公司、西部公交集团公司、巴士集团公司、比亚迪、五洲龙、中国普天和交银租赁共同签署新能源车示范运行融资租赁合同。根据该租赁合同，交银租赁将从比亚迪和五洲龙公司购买电动公交车（裸车），中国普天负责电动公交车型的选择并出资从比亚迪和五洲龙公司购买电池，然后以整车的方式租赁给公交公司运营。租赁期内，三方参与利益分成，租赁期满则整车所有权归公交公司所有。

可以看出，该阶段深圳市通过引入第三方金融公司，完成了价值网络的构建，电动公交车商业模式形成，这意味着示范运营期间深圳市公交车和出租车两大领域的商业模式创新基本实现。

7.4.4 2012年至今——商业模式的推广和持续学习阶段

2012年以来，随着深圳市电动汽车商业模式的形成，其逐步进入到推广和持续发展阶段。电动公交车和出租车的扩散规模越来越大，并且消费者也逐步进入到电动汽车领域。截至2014年，深圳市新能源汽车推广数量达到4 189辆，完成量位居全国第三①。并且在电动出租车商业模式下，鹏程公司已于2013年实现盈利，累计投入出租车数量由2010年的300辆增长到2014年的850辆。在此基础上，比亚迪、中国普天、南方电网等主体继续探索和学习新的商业模式。

以上分析表明，深圳市电动汽车商业模式创新最初主要聚焦于产业层次，在创新过程中，最初主要侧重于价值网络的构建，哪些主体拥有电池或整车？哪些主体可以进入到充换电基础设施市场？不同主体之间如何进行利益分配？商业模式创新虽然已经开始深入到企业层次，但整体而言，其创新内容仍然主要聚焦于合作伙伴界面。技术变革引致的商业模式创新在很大程度上会导致产业发生巨大变革，在此背景下，价值网络的构建是商业模式创新的关键环节，深圳案例表明了“3—7”体系和两阶段概念框架模型对于分析电动汽车商业模式创新的可行性。另外，深圳案例表明电动汽车产业商业模式的创新需要经历一个从初始准备到设计和试验再到进一步发展和探索的动态发展路径，从而表明了本书所提出的创新路径和方法的科学性。

7.5 本章小结

本章试图通过电动汽车产业商业模式创新设计，为破解我国电动汽车产业

① 数据来源：凤凰网，http://shenzhen.auto.ifeng.com/xinwen/2015/0106/9367.shtml，2015-01-06.

商业模式创新障碍和约束提供思路，进而为推动我国电动汽车产业化进程提供参考。① 在对已有商业模式文献研究的基础上，界定了电动汽车产业商业模式内涵，提出电动汽车产业商业模式构成要素的"3—7"体系和商业模式创新的两阶段概念框架。② 基于"3—7"构成体系和两阶段概念框架，提出电动汽车产业商业模式创新的阶段性路径：探索阶段、开发阶段和进一步探索阶段。其中，"3—7"要素构成体系的建立是探索阶段的重要内容。③ 以情景法为基础，综合运用步骤导向型设计方法和形态分析法，提出面向"3—7"要素构成体系，特别是价值网络要素的商业模式创新方法。将该方法与我国电动汽车产业商业模式创新实践相结合，提出电动汽车产业商业模式创新的具体流程和步骤，以期为我国电动汽车产业商业模式创新提供参考。④ 以深圳电动汽车商业模式创新为例，对"3—7"体系和商业模式创新的两阶段概念框架的可行性与科学性进行分析。

本章部分内容已形成研究成果"A Conceptual Framework for Business Model Innovation: The Case of Electric Vehicles in China"和"我国电动汽车商业模式创新研究"，前者被 Academy of Management 2013 Annual Meeting 接收并发表于 *Problemy Ekorozwoju/Problems of Sustainable Development*（SSCI），后者发表于《发展与管理——2012 发展与管理论坛》。

第8章 研究结论及对策建议

本章首先在对前文各章节进行回顾的基础上，对本书的研究结论和主要成果进行系统总结、凝练，并进一步结合产业发展实践，提出加快我国电动汽车产业化进程的对策建议，最后对本书研究的不足以及进一步研究方向进行思考。

8.1 主要研究结论

本书以加快我国电动汽车产业化进程为关键线索，遵循"发现问题—分析问题—解决问题"的思路，围绕如何识别我国电动汽车产业发展关键影响因素以及如何推动商业模式创新展开研究，主要研究结论如下：

（1）本书从我国电动汽车产业发展历程、电动汽车产业政策、电动汽车产业市场规模现状与发展目标为主要切入点，对我国电动汽车产业整体发展概况进行分析。研究显示：① 我国电动汽车产业主要经历了基础研发（"七五"至"九五"计划）、"三纵三横"（"十五"规划期间）、科技攻关（"十一五"规划期间）和路线确定（"十二五"规划期间）四个阶段。在产业发展过程中，政府一系列电动汽车科技计划和专项研究成为推动电动汽车整车及零部件初期技术研发的关键动力和支撑。随着越来越多的企业、学校和科研院所加入到政府科技计划的研究网络中，我国电动汽车的技术路线最终确定为"三纵三横"布局下的"纯电驱动"为主导的战略。② 从生产供给端、市场需求端和整体环境端三个维度对我国电动汽车产业相关政策措施进行分类梳理，结果表明我国电动汽车产业政策体系已基本建立。2014 年产业政策的出台达到一个高峰期，密集程度空前。当前我国出台的产业政策措施主要集中于市场需求端和整体环境方面，而生产供给端则相对较少。电动汽车产业政策正由最初的产业规划层面向具体的实际操作层面过渡。③ 我国电动汽车市场销售与生产规模与目标之间仍存在较大差距，完成既定目标的任务艰巨。

(2) 综合运用 MLP 和 SNM 转型分析工具，对我国电动汽车产业场景层产生的推力和社会—技术域层产生的阻力进行深入分析，并以我国电动汽车示范运营发展实践为基础，对小生境内我国电动汽车产业创新情况进行评估。研究显示：① 宏观场景层的能源、环境和产业升级等因素为我国电动汽车产业带来机遇。② 我国汽车产业仍处于以传统汽车为主导的社会—技术域，虽然面临着场景层的外在压力，但该社会—技术域仍具有较强的稳定性。生产体系维度内的稳定性体现在传统汽车生产的内在惰性、传统汽车生产已建立的互馈机制、传统汽车产业商业模式的稳定；传统汽车产品本身维度内的稳定性体现在传统汽车技术的不断完善、性价比的提高和多样化的车型；市场和消费者习惯维度内的稳定性体现在，消费者已形成的购买决策标准往往会把电动汽车排除在外，传统汽车模式下消费者出行的便利性、已形成的出行模式以及在传统汽车性能和日常维护保养方面的沉没投资均会影响的消费者购买决策；文化和符号意义维度内的稳定性主要体现在，我国消费者对汽车赋予的地位和财富的象征意味着国内大多电动汽车车型难以满足消费者这方面的符号需求；道路基础设施和空间规划维度内的稳定性主要体现在，城市内土地用地紧张和小区私人充电桩的安装困难影响了电动汽车充换电基础设施建设。我国电动汽车产业发展必须要考虑社会—技术域的稳定性。③ 小生境内我国电动汽车示范运营取得积极进展，示范运营推动了小生境内围绕电动汽车产业所展开的学习、社会网络和期望的形成，并且三者之间存在内在互馈机制。具体看期望的形成方面，电动汽车产业发展期望的鲁棒性、共享性、具体性和清晰性均有较好地体现和发展；社会网络构建方面，随着电动汽车产业链上不同主体的持续加入，特别是新进入者和消费者的参与，我国电动汽车产业社会网络表现出较好的规模性和结构性；学习进程方面，在两轮示范运营过程中，政府、基础设施运营商、汽车厂商等主体均表现出广泛性学习以及反思性学习。然而，示范运营评估结果表明我国示范运营目标落空，电动汽车产业期望的合理性和质量性有限；已构建的电动汽车产业社会网络内不同主体由于自身期望和发展战略不同，导致网络内主体活动缺乏协同效应，我国电动汽车产业发展仍存在诸多困难和障碍，产业化进程和市场扩散速度整体缓慢。

(3) 基于汽车产业的社会—技术布局框架，全面分析我国电动汽车产业化的影响因素。在此基础上，综合区间直觉模糊集和 DEMATEL 构建关键影响因素识别模型 IVIF - DEMATEL，进一步识别影响我国电动汽车产业发展的关键因素。研究显示：① 影响我国电动汽车产业发展的因素主要包括生产体系和产业结构、电动汽车产品本身、市场和消费者习惯、充换电基础设施和政府政策措施等5个维度共14项内容：电动汽车产业商业模式创新、外企的竞争、地方保护主义、不同利益主体的博弈、电动汽车技术水平、电动汽车购买价格、电动汽车性能、电动汽车使用成本、维修和保养成本、公众对电动汽车的认知、电动汽车的环境友好性、消费者对电动汽车的预期风险、充换电基础设施和政府政策。② 在所有的影响因素中，商业模式、电动汽车技术水平、政府政策措施、电动汽车性能、充换电基础设施属于关键因素。其中，商业模式的影响力最大，在我国电动汽车产业化进程中发挥的作用最大。另外，在所有系统因素中，商业模式对主体之间的利益博弈和充换电基础设施建设的影响最大，这表明商业模式创新有利于促进主体之间的合作，有效缓解电动汽车产业化配套设施不足的问题。

(4) 为推动我国电动汽车产业化最关键影响因素——商业模式创新的发展，首先从非连续性创新、突破技术瓶颈和建立自我强化机制三个理论维度强调商业模式创新对我国电动汽车产业发展的必要性。然后以我国电动汽车示范运营中的商业模式创新实践为基础，总结梳理了典型的商业模式。并进一步以“深圳模式”为案例，基于价值网络内不同主体利益获得视角，量化分析我国电动汽车产业商业模式创新的主要障碍。研究表明：① 我国典型的电动汽车产业商业模式主要包括换电租赁、融资租赁、整车销售、定向购买、共享租赁五种类型。② 我国电动汽车产业商业模式创新缺乏系统的理论指导；价值网络重构障碍是我国电动汽车产业商业模式创新亟需解决的重要问题，一套能够使网络内各主体受益的利益分配机制有待建立；已有的认知惯例和占优逻辑使得众多主体未能充分意识到电动汽车产业商业模式创新的系统性、动态性和复杂性。

(5) 在对商业模式创新实践和障碍研究的基础上，本书力图通过构建我国电动汽车产业商业模式创新的理论基础和方法，为破解我国电动汽车产业商业模式创新障碍提供参考，进而推动我国电动汽车产业化进程。研究表明：① 电动汽车产业商业模式的内涵本身包含静态和动态视角，静态视角强调电动汽车产业商业模式是由不同商业模式要素组成的架构，该架构详细阐述了各个主体以及每个主体的角色；基于动态视角的电动汽车产业商业模式则更加强调不同商业模式要素架构的演化。② 采取“部件—要素”界定法，提出电动汽车产业商业模式构成要素的“3—7”体系。其中“3”代表三个部件界面，客户界面、合作伙伴界面和组织结构界面，“7”代表部件界面所包含的七个具体要素，价值主张、市场细分、价值网络、伙伴关系、成本结构、收入模式和价值链。③ 基于静态和动态视角，提出电动汽车产业商业模式创新的两阶段概念模型。从动态视角看，商业模式创新需要经历两个阶段：第一阶段侧重于产业层面，第二阶段侧重于企业层面。从静态视角看，无论是第一阶段还是第二阶段，商业模式创新的主要内容都是基于“3—7”构成体系，但是每一个阶段创新的侧重点有所不同，第一阶段侧重从产业层面构建合作伙伴界面；第二阶段侧重从企业层面构建客户界面客户界面和组织结构界面。④ 在“3—7”构成体系和两阶段概念框架下，提出电动汽车产业商业模式创新的阶段性路径：探索阶段、开发阶段和进一步探索阶段，其中探索阶段中商业模式要素的设计和构建是整个创新过程的起点。⑤ 以情景法为基础，综合运用步骤导向型设计方法和形态分析法，提出面向“3—7”要素构成体系，特别是价值网络要素的电动汽车产业商业模式创新方法和具体流程：分析传统汽车产业商业模式，特别是价值网络要素；确定电动汽车技术对传统汽车商业模式内不同主体的影响；基于形态分析法，从汽车销售、充换电、售后服务和电池回收四个维度建立电动汽车产业商业模式创新情景；根据宏观(PEST)、中观(产业结构和内部化)、微观(资金、分销渠道和售后服务)的评估指标体系对电动汽车产业商业模式创新情景进行评估和选择。⑥ 深圳电动汽车商业模式创新案例研究表明所提出的“3—7”体系、创新的两阶段概念框架以及创新路径和方法的可行性与科学性。

8.2　相关对策建议

基于上述研究结论和成果，主要围绕如何推进我国电动汽车产业商业模式创新和产业化进程提出有关对策建议，具体内容如下：

(1) 应充分认识到电动汽车产业化进程的复杂性和长期性

汽车产业的转型升级需要社会经济宏观背景、传统汽车产业和电动汽车产业的协同发展。虽然目前能源、环境等宏观背景赋予电动汽车产业重要意义，但传统汽车仍占据主导地位，且在现阶段仍具有一定的稳定性；同时，尽管电动汽车产业发展取得积极进展，但仍存在诸多社会—技术因素阻碍其进程和大规模市场扩散。因此，应充分意识到电动汽车产业发展的艰巨性和长期性，遵循产业发展规律循序渐进，逐步推进。

(2) 政策措施应同时涉及传统汽车产业和电动汽车产业两方面

电动汽车产业的发展不能不考虑传统汽车产业的影响，在社会—技术域中占据主导地位的传统汽车产业从生产、市场、基础设施、文化等方面都会对电动汽车产业造成影响。因此，对于政府而言，推动电动汽车产业化不仅仅是通过各类配套产业支持电动汽车创新发展，同时也应充分认识到作用于传统汽车产业的政策措施的重要影响。如，2012 年发布的《节能与新能源汽车产业发展规划(2012—2020 年)的通知》中，对于乘用车平均燃料消耗量的规定将会在很大程度上影响传统汽车产业，为电动汽车产业发展带来难得机遇。

(3) 积极推动商业模式创新，重视价值网络主体的共赢

商业模式创新是推动我国电动汽车产业发展的最关键影响因素，有效的商业模式能够在很大程度上推动主体之间的合作和充换电基础设施的建设，从而降低消费者成本支出。在商业模式创新过程中，应通过各种创新方式构建电动汽车产业价值网络，围绕网络内主体建立共赢的利益分配机制。其中，充换电基础设施建设运营商作为价值网络中的薄弱环节，应探索各种收入模式；同时，政府也应加强对该环节的支持力度。

(4) 始终强调技术研发，重视竞争对技术发展的影响

电动汽车技术水平对我国电动汽车产业的发展具有重要影响，技术水平的提高会对众多影响因素，特别是汽车购买价格、电动汽车性能、电动汽车使用和维修成本产生较大影响。在推动电动汽车技术研发过程中，不仅要充分发挥企业的主观能动性和政府的激励作用，还应该高度重视企业之间的竞争，特别是外企竞争对国内电动汽车厂商技术研发的影响。应在保护电动汽车产业小生境创新的同时，通过适当的市场开放和竞争刺激企业的研发与生产。

(5) 充分发挥政策在打破地方主义、提高公众认知方面的作用

政府的各项政策措施对推动电动汽车产业化具有重要作用，政策的完善度和实施效果会在很大程度上影响其他因素。其中，打破地方保护主义和提高公众对电动汽车认知的关键就在于政府的政策措施。因此，政府应加快出台各项配套政策措施，打破地方保护主义，推动电动汽车生产和市场资源在全国范围内的合理配置；还应该加大宣传力度，普及电动汽车知识，重视消费者在电动汽车示范运营中的参与和体验。

8.3 研究有待深入的几个方面

由于受到主观和客观条件的限制，本书的研究还存在一些局限和不足，进一

步研究将围绕以下几个方面展开：

(1) 本书未能从差异化角度就具体试点城市的示范运营情况展开研究，使研究成果具有一定局限性。后续研究应更加关注电动汽车示范运营的区域差异。

(2) 本书构建的关键因子识别模型 IVIF－DEMATEL 未能完全考虑到在因素影响关系评价中有些专家可能会给出一些极端或有偏见的评价，影响了研究成果的精确性。后续研究中可以利用有序混合加权平均算子和网络分析法来有效获取专家的各种影响因素关系评估信息。

(3) 限于篇幅与工作量，本书重点选取影响我国电动汽车产业发展的最关键因素——商业模式进行研究，而缺乏对其他关键因素的深入研究。后续研究将进一步把研究范围拓展至其他关键影响因素。

参考文献

[1] IPCC. Climate change 2007: the physical science basis [M]. Cambrige: Cambridge University Press, 2007.

[2] Rotmans J, Kemp R, Asselt M A. More evolution than revolution: transition management in public policy [J]. Foresight, 2001, 3(1): 15 - 31.

[3] Ackerman L S. Transition management: an in-depth look at managing complex change [J]. Organizational Dynamics, 1982, 11(1): 46 - 66.

[4] Rip A, Kemp R. Technological change [A]//Rayner S, Malone E L. (eds). Human choice and climate change [C]. Columbus OH: Battelle Press, 1998, 327 - 399.

[5] Geels F W, Schot J. Typology of sociotechnical transition pathways [J]. Research Policy, 2007, 36(3): 99 - 417.

[6] Loorbach D, Rotmans J. The practice of transition management: examples and lessons from four distinct cases [J]. Futures, 2010(42): 237 - 246.

[7] Geels F W. From sectoral systems of innovation to socio-technical systems: insights about dynamics and change from sociology and institutional theory [J]. Research Policy, 2004, 33(6 - 7): 897 - 920.

[8] Smith A, Stirling A, Berkhout F. The governance of sustainable socio-technical transitions [J]. Research Policy, 2005, 34(10): 1491 - 1510.

[9] Geels F W, Schot J. The dynamics of sociotechnical transitions-a sociotechnical perspective [A]//Grin J, Rotmans J, Schot J. (eds.). Transitions to sustainable development [C]. London: Routledge, 2010: 9 - 101.

[10] Loorbach D, Van der Brugge R, Taanman M. Governance in the energy transition: practice of transition management in the Netherlands [J]. International Journal of Environmental Technology and Management, 2008, 9(2/3): 294 - 314.

[11] Geels F W. A socio-technical analysis of low-carbon transitions: introducing the multi-level perspective into transport studies [J]. Journal of Transport Geography, 2012

(24): 471 - 482.

[12] Markard J, Raven R, Truffer B. Sustainability transitions: an emerging field of research and its prospects [J]. Research Policy, 2012(41): 955 - 967.

[13] Grin J, Rotmans J, Schot J. Transitions to sustainable development: new directions in the study of long term transformative change [M]. New York: Routledge, 2010.

[14] Nelson R R, Winter S G. In search of useful theory of innovation [J]. Research Policy, 1977(6): 36 - 76.

[15] Geels F W. Technological transitions as evolutionary reconfiguration processes: a multi-level perspective and a case-study [J]. Research Policy, 2002(31): 1257 - 1274.

[16] Verbong G, Geels F W. The ongoing energy transition: lessons from a sociotechnical, multi-level analysis of the Dutch electricity system (1960 - 2004) [J]. Energy Policy, 2007, 35(2): 1025 - 1037.

[17] Van der Brugge R, Rotmans J, Loorbach D. The transition in Dutch water management [J]. Regional Environmental Change, 2005(5): 164 - 176.

[18] Geels F W. The dynamics of transitions in socio-technical systems: a multi-level analysis of the transition pathway from horse-drawn carriages to automobiles (1860 - 1930) [J]. Technology Analysis & Strategic Management, 2005, 17(4): 445 - 476.

[19] Geels F W. Co-evolutionary and multi-level dynamics in transitions: the transformation of aviation systems and the shift from propeller to turbojet (1930 - 1970) [J]. Technovation, 2006(26): 999 - 1016.

[20] Geels F W. Analysing the breakthrough of rock "n" roll (1930 - 1970): multi-regime interaction and reconfiguration in the multi-level perspective [J]. Technological Forecasting & Social Change, 2007(74): 1411 - 1431.

[21] Nykvist B, Whitmarsh L. A multi-level analysis of sustainable mobility transitions: niche development in the UK and Sweden [J]. Technological Forecasting & Social Change, 2008(75): 1373 - 1387.

[22] Bree B V, Verbong G P J, Kramer G J. A multi-level perspective on the introduction of hydrogen and battery-electric vehicles [J]. Technological Forecasting & Social Change, 2010, 77(4): 529 - 540.

[23] Foxon T J, Hammond G P, Pearson P J G. Developing transition pathways for a low carbon electricity system in the UK [J]. Technological Forecasting & Social Change, 2010(77): 1203 - 1213.

[24] Mokyr J. The lever of riches: technological creativity and economic progress [M].

New York: Oxford University Press, 1990.

[25] Rosenberg N. Perspectives on technology [M]. Cambridge: Cambridge University Press, 1976.

[26] Schot J, Geels F W. Strategic niche management and sustainable innovation journeys: theory, findings, research agenda, and policy [J]. Technology Analysis & Strategic Management, 2008, 20(5): 537 - 554.

[27] Kemp R, Schot J, Hoogma R. Regime shifts to sustainability through processes of niche formation: the approach of strategic niche management [J]. Technology Analysis & Strategic Management, 1998, 10(2): 175 - 196.

[28] Schot J, Hoogma R, Elzen B. Strategies for shifting technological systems: the case of the automobile system [J]. Futures, 1994, 26(10): 1060 - 1076.

[29] Van de Belt H, Rip A. Technologie-ontwikkeling: het Nelson-Winter/Dosi model [R]. LISBON, University of Leiden, 1984.

[30] Van der Laak W W M, Raven R P J M, Verbong G P J. Strategic niche management for biofuels: analysing past experiments for developing new biofuel policies [J]. Energy Policy, 2007(35): 3213 - 3225.

[31] Hoogma R, Kemp R, Schot J, et al. Experimenting for sustainable transport. The approach of strategic niche management [M]. London and New York: Spon Press, 2002.

[32] Van Eijck J, Romijn H. Prospects for Jatropha biofuels in Tanzania: an analysis with Strategic Niche Management [J]. Energy Policy, 2008(36): 311 - 325.

[33] Caniëls M C J, Romijn H A. Actor networks in Strategic Niche Management: insights from social network theory [J]. Futures, 2008(40): 613 - 629.

[34] Saviotti P P. Technological evolution, variety and the economy [M]. Cheltenham: Edward Elgar, 1996.

[35] Windrum P, Birchenhall C. Is product life-cycle theory a special case? dominant designs and the emergenceof market niches through co-evolutionary learning [J]. Structural Change and Economic Dynamics, 1998, 9(1): 109 - 134.

[36] Astley W G. The two ecologies: population and community perspectives on organizational evolution [J]. Administrative Science Quarterly, 1985, 30 (2): 224 - 241.

[37] Mourik R, Raven R. A practioner's view on strategic niche management-towards a future research outline [R]. Energy Research Center of the Netherlands, 2006.

[38] Sushandoyo D, Magnusson T. Strategic niche management from a business perspective: taking cleaner vehicle technologies from prototype to series production

[J]. Journal of Cleaner Production, 2014, 74(1): 17 - 26.

[39] 陈卓淳,姚遂. 中国电力系统低碳转型的路径探析——基于社会技术转型思路[J]. 中国人口·资源与环境,2012,22(2): 62 - 68.

[40] 孙冰,袭希,余浩. 网络关系视角下技术生态位态势研究——基于东北三省新能源汽车产业的实证分析[J]. 科学学研究,2013,31(4): 518 - 528.

[41] 叶芬斌. 基于 SNM 理论的技术范式变迁实证研究——以数码化图像显示技术为例[J]. 科学学研究,2013,31(6): 818 - 828.

[42] Shove E, Walker G. CAUTION! Transitions ahead: politics, practice and sustainable transition management [J]. Environment and Planning A, 2007,39(4): 763 - 770.

[43] Raven R P J M. Towards alternative trajectories? Reconfigurations in the Dutch electricity regime [J]. Research Policy, 2006, 35(4): 581 - 595.

[44] Osterwalder A. The business model ontology-aproposition in a design science approach [D]. Switzerland: University of Lausanne, 2004.

[45] Zott C, Amit R, Massa L. The business model: recent developments and future research [J]. Journal of Management, 2011, 37(4): 997 - 1018.

[46] Shafer S M, Smith H J, Linder J. The power of business models [J]. Business Horizons, 2005(48): 199 - 207.

[47] Timmers P. Business models for electronic markets [J]. Electronic Markets, 1998, 8(2): 3 - 8.

[48] Amit R, Zott C. Value creation in e-business [J]. Strategic Management Journal, 2001(22): 493 - 520.

[49] Dubosson-Torbay M, Osterwalder A, Pigneur Y. e-Business model design, classification and measurements [J]. Thunderbird International Business Review. 2002, 44(1): 5 - 23.

[50] Chesbrough H, Rosenbloom R S. The role of the business model in capturing value from innovation: evidence from Xerox Corporation's technology spin-off companies [J]. Industrial and Corporate Change, 2002, 11(3): 529 - 555.

[51] Magretta J. Why business model matter [J]. Harvard Business Review, 2002(80): 3 - 8.

[52] Morris M, Schindehutte M, Allen J. The entrepreneur's business model: toward a unified perspective [J]. Journal of Business Research, 2005(58): 726 - 735.

[53] Teece D J. Business models, business strategy and innovation [J]. Long Range Planning, 2010(43): 172 - 194.

[54] Mahadevan B. Business models for internet-based e-Commerce [J]. California Management Review, 2000, 42(4): 55 - 69.

[55] Stewart D W, Zhao Q. Internet marketing, business models, and public policy [J]. Journal of Public Policy & Marketing, 2000, 19(2): 287 - 296.

[56] Afuah A, Tucci C. Internet business models and strategies: text and cases [M]. New York: McGraw-Hill, 2001.

[57] Alt R, Zimmerman H D. Introduction to special section on business models [J]. Electronic Markets, 2001, 11(1): 3 - 9.

[58] APPlegate L M E. Business models: making sense of the internet business landscape [A]//Diekson G, Gary W, Desanetis G. (eds). Information technology and the future enterprise: new models for managers [C], Englewood Cliffs, NJ: Prentice-Hall, 2001: 49 - 101.

[59] Rappa M. Business models on the web: managing the digital enterprise [EB/OL]. [2014 - 07 - 10]. http://digitalenterprise. org/models/models. html, 2001.

[60] Bonaccorsi A, Giannangeli S. Entry strategies under competing standards: hybrid business models in the open source software industry [J]. Management Science, 2006, 52(7): 1085 - 1098.

[61] 郭毅夫. 商业模式创新与企业竞争优势：内在机理及实证演技[D]. 南京：东南大学,2009.

[62] 项国鹏,周鹏杰. 商业模式创新：国外文献综述及分析框架构建[J]. 商业研究,2011(4): 84 - 89.

[63] 原磊. 商业模式体系重构[J]. 中国工业经济,2007(6): 70 - 79.

[64] Sosna M, Trevinyo-Rodrĭguez R N, Velamuri S R. Business model innovation through trial-and-error learning-the naturhousecase [J]. Long Range Planning, 2010, 43(2 - 3): 383 - 407.

[65] Demil B, Lecocq X. Business model evolution: in search of dynamic consistency [J]. Long Range Planning, 2010(43): 227 - 246.

[66] Browne D, O'Mahony M, Caulfield B. How should barriers to alternative fuels and vehicles be classified and potential policies to promote innovative technologies be evaluated? [J]. Journal of Cleaner Production, 2012(35): 140 - 151.

[67] Barkenbus J. Our electric automotive future: CO_2 savings through a disruptive technology [J]. Policy and Society, 2009(27): 399 - 410.

[68] Calfee J E. Estimating the demand for electric automobiles using disaggregated probabilistic choice analysis [J]. Transportation Research B: Methodological, 1985, 19(4): 287 - 301.

[69] Chéron E, Zins M. Electric vehicle purchasing intentions: the concept over battery charge duration [J]. Transportation Research, 1997, 31(3): 235 - 243.

[70] Oliver J D, Rosen D E. Applying the environmental propensity framework: a segmented approach to hybrid electric vehicle marketing strategies [J]. Journal of Marketing Theory and Practice, 2010, 18(4): 377 - 393.

[71] Hidrue M K, Parsons G R, Kempton W, et al. Willingness to pay for electric vehicles and their attributes [J]. Resource and Energy Economics, 2011(33): 686 - 705.

[72] Skippon S, Garwood M. Responses to battery electric vehicles: UK consumer attitudes and attributions of symbolic meaning following direct experience to reduce psychological distance [J]. Transportation Research Part D: Transport and Environment, 2011 (16): 525 - 531.

[73] Greene D L, Duleep K G, McManus W S. Future potential of hybrid and diesel powertrains in the US light-duty vehicle market [R]. OakRidge, TN: OakRidge National Laboratory, 2004.

[74] Becker T A. Electric vehicles in the United States: a new model with forecasts to 2030 [R]. Center for Entrepreneurship and Technology Technical Brief, 2009.

[75] Eppstein M J, Grover D K, Marshall J S, et al. An agent-based model to study market penetration of plug-in hybrid electric vehicles [J]. Energy Policy, 2011(39): 3789 - 3802.

[76] Park S Y, Kim J W, Lee D H. Development of a market penetration forecasting model for Hydrogen Fuel considering infrastructure and cost reduction effects [J]. Energy Policy, 2011(39): 3307 - 3315.

[77] Shafiei E, Thorkelsson H, Ásgeirsson E I, et al. An agent-based modeling approach to predict the evolution of market share of electric vehicles: A case study from Iceland [J]. Technological Forecasting & Social Change, 2012, 79(9): 1638 - 1653.

[78] McCoy D, Lyons S. Consumer preferences and the influence of networks in electric vehicle diffusion: An agent-based microsimulation in Ireland [J]. Energy Research & Social Science, 2014(3): 89 - 101.

[79] Budde B, Alkemade F, Weber K M. Expectations as a key to understanding actor strategies in the field of fuel cell and hydrogen vehicles [J]. Technological Forecasting & Social Change, 2012(79): 1072 - 1083.

[80] Steinhilber S, Wells P, Thankappan S. Socio-technical inertia: understanding the barriers to electric vehicles [J]. Energy Policy, 2013(60): 531 - 539.

[81] 徐国虎,许芳. 新能源汽车购买决策的影响因素研究[J]. 中国人口・资源与环境, 2010,20(11): 91 - 95.

[82] 辛明亮. 我国新能源汽车消费者购买驱动因素研究[D]. 武汉: 湖北工业大学,2012.

[83] 王颖,李英. 基于感知风险和涉入程度的消费者新能源汽车购买意愿实证研究[J]. 数

理统计与管理,2013,32(5):864-872.
[84] 李美霞.基于消费者视角的纯电动汽车购买决策影响因素及市场化研究[D].上海:华东理工大学,2014.
[85] 孙逢春,祝嘉光.关于“十五”期间我国电动汽车发展的思考[J].商用汽车,2001(7):8-9.
[86] 亢凤林,李军民.电动汽车发展分析[J].农业装备与车辆工程,2008(11):63-65.
[87] 付翔,代聪,朱会杰,等.基于钻石体系的电动汽车产业化制约因素分析[J].上海汽车,2008(7):15-18.
[88] 郭孔辉.对我国电动汽车产业化问题的思考[J].中国工程科学,2011(9):4-7,21.
[89] 钟文彬,孙泽昌.电动汽车产业化与技术安全性的博弈论[J].上海汽车,2011(9):3-7.
[90] 万钢.以清洁能源振兴中国汽车业[J].商务周刊,2005(11):5-6.
[91] 肖鹏,万君康,胡洁.论我国电动汽车企业的技术创新策略[J].湖北社会科学,2004(6):85-87.
[92] 黎勇,肖鹏.实施创新工程加速电动汽车的产业化[J].汽车科技,2005(11):12-15.
[93] 杜志强.从产业经济的角度分析我国电动汽车产业化中的关键点[J].上海汽车,2006(2):10-12.
[94] 戴福祥.面向产业化的电动汽车示范运营发展战略研究[J].科技进步与对策,2009(8):71-73.
[95] 赵富强.面向产业化的电动汽车示范运营发展战略构想[J].汽车工业研究,2010(2):10-14,41.
[96] Kley F, Lerch C, Dallinger D. New business models for electric cars-A holistic approach [J]. Energy Policy, 2011(39):3392-3403.
[97] Christensen T B, Wells P, Cipcigan L. Can innovative business models overcome resistance to electric vehicles? Better place and battery electric cars in Denmark [J]. Energy Policy, 2012(48):498-505.
[98] Bohnsack R, Pinkse J, Kolk A. Business models for sustainable technologies: exploring business model evolution in the case of electric vehicles [J]. Research Policy, 2014(43):284-300.
[99] Rewey R L. The problems and promise of electric vehicle production [J]. Business Forum, 1997:1-11.
[100] Buca P V, Brausen J. The electric vehicle market [J]. Competitiveness Review, 1997, 7(1):36-45.
[101] Baumgarther W, Gross A. The global market for electric vehicles [J]. Business Economics, 2000, 35(4):51-56.

[102] Gärling A, Thøgerson J. Marketing of electric vehicles [J]. Business Strategy and Environment , 2001, 10(1): 53 - 65.

[103] Wittenberg D O. Charging ahead with electric vehicles [J]. Business Forum, 1997, 22(2/3): 39 - 41.

[104] Bean J, Dunn K, Hostetter R, et al. Electric vehicle charging infrastructure in the city of Berkeley [R]. Berkeley: Department of Planning and Public Works, 2010.

[105] Román T G S, Momber I, Miralles M R A A S. Regulatory framework and business models for charging plug-in electric vehicles: infrastructure, agents, and commercial relationships [J]. Energy policy, 2011, 39(10): 6360 - 6375.

[106] Lyon T P, Michelin M, Jongejan A, et al. Is "Smart Charging" policy for electric vehicles worthwhile? [J]. Energy Policy, 2012, 41: 259 - 268.

[107] Schroeder A, Traber T. The economics of fast charging infrastructure for electric vehicles [J]. Energy Policy, 2012(43): 136 - 144.

[108] Li Z, Ouyang M. The pricing of charging for electric vehicles in China-dilemma and solution [J]. Energy, 2011(36): 5765 - 5778.

[109] Li Z, Ouyang M. A win-win marginal rent analysis for operator and consumer under battery leasing mode in China electric vehicle market [J]. Energy Policy, 2011, 39 (6): 3222 - 3237.

[110] 夏德建. 电动汽车商业化的市场主体定位浅析[J]. 能源技术经济, 2011, 23(8): 14 - 18.

[111] 赵宇, 张月璐. 电动汽车充电服务的商业模式浅析[J]. 华东电力, 2011, 39(10): 1596 - 1598.

[112] 叶强, 王贺武. 关于电动汽车商业模式系统的理论思考[J]. 中国科技论坛, 2012(1): 44 - 48.

[113] 高学兵. 我国新能源汽车产业商业模式研究[D]. 合肥: 合肥工业大学, 2013.

[114] 郭庆方. 新能源汽车产业发展商业模式研究[J]. 特区经济, 2014(7): 45 - 47.

[115] 刘坚. 电动汽车充电方式和商业运营模式初探[J]. 汽车工程师, 2011(1): 19 - 22.

[116] 邓晨, 梁艺. 电动汽车充电市场运营模式研究——供应链合作博弈下的联盟策略[J]. 贵州商业高等专科学校学报, 2011, 24(3): 29 - 34.

[117] 李慧琪. 纯电动汽车运营模式及经济性探讨[J]. 科技管理研究, 2007(7): 238 - 240.

[118] 张文亮, 武斌, 李武峰, 等. 我国纯电动汽车的发展方向及能源供给模式的探讨[J]. 电网技术, 2009, 33(4): 1 - 5.

[119] 周逢权, 连湛伟, 王晓雷, 等. 电动汽车充电站运营模式探析[J]. 电力系统保护与控制, 2010, 38(21): 63 - 67.

[120] 叶建红, 陈小鸿. 纯电动汽车供能策略研究[J]. 同济大学学报(自然科学版), 2011,

39(10)：1531－1536.

[121] 彭鸿林，谭茂芹. 新能源汽车充电服务收费问题研究[J]. 市场经济与价格，2010(6)：40－41.

[122] 徐臣，李跃武. 电动汽车充换电设施新型经营模式初探[J]. 能源技术经济，2011，23(9)：29－34.

[123] Chan C C. The state of the art electric, hybrid, and fuel cell vehicles [C]//Proceedings of the IEEE, 2007, 95(4): 704－718.

[124] Rajashekara K. History of electric vehicles in general motors [J]. IEEE Transactions on Industry Applications, 1994, 30(4): 897－904.

[125] 柴智勇，刘效磊. 中国纯电动汽车产业发展现状研究[A]. 第五届中国智能交通年会暨第六届国际节能与新能源汽车创新发展论坛论文集，2009：264－272.

[126] Genus A, Coles A M. Rethinking the multi-level perspective of technological transitions [J]. Research Policy, 2008(37): 1436－1445.

[127] Nelson R R, Winter S G. An evolutionary theory of economic change [M]. Cambridge, MA: Harvard University Press, 1982.

[128] Dosi G. Technological paradigms and technological trajectories: a suggested interpretation of the determinants and directions of technical change [J]. Research Policy, 1982, 11(3): 147－162.

[129] Rip A. Introduction of new technology: making use of recent insights from sociology and economics of technology [J]. Technology Analysis & Strategic Management, 1995, 7(4): 417－431.

[130] Schot J. The usefulness of evolutionary models for explaining innovation. The case of the Netherlands in the nineteenth century [J]. History and Technology, 1998(14): 173－200.

[131] Smith A, Raven R. What is protective space? reconsidering niches in transitions to sustainability [J]. Research Policy, 2012(41): 1025－1036.

[132] Van Lente H. Promising technology — the dynamics of expectations in technological developments [D]. Enschede: Twente University.

[133] Hoogma R. Exploiting technological niches: strategies for experimental introduction of electric vehicles [D]. Enschede: Twente University, 2002.

[134] Rip A. Introduction of new technologies: making use of recent insights from sociology and economics of technology [J]. Technology Analysis & Strategic Management, 1995(7): 417－431.

[135] Truffer B. The coupling of viewing and doing: strategic niche management and the electrification of transport [J]. Greener Management Journal, 2002(37): 111.

[136] Tsoutsos T D, Stamboulis Y A. The sustainable diffusion of renewable energy technologies as an example of an innovation-focused policy [J]. Technovation, 2005 (25): 753 - 761.

[137] Geels F W, Raven R P J M. Non-linearity and expectations in niche-development trajectories: ups and downs in Dutch biogas plant development (1973 - 2003) [J]. Technology Analysis & Strategic Management, 2006, 18(3/4): 375 - 392.

[138] Raven R. Strategic Niche Management for biomass: A comparative study on the experimental introduction of bioenergy technologies in the Netherlands and Denmark [D]. PhD Thesis, Eindhoven: Technische Universiteit Eindhoven, 2005.

[139] 弋亚群,向琴.我国新能源汽车产业分析[J].中国软科学,2009(S1): 60 - 63.

[140] 姜江,韩祺.新能源汽车产业的技术创新与市场培育[J].改革,2011(7): 57 - 63.

[141] 程文,张建华.中国汽车产业模块技术发展与产业升级[J].中国软科学,2010(4): 44 - 49.

[142] 万钢.中国电动汽车的现状和发展[J].中国环保产业,2003(2): 30 - 33.

[143] Wells P, Nieuwenhuis P. Transition failure: understanding continuity in the automotive industry [J]. Technological Forecasting & Social Change, 2012(79): 1681 - 1692.

[144] Struben J, Sterman J D. Transition challenges for alternative fuel vehicle and transportation systems [J]. Environment and Planning B: Planning and Design, 2008 (35): 1070 - 1097.

[145] Varma A, Newman D, Kay D, Gibson G, Beevor J, Skinner I, Wells P. Effect of regulations and standards on vehicle prices [R]. Report for European Commission Directorate General Climate Change, London: AEA Technology plc, 2012.

[146] Volpato G, Stocchetti A. Managing product life cycle in the auto industry: evaluating the carmakers effectiveness [J]. International Journal of Technology Management, 2008, 8(1): 22 - 41.

[147] Ben-Akiva M, MacFadden D, Abe M, et al. Modeling methods for discrete choice analysis [J]. Marketing. Letters, 1997, 8(3): 273 - 286.

[148] Lane B, Potter S. The adoption of cleaner vehicles in the UK: exploring the consumer attitude-action gap [J]. Journal of Cleaner Production, 2007, 15 (11 - 12): 1085 - 1092.

[149] Kurani K S, Turrentine T S, Sperling D S. Testing electric vehicle demand in 'hybrid households' using a reflexive survey [J]. Transport Research Part D: Transport and Environment, 1996, 1(2): 131 - 150.

[150] 谢淑萍.中国轿车市场需求缺口的度量及其传导效应研究[D].长春:吉林大

学，2008.

[151] 王俊秀. 汽车社会蓝皮书：中国汽车社会发展报告(2012—2013)[M]. 北京：社会科学文献出版社，2013.

[152] Burgess M, King N, Harris M, et al. Electric vehicle drivers' reported interactions with the public: Driving stereotype change? [J]. Transportation Research Part F: Traffic Psychology and Behaviour, 2013(17): 33-44.

[153] Rezvani Z, Jansson J, Bodin J. Advances in consumer electric vehicle adoption research: a review and research agenda [J]. Transport Research Part D: Transport and Environment, 2015(34): 122-136.

[154] 清华大学气候政策研究中心. 中国低碳发展报告(2011—2012)[M]. 北京：社会科学文献出版社，2011.

[155] Bakker S, Maat K, Van Wee B. Stakeholders interests, expectations, and strategies regarding the development and implementation of electric vehicles: the case of the Netherlands [J]. Transportation Research Part A: Policy and Practice, 2014(66): 52-64.

[156] Bakker S, Van Lente H, Meeus M T H. Credible expectations — the US Department of Energy's Hydrogen Program as enactor and selector of hydrogen technologies [J]. Technological Forecasting & Social Change, 2012(79): 1059-1071.

[157] Hoogma R, Schot J. How innovative are users? A critique of learning-by-doing and — using [C]//The Fifth International ASEAT Conference, Manchester, 1999.

[158] Anand J, Oriani R, Vassolo R S. Alliance activity as a dynamic capability in the face of a discontinuous technological change [J]. Organization Science, 2010, 21(6): 1213-1232.

[159] Sabatier V, Craig-Kennard A, Mangematin V. When technological discontinuities and disruptive business models challenge dominant industry logics: Insights from the drugs industry [J]. Technological Forecasting & Social Change, 2012 (79): 949-962.

[160] Björkdahl J. Technology cross-fertilization and the business model: the case of integrating ICTs in mechanical engineering products [J]. Research Policy, 2009(38): 1468-1477.

[161] Bakker S. Actor rationales in sustainability transitions — Interests and expectations regarding electric vehicle recharging [J]. Environmental Innovation and Societal Transitions, 2014(13): 60-74.

[162] Roger E M. Diffusion of Innovations (4th Ed) [M]. New York: Free Press, 1995.

[163] Hao H, Ou X M, Du J Y, et al. China's electric vehicle subsidy scheme: rationale

and impacts [J]. Energy Policy, 2014(73): 722 - 732.

[164] Yang L F, Xu J H, Neuhäusler P. Electric vehicle technology in China: an exploratory patent analysis [J]. World Patent Information, 2013(35): 305 - 312.

[165] Egbue O, Long S. Barriers to widespread adoption of electric vehicles: an analysis of consumer attitudes and perceptions [J]. Energy Policy, 2012(48): 717 - 729.

[166] Gallagher K S, Muehlegger E J. Giving green to get green? Incentives and consumer adoption of hybrid vehicle technology [J]. Journal of Environmental Economics and Management, 2011, 61(1): 1 - 15.

[167] 卢超,尤建新,戎珂,等.新能源汽车产业政策的国际比较研究[J].科研管理,2014,35(12): 26 - 35.

[168] Gabus A, Fontela E. World problems, an invitation to further thought within the framework of DEMATEL [R]. Geneva, Switzerland: Battelle Geneva Research Centre, 1972.

[169] 崔强,武春友,匡海波.基于 RBF - DEMATEL 的交通运输低碳化能力影响因素研究[J].科研管理,2013,34(10): 131 - 137.

[170] Zhou Q, Huang W, Zhang Y. Identifying critical success factors in emergency management using a fuzzy DEMATEL method [J]. Safety Science, 2011, 49(2): 243 - 252.

[171] Lin C J, Wu W W. A fuzzy extension of the DEMATEL method for group decision-making [J]. European Journal of Operational Research, 2004, 156(1): 445 - 455.

[172] Liu H C, You J X, Fan X J, et al. Site selection in waste management by the VIKOR method using linguistic assessment [J]. Applied Soft Computing, 2014 (21): 453 - 461.

[173] Zadeh L A. Fuzzy sets [J]. Information and Control, 1965, 8(3): 338 - 353.

[174] Atanassov K. Intuitionistic fuzzy sets [J]. Fuzzy Sets and Systems, 1986, 20(1): 87 - 96.

[175] Xu Z S. Intuitionistic fuzzy aggregation operators [J]. IEEE Transactions on Fuzzy Systems, 2007, 15(6): 1179 - 1187.

[176] Atanassov K, Gargov G. Interval valued intuitionistic fuzzy sets [J]. Fuzzy Sets and Systems, 1989, 31(3): 343 - 349.

[177] Xu Z S. Methods for aggregating interval-valued intuitionistic fuzzy information and their application to decision making [J]. Control and Decision, 2007, 22(2): 215 - 219.

[178] Zhang X, Xu Z. Soft computing based on maximizing consensus and fuzzy TOPSIS approach to interval-valued intuitionistic fuzzy group decision making [J]. Applied

Soft Computing, 2015(26): 42 - 56.

[179] Xu Z S, Chen J. An overview of distance and similarity measures of intuitionistic fuzzy sets [J]. International Journal of Uncertainty, Fuzziness and Knowledge-Based Systems, 2008, 16(4): 529 - 555.

[180] Govindan K, Kannan D, Shankar K M. Evaluating the drivers of corporate social responsibility in the mining industry with multi-criteria approach: a multi-stakeholder perspective [J]. Journal of Cleaner Production, 2014(84): 214 - 232.

[181] Patil S K, Kant R. A hybrid approach based on fuzzy DEMATEL and FMCDM to predict success of knowledge management adoption in supply chain [J]. Applied Soft Computing, 2014(18): 126 - 135.

[182] Jeng D J F, Tzeng G H. Social influence on the use of clinical decision support systems: revisiting the unified theory of acceptance and use of technology by the fuzzy DEMATEL technique [J]. Computers & Industrial Engineering, 2012, 62(3): 819 - 828.

[183] Bai C G, Sarkis J. A grey-based DEMATEL model for evaluating business process management critical success factors [J]. International Journal of Production Economics, 2013, 146(1): 281 - 292.

[184] Li Y, Hu Y, Zhang X, et al. An evidential DEMATEL method to identify critical success factors in emergency management [J]. Applied Soft Computing, 2014(22): 504 - 510.

[185] Johnson M W, Suskewicz J. How to jump-start the clean tech economy [J]. Harvard Business Review, 2009, 87(11): 52 - 60.

[186] Cooper L G. Strategic marketing planning for radically new products [J]. Journal of Marketing, 2000, 64(1): 1 - 16.

[187] David P A. Path-dependence and predictability in dynamic systems with local network externalities: a paradigm for historical economics [A]//Foray D, Freeman C. Technology and the wealth of nations: the dynamics of constructed advantage [C]. Printer Publishers: London, 1993: 208 - 231.

[188] Arthur W B. Competing technologies, increasing returns, and lock in by historical events [J]. The Economic Journal, 1989, 99(394): 116 - 131.

[189] 国务院发展研究中心产业经济研究部，中国汽车工程学会，大众汽车集团（中国）. 中国汽车产业发展报告(2012)[M]. 北京：社会科学文献出版社，2012.

[190] 国务院发展研究中心企业研究所. 我国对电动汽车商业模式创新的探索及应采取的政策[R]. 2012.

[191] Allee V. Reconfiguring the value network [J]. Journal of Business Strategy, 2000,

21(4): 36 - 39.

[192] Hearn G, Pace C. Value-creating ecologies: understanding next generation business systems [J]. Foresight, 2006, 8(1): 55 - 65.

[193] Kothandaraman P, Wilson D T. The future of competition value-creating networks [J]. Industrial Marketing Management, 2001, 30(4): 379 - 389.

[194] 梁运文,谭力文. 商业生态系统价值结构、企业角色和战略选择[J]. 南开管理评论, 2005,8(1): 57 - 63.

[195] 王琴. 基于价值网络重构的企业商业模式创新[J]. 中国工业经济,2011(1): 79 - 88.

[196] 任红松,叶凯,黄娟,等. 投资项目动态盈亏平衡分析及 EXCEL 计算方法[J]. 技术经济与管理研究,2007(6): 10 - 11.

[197] Chesbrough H. Business model innovation: opportunities and barriers [J]. Long Range Planning, 2010(43): 354 - 363.

[198] Patelia G, Giaglis G M. Technology innovation-induced business model change: a contingency approach [J]. Journal of Organizational Change Management, 2005, 18(2): 167 - 183.

[199] Tikkanen H, Lamberg J A, Parviner P, et al. Managerial cognition, action and the business model of the firm [J]. Management Decision, 2005, 43(6): 789 - 809.

[200] Siggelkow N. Evolution toward fit [J]. Administrative Science Quarterly, 2002, 47(1): 125 - 159.

[201] Desyllas P, Sako M. Profiting from business model innovation: evidence from pay-as-you-drive auto insurance [J]. Research Policy, 2013, 42(4): 101 - 116.

[202] 周文泳,胡雯,陈康辉,等. 低碳背景下制造业商业模式创新策略研究——以卡特彼勒公司为例[J]. 管理评论,2012,24(11): 20 - 27.

[203] Pramataris K, Papakiriakopoulos D, Lekakos G, et al. Personalized interactive TV advertising: the IMEDIA business model [J]. Journal of Electronic Markets, 2001, 11(1): 17 - 25.

[204] Auer C, Follack M. Using action research for gaining competitive advantage out of the internet's impact on existing business models [C]//Proceedings of the 15th Bled Electronic Commerce Conference eReality: Constructing the eEconomy, Slovenia, 2002.

[205] Spanos Y E, Lioukas S. An examination into the causal logic of rent generation: contrasting Porter's competitive strategy framework and the resource-based perspective [J]. Strategic Management Journal, 2001, 22(10): 907 - 934.

[206] Gnatzy T, Moser R. Scenario development for an evolving health insurance industry in rural India: INPUT for business model innovation [J]. Technological Forecasting

& Social Change, 2012, 79(4): 688 - 699.

[207] Teece D J. Reflections on profiting from innovation [J]. Research Policy, 2006, 35(8): 1131 - 1146.

附录1　新能源汽车示范推广试点城市(第二轮)

序号	省　份	城市/城市群
1	—	北京
2	—	天津
3	—	上海
4	山西省	太原　晋城
5	辽宁省	大连　沈阳*
6	浙江省	宁波　城市群(杭州、金华、绍兴、湖州)
7	安徽省	合肥　芜湖
8	山东省	青岛　淄博*　临沂*　潍坊*　聊城*
9	河南省	郑州　新乡
10	湖北省	武汉　襄阳　长株潭地区
11	广东省	广州　深圳　城市群(佛山、东莞、中山、珠海、惠州、江门、肇庆)
12	海南省	海口
13	四川省	成都　重庆　泸州*
14	云南省	昆明(昆明、丽江、玉溪、大理)*
15	陕西省	西安
16	甘肃省	兰州
17	河北省	城市群(石家庄(含辛集)、唐山、邯郸、保定(含定州)、邢台、廊坊、衡水、沧州、承德、张家口)
18	福建省	城市群(福州、厦门、漳州、泉州、三明、莆田、南平、龙岩、宁德、平潭)

续 表

序号	省 份	城市/城市群
19	江西省	城市群(南昌、九江、抚州、宜春、萍乡、上饶、赣州)
20	内蒙古自治区	城市群(呼和浩特、包头)*
21	吉林省	长春*
22	黑龙江省	哈尔滨*
23	江苏省	城市群(南京、常州、苏州、南通、盐城、扬州)*
24	贵州省	贵州省城市群(贵阳、遵义、毕节、安顺、六盘水、黔东南州)*

注：*表示第二轮中第二批新能源汽示范推广城市/城市群

附录 2　电动汽车示范城市(群)配套政策(第二轮)

序号	城市(群)	配套政策名称	出台时间
1	郑州	《郑州市新能源汽车示范带动和产业发展行动计划(2013—2015 年)》	2013.1
2	天津	《天津市节能与新能源汽车示范推广及产业发展规划》	2013.1
		《关于促进天津市新能源汽车推广应用若干政策》	2014.10
3	上海	《上海市鼓励电动汽车充换电设施发展暂行办法》	2013.3
		《上海市鼓励购买和使用新能源汽车暂行办法》	2014.5
		《关于推广应用节能和新能源等环保型公交车的实施意见》	2014.5
		《上海市新能源汽车推广应用实施方案(2013—2015)》	2014.6
		《浦东新区鼓励购买新能源汽车暂行办法》	2014.10
4	芜湖	《芜湖市新能源汽车推广应用实施方案(2013—2015)》	2013.12
		《芜湖市新能源汽车推广应用财政补助资金管理办法(试行)》	2013.12
5	武汉	《武汉市新能源汽车推广应用实施方案》	2014.1
		《武汉市人民政府关于鼓励新能源汽车推广应用示范若干政策的通知》	2014.6
		《武汉市鼓励单位和个人购买使用新能源汽车地方配套补贴实施方案》	2014.10
6	北京	《北京市示范应用新能源小客车管理办法》	2014.2
		《北京市示范应用新能源小客车生产企业及产品审核备案管理细则》	2014.2
		《北京市示范应用新能源小客车财政补助资金管理细则》	2014.3

续　表

序号	城市(群)	配套政策名称	出台时间
6	北京	《北京市电动汽车推广应用行动计划(2014—2017)》	2014.6
		《关于推进物业管理区域新能源小客车自用充电设施安装的通知》	2014.7
7	江苏省	《关于加快新能源汽车推广应用的意见》	2014.4
		《江苏省新能源汽车推广应用省级财政补贴实施细则》	2014.6
		《南京市新能源汽车推广应用工作实施意见(2014—2015)》	2014.5
		《南京市新能源汽车推广应用财政补贴实施细则》	2014.7
		《常州市新能源汽车推广应用市级财政补贴实施细则》	2014.8
		《常州市新能源汽车推广应用实施意见》	2014.9
		《苏州市加快新能源汽车推广应用实施意见》	2014.5
		《南通市政府关于加快新能源汽车推广应用的意见》	2014.6
8	合肥	《安徽省大气污染防治专项资金管理暂行办法》	2014.5
9	广州	《关于印发广州市新能源汽车推广应用工作方案的通知》	2014.6
		《关于加快推进珠江三角洲地区新能源汽车推广应用的实施意见》	2014.6
		《广东省省级新能源汽车推广应用专项资金管理办法》	2014.7
10	海口	《关于新能源汽车推广应用的公告》	2014.6
		《海口市新能源汽车推广应用财政补助资金管理暂行办法》	2014.9
11	聊城	《聊城市 2014—2015 年新能源汽车推广具体工作方案》	2014.6
12	深圳	《关于加快推进珠江三角洲地区新能源汽车推广应用的实施意见》	2014.6
		《广东省省级新能源汽车推广应用专项资金管理办法》	2014.7
13	西安	《关于印发新能源汽车推广应用实施方案(2014—2015 年)的通知》	2014.6
		《关于印发西安市示范应用新能源汽车财政补助资金管理暂行办法的通知》	2014.6
		《西安市新能源汽车充电基础设施建设实施方案(2014—2015 年)》	2014.9
		《加快新能源汽车推广应用优惠政策》	2014.9

续 表

序号	城市(群)	配套政策名称	出台时间
14	江西省	《江西城市群新能源汽车推广应用管理办法》	2014.6
		《江西城市群新能源汽车推广应用实施方案(修订版)》	2014.6
		《南昌市2014—2015年度新能源汽车推广应用实施方案》	2014.9
		《萍乡市新能源汽车推广应用实施方案的通知》	2014.9
		《弋阳县新能源汽车推广应用实施方案(2014—2015年)》	2014.9
		《关于南昌市私人领域购买新能源汽车的通告》	2014.10
15	广东省	《关于加快推进珠江三角洲地区新能源汽车推广应用的实施意见》	2014.6
		《广东省省级新能源汽车推广应用专项资金管理办法》	2014.7
		《惠州市新能源汽车推广应用实施方案》	2014.9
16	潍坊	《关于加快新能源汽车推广应用促进新能源汽车产业发展的意见》	2014.7
17	河北省	《河北省人民政府关于加快新能源汽车发展和推广应用的实施意见》	2014.7
18	长株潭	《关于我省新能源汽车推广应用的实施意见》	2014.7
		《湖南省新能源汽车推广应用补贴政策及方案》	2014.10
		《关于新能源汽车推广应用的实施意见》	2014.10
19	临沂	《临沂市新能源汽车推广应用实施方案(2014—2015年)》	2014.8
20	泸州	《泸州市新能源汽车市级财政补助资金暂行管理办法》	2014.8
		《泸州市推广应用新能源汽车管理办法(试行)》	2014.8
		《四川省政府机关及公共机构购置新能源汽车实施方案》	2014.9
		《2014年新能源汽车推广应用及产业发展任务分工》	2014.10
21	大连	《大连市人民政府办公厅关于进一步推进新能源汽车应用的意见》	2014.8
22	宁波	《宁波市新能源汽车推广应用实施方案》	2014.8
23	青岛	《青岛市新能源汽车推广应用示范财政扶持专项资金管理暂行办法》	2014.8
24	浙江省	《绍兴市新能源汽车推广应用实施方案》	2014.8
25	兰州	《甘肃省加快新能源汽车推广应用实施方案的通知》	2014.9

续 表

序号	城市(群)	配套政策名称	出台时间
26	太原	《关于印发太原市新能源汽车推广应用实施方案的通知》	2014.9
27	成都	《四川省政府机关及公共机构购置新能源汽车实施方案》	2014.9
28	襄阳	《襄阳市新能源汽车推广应用实施办法》	2014.9
		《关于加快襄阳新能源汽车产业发展的实施意见》	2014.9
29	新乡	《关于加快新能源汽车推广应用的意见(试行)》	2014.9
30	福建省	《关于加快新能源汽车推广应用八条措施的通知》	2014.9

附录3　电动汽车示范城市(群)推广情况(第二轮)

序号	城市(群)	2013—2015年推广计划/辆	2013—2014年9月累计推广量/辆	完成进度
1	浙江省	10 100	5 203	52%
2	北京	35 020	4 762	14%
3	深圳	35 000	4 189	12%
4	合肥	5 720	4 145	72%
5	上海	10 000	4 022	40%
6	江苏省	18 085	3 118	17%
7	天津	12 000	1 726	14%
8	郑州	5 500	1 423	26%
9	广东省	10 000	1 369	14%
10	广州	10 000	1 241	12%
11	重庆	10 000	995	10%
12	河北省	13 141	803	6%
13	襄阳	5 000	561	11%
14	青岛	5 200	510	10%
15	长株潭	6 100	492	8%
16	太原	5 000	489	10%
17	武汉	10 500	389	4%
18	成都	5 000	298	6%
19	芜湖	5 110	252	5%

续 表

序号	城市(群)	2013—2015 年 推广计划/辆	2013—2014 年 9 月累计推广量/辆	完成进度
20	沈阳	5 000	232	5%
21	大连	5 000	225	5%
22	云南省	5 000	223	4%
23	潍坊	5 500	174	3%
24	临沂	5 690	173	3%
25	贵州省	6 000	166	3%
26	新乡	5 000	153	3%
27	福建省	10 000	153	2%
28	宁波	5 000	119	2%
29	江西省	5 300	118	2%
30	淄博	5 000	63	1%
31	泸州	5 000	48	1%
32	长春	10 000	33	0%
33	内蒙古自治区	5 000	25	1%
34	哈尔滨	5 000	5	0%
35	晋城	6 000	3	0%
36	兰州	5 000	3	0%
37	聊城	5 010	3	0%
38	海口	5 000	0	0%
合　　计		335 976	38 616	11.5%

后 记

回顾二十余年的求学生涯，每一步、每一刻的成长都离不开老师、同学和朋友的帮助、关心与鼓励。自十七岁离开父母到外地求学、工作，至今已有十余载。期间有过坎坷、挫折、迷茫和无助，幸得父母、老师、丈夫、同学和朋友的教诲、关爱与支持，鞭策和推动着我不断前行。三年半前，带着一份对未来的憧憬和对知识的渴望，我重新步入了学生行列，选择了攻读博士；三年半后，怀着一份对梦想和理想的执着，即将告别学习阶段，迈向新的征程，看着案牍上的博士学位论文，往事历历在目，唏嘘不已；感慨、欣慰之余，唯感恩独占脑海。在这三年半里，不仅是我获取知识的过程，更是丰富人生阅历、实现自身价值的过程，而这些都蕴含着导师和亲朋好友的关心与帮助。

首先以最最诚挚的敬意衷心感谢我的导师——尤建新教授。我的文稿是在导师的精心指导下完成的，从选题、理论文献研究以及论文撰写的整个过程中，无不倾注了导师大量的心血。三年多来，导师不仅仅引领我走入前沿的学术研究领域，更教会了我很多为人处事的道理，生活中也给予了我无微不至的关怀，大到人生职业的规划、小到具体的言行举止，对我来说终身受益。每每面临选择时、每每感到困惑与无助时，恩师总是耐心地为我指点迷津、帮我解惑答疑，春风化雨、毕生铭记。此外，导师严谨的治学态度、敏锐的洞察分析能力、渊博的学识和从容、乐观、豁达的做人风格也是我一生学习的榜样。在此，谨对恩师表达我最最诚挚的敬意和最真诚的感激。

特别感谢同济大学经济与管理学院陈强教授、周文泳教授、邵鲁宁博士给予我的悉心指导和无私帮助；感谢汽车学院陈翌老师、孔德洋老师和符钢战老师给予我学术上的帮助；感谢经济与管理学院研究生党总支及教务科各位老师的帮助；感谢马军杰博士、钟之阳博士、李慧、刘虎沉博士、卢超博士、邱国华、黄志明博士、陈云开博士、洪少枝博士、宋燕飞、孙明程、单蒙蒙博士等师兄弟、师姐妹。

他们对我的关心以及学术上的交流碰撞，使得紧张的论文研究充满了乐趣，与他们一起学习生活的日子令我终生难忘。感谢同济大学的赵海燕、贾菁菁、苏林等同窗好友，非常怀念与他们一起度过的校园时光，并且期望在未来仍然能够与他们携手努力。

其次，深深感谢我的家人对我的支持。多年的求学和工作生涯中，父母给予了我极大的支持和鼓励，他们无私的爱是我始终不断前行的动力和坚强的后盾；感谢我的弟弟和妹妹，他们带给了我无尽的欢乐，我们彼此之间相互关怀、共同成长、共同进步。感谢我的爱人毕晓航，他给予了我学业与生活上的极大支持与帮助，陪伴我共同渡过无数个挑灯夜读之夜，感谢他对我的鼓励、宽容和陪伴，支持我不断前行。多年来的求学生涯，一直未能好好报答父母多年来的养育之恩，深感歉疚，谨以此文献给他们。

最后，对在百忙中阅读评审本书的谢富纪教授、顾晓敏教授、许学国教授、陈强教授、周文泳教授表示诚挚的感谢！

薛奕曦